一個人生，三種文化

中國、日本、美國文化對人格形成的自我分析

曾文星 著

目錄

第二部：整體分析與總結

作者簡介

曾文星

本籍：臺灣省臺南人（1935 年出生）

學歷：國立臺灣大學醫學院醫科畢業（1961）

國立臺灣大學附屬醫院精神科住院醫師專科訓練（1961-1965）

美國哈佛大學醫學院精神科進修（1965-1968）

曾任：國立臺灣大學醫學院精神科講師（1968-1972）

美國夏威夷東西文化中心研究學者（1971-1972）

夏威夷大學醫學院精神科副教授（1972-1976）、教授（1976-2009）

特任：世界精神醫學會跨文化精神醫學分會祕書（1977-1983）、會長（1983-1993）、榮譽顧問（1993-）

北京大學精神衛生研究所客座教授（1987-）

美國文化精神醫學研究會委員（1996-2006）

世界文化精神醫學協會首任會長（2005-2009）

現任：夏威夷大學醫學院精神科榮譽教授（2010-）

榮任：美國精神醫學會卓越終生院士（2003-）

得獎：美國文化精神醫學研究會學術創作獎（2002）

美國文化精神醫學研究會終生成就獎（2008）

美國精神醫學會亞洲精神醫學特別貢獻獎（2008）

中文著作：

- 《最新精神醫學》（水牛出版社，1980）
- 《心理治療：原則與方法》（水牛出版社，1981）
- 「文靜心理衛生叢書」（十二冊）（水牛出版社，1989-1996）
- 《現代精神醫學》（水牛出版社，1994）
- 《心理治療：理論與分析》（水牛出版社，1994）
- 《華人的心理與治療》（桂冠圖書公司，1996）
- 「心理治療普及叢書」（簡體版，十冊）（北京醫科大學出版社，2001-2002）
- 《新編精神醫學》（水牛出版社，2003）
- 「心理治療及輔導叢書」（繁體版，十冊）（香港中文大學出版社，2004）

- 《心理治療：學說與研究》（水牛出版社，2005）
- 《文化精神醫學：學理與運用》（水牛出版社，2006）
- 「曾文星教授心理治療叢書」（三冊）（心理出版社，2009-2010）
- 《一個人生，三種文化——中國、日本、美國文化對人格形成的自我分析》（心理出版社，2010）

日文著作：
- 《文化と心の臨床》（星和書店，1984）
- 《移居と適應》（日本評論社，1996）
- 《一つの人生、三しゆの文化》（星和書店，2010）

英文著作：
- *Adjustment in Intercultural Marriage*（University Press of Hawaii, 1977）
- *People and Cultures of Hawaii: A Psychocultural Profile*（University Press of Hawaii, 1980）
- *Culture, Mind and Therapy*（Brunner/Mazel, 1981）
- *Chinese Culture and Mental Health*（Academic Press, 1985）
- *Culture and Family: Problems and Therapy*（Haworth, 1991）
- *Suicidal Behavior in the Asia-Pacific Region*（Singapore University Press, 1992）
- *Chinese Societies and Mental Health*（Oxford University Press, 1995）
- *Culture and Psychopathology*（Brunner/Mazel, 1997）
- *Culture and Psychotherapy*（American Psychiatric Press, 2001）
- *Handbook of Cultural Psychiatry*（Academic Press, 2001）
- *Clinician's Guide to Cultural Psychiatry*（Academic Press, 2003）
- *Culture and Forensic Mental Health*（Brunner-Routledge, 2004）
- *Cultural Competence in Clinical Psychiatry*（American Psychiatric Publishing, Inc., 2004）
- *Asian Culture and Psychotherapy*（University of Hawaii Press, 2005）
- *Cultural Competence in Health Care: A Guide for Professionals*（Springer, 2008）

一生年代曆表

年份	年歲	主要事件
1895		・中日甲午戰爭中國戰敗，臺灣割給日本，開始被日本統治五十年。
1935	1	・出生於臺灣臺南。
1937	2	・盧溝橋事變，八年的中日戰爭開始。
1941	6	・日本偷襲珍珠港，四年的太平洋戰爭爆發。
1945	10	・臺灣被美軍轟炸。第二次世界戰爭結束，臺灣光復，回歸祖國。
1947	12	・二二八事件發生，臺灣人與外省人發生衝突。
1949	14	・國共內戰，國民政府退居臺灣。
1954	19	・考上臺灣大學醫學院。
1961	26	・進入臺灣大學附屬醫院精神科，受住院醫師訓練。
1963	28	・三月跟徐靜結婚。
1964	29	・五月，徐靜生下我們第一個孩子超文（男）。
1965	30	・八月獲得世界衛生組織（WHO）獎學金，赴美國麻州波士頓哈佛大學所屬麻省精神衛生中心進修精神醫學三年。
1966	31	・四月，徐靜生下我們第二個孩子倩文（女）。 ・八月，徐靜獲富爾布賴特獎學金（Fulbright Fellowship），來波士頓進修，與我會合。
1968	33	・六月，完成進修，夫妻一起回臺灣，我在臺大醫學院擔任講師教學。
1970	35	・二月，徐靜生下我們第三個孩子詩文（女）。
1971	36	・第一次出版中文《精神醫學》教科書，由徐靜出版。 ・七月被邀請到美國夏威夷東西文化中心，擔任研究員，參加亞太地區文化與心理衛生研究。
1972	37	・獲夏威夷大學醫學院聘請，擔任精神科副教授，全家留居檀香山。
1974	39	・任住院醫師訓練主任，共七年。
1976	41	・升任為夏威夷大學醫學院精神科教授。 ・以海外學者身分，被政府邀請回國訪問臺灣。
1977	42	・被推薦擔任世界精神醫學會跨文化精神醫學分會祕書，開始從事國際性學術組織與活動。

年份	年歲	主要事件
1981	46	・被世界衛生組織聘請為顧問，訪問中國與新加坡，以後逐年訪問中國講學。
1982	47	・在東西中心舉辦「中國文化與精神衛生學術會議」，邀請中國大陸、臺灣、香港各地華人學者們參加，舉辦兩岸學者們頭次相聚一堂開會的歷史性會議，並編輯出版英文書《中國文化與心理衛生》。
1983	48	・被選任世界精神醫學會跨文化精神醫學分會會長，日後連任，任職共十年，與國際學者建立長久學術性關係。 ・與南京兒童心理衛生中心合作，開始進行獨生子性格發展的研究，共追蹤調查十五年，從孩童到成人階段。
1987	52	・北京大學精神衛生研究所聘任為客座教授，歷年訪問講學心理治療。 ・與廣州流行性縮陽症研究組合作，從事雷州半島與海南島縮陽症的調查研究。
1988	53	・與日本東京都精神醫學研究中心合作，從事日本戰爭孤兒與中國家屬回歸日本後適應的三年追蹤研究。
1989	54	・開始邀請華人學者來夏威夷大學醫學院精神科短期進修心理治療。
1993	58	・連任跨文化精神醫學分會會長兩屆，到期而卸任，擔任榮譽顧問。
1995	60	・編輯出版英文書《中國社會與精神衛生》。
1996	61	・編輯出版中文書《華人的心理與治療》。
2001	66	・出版英文書《文化精神醫學大全》，獲美國文化精神醫學協會的學術創作獎。
2002	67	・依北京醫科大學出版社提議完成出版「心理治療普及叢書」共十冊。
2005	70	・被推選擔任「世界文化精神醫學協會（首任）會長」，推廣世界性學術活動。
2006	71	・在北京舉辦「第一屆世界文化精神醫學大會」，由三十八國學者參加。
2008	73	・依北京大學醫科出版社（前身為北京醫科大學出版社）建議合併出版「曾文星教授心理治療叢書」共六冊。
2009	74	・由心理出版社開始陸續出版「曾文星教授心理治療叢書」三冊。
2010	75	・從大學退休。預備以中文、日文及英文分別出版《一個人生，三種文化》。

前言：寫在開頭

這是關於我一生的故事。我的一生裡，經歷了三種全然不同的文化，按先後順序為：日本、中國與美國。這本書是敘述這三種不同性質的文化，如何在我一生當中隨著我的個人成長階段，而逐步影響我人格的發展。

這本書並不是純粹（或普通）的「自傳」，因為其目的不專在於回顧與描述我一生所經歷的整體人生故事，而是專門站在「文化」的角度，選擇描述與文化有關的各種瑣事細節，經由心理學上的分析，來探討文化因素如何隨著一生的心理發展階段，而左右我的整體人格之成長。我是精神醫學家，專門研究心理治療與分析，受專業訓練如何分析探討心理與人格的發展；我也是特殊的精神醫學家，專門於文化精神醫學，探討文化因素如何影響我們的心理與行為。我使用我的專業知識與特點，利用我自己實際經歷的個人心理經驗為資料，來分析到底不同的文化在人格的發展過程與階段裡，如何左右並塑定一個人的心理與人格。因此，這本書是很特殊的一本專業書。

我盡量以通俗、靈活而有趣的方式，描述各個曾經經歷過的、與文化有關生活上的各種細微事情。由於我一生裡正好先後接觸並經歷了三個全然不同性質的文化系統，各自都留下了文化上的痕跡或標記。因此，可以很容易具體而實際的描述，並就各種文化的特殊性與影響性加以比較，希望在學術上有其特別的貢獻。

這本書並不是專門在描述與研究中國、日本、美國這三個不同社會與文化系統的異同。要研究與討論各個文化，需花費很多的精力，並且採用不同的方式去分析。在我這本書中，只是借用這三種不同文化系統在我的個人生涯裡，我當時如何實際接觸、感受，並且經歷、受影響；而這些所描述的，並不代表各個文化的整體，而是我個人在當時所面對

與接觸的文化經驗；但是我所說明的，確實是實際生活裡所經驗的事實，而就這些事實加以探討與分析，有其真實性。我的一生曾先後經歷了太平洋戰爭、國共的內戰、美國的越戰，而這些戰爭的發生，左右了當時的社會情況，包括社會的穩定性、經濟的變遷、社會觀念的轉變等，因此，社會環境也參與了文化因素而共同影響了我的人格發展。

本書的內容按照我的人生成長階段分為：最早受日本文化影響的孩童期、受中國文化薰陶的青少年期與青年期，以及接觸與經歷美國文化的青年成人與壯年成人期、日後接觸多種文化的中年期，以至目前的初老階段，而個別分章先後敘述。

我盡量以簡易的文筆去描述各種人生故事，按事實敘述、靈活描寫，且內容有趣、易懂，冀望一般讀者也都會喜歡閱讀，並且可以了解我們的人生會如何受社會、文化因素的顯著影響，左右我們的思維、情感、溝通、價值觀念與信仰等，並以此塑造我們的人格。因此，可以幫助我們深刻地體會一個人宜如何適應社會的變化與文化的變遷，應付現代的生活。

我在第一部裡，描述了一生曾經發生與經歷過的生涯；在第二部，以學術性的立場做整體性的說明，並且企圖建立學說，解釋文化如何影響人格的發展。因此，這也是一冊學術性的書籍，可供專家參閱。我在書後加上附錄，仔細說明過去文化人類學家、社會學家、文化精神醫學家對文化與人格的探討，並且個別回顧對日本、中國、美國不同社會裡有關文化與人格的特別研究與報告。運用這些過去的學術基礎，利用我個人的心理經驗，詳細分析不同文化對我人格的各樣影響，包括：自我認識、情感的表達、對困難的處理模式、對各種人際關係（包括對權威者）的適應、民族與國家的認同、世界與人生觀、對超自然與宗教的看法等。經由這些詳細分析後，企圖補充並建立文化對人格發展的學說，

並對將來如何適應文化變遷而提供基本性的建議。

　　為了方便讀者閱讀，我在書的開頭附有我個人一生的年代曆表，提供重要事件發生的先後時間。同時在書中穿插多張照片，提高閱讀興趣，並輔助本文的說明。

　　由於全書都盡量用平易的言語來敘說與分析，容易了解與體會，而且希望讀起來有趣，相信對於心理方面有興趣的一般社會人士也都會喜歡閱讀，並且能從中了解有關心理、人格如何受生活環境與文化背景影響的道理。特別是書中處處討論如何去適應社會與文化變遷，對從事心理衛生或心理輔導的專業人員，也會有所助益。本書亦採用學術性的探討與分析，並企圖提供文化與人格有關的學說，希望對社會行為與文化有興趣的學者，也具有學術性的參考。

　　本書最主要的特點是：利用我個人一生中經歷且適應三種全然不同性質的文化系統的實際資料來進行說明，是很特別的人生經驗與資料分析，是創造性的貢獻，是過去未曾有的新異企圖。不僅是我們自己的國家，連亞洲臨近的日本以及西方的美國，都對我們有很密切的影響，需要徹底了解這些國家的心理與文化，這也是現代中國人必須關心的課題。

　　特別是我們目前處於社會與文化快速變遷和現代化的時代，如何保持傳統，同時適應新的變化，是很重要的社會與心理上的課題。希望讀者讀了這本書以後，可以提高對文化與心理方面的認識與了解，體會如何適應時時變化中的社會與文化，以面對目前世界各地文化交流與社會轉變的現代趨勢。

曾文星

於美國 夏威夷檀香山

2010 年 6 月 5 日

第一部

一生的經驗與心理發展

第一章

從出生到少年期——
日本文化的早期接觸

我的出生、祖先與時代背景

九三五年我出生於臺灣臺南的一個普通小家庭，父親是小學老師，母親是助產士，我上面有一個姊姊，比我大六歲，原本我還有兩個哥哥，但他們都很早就夭折去世，因此，在父母心裡，我算是長子。我出生時的房子是租的，剛好在鄭成功祠的對面。臺灣本屬於中國，數百年前許多福建或廣東的人陸續渡過臺灣海峽移居到臺灣，並且以臺南為府都。明朝末年的海軍將領鄭成功從中國大陸來到臺南，驅除了曾經占領臺南海港的荷蘭人，日後被當地人祭封為開山祖。

談到臺灣的歷史，小時候母親常講我們曾家祖先的故事。她說，

■ 我兩歲半時，父親用腳踏車載我到街上蹓躂。

■ 我三歲時的全家福照片：父親、母親、姊姊、我跟（日後夭折的）半歲小弟。

■ 我八歲時的全家福照片：父親、母親、姊姊（十四歲）、我、大弟（三歲）及妹妹（一歲）。

　　我的老、老、老祖父被清朝皇帝封為「鎮臺總督」，被派來統治臺灣。她還說，曾家在臺南首府總爺街還有棟老房子，牆上書寫了一個約一公尺大的「曾」字。附近馬路旁邊還立有「下馬」的石碑，表示是官府所在地，必須下馬而行。母親也講她自己王家的故事，說有好幾個人都考上「舉人」，表示祖先會念書也很聰明。

　　臺南附近的漁港叫安平，在明朝末年（一六四二年）曾被荷蘭人占領，築有海堡，以利其海船通洋經商，並在臺南市裡建有「赤嵌樓」。但明朝末年，清朝入關後，海將鄭成功之父親鄭芝龍在福建擁立唐王，繼續抗清護明。唐王很欣賞年輕的鄭成功，故賜朱姓，因此鄭成功也被人稱為「國姓爺」。一六六一年，鄭成功帶兵從福建退居臺灣，圍攻臺南赤嵌樓，把荷蘭人趕走，重新整頓臺灣。因此，鄭成功被認為是臺灣的開山始祖，去

世後被後人建祠紀念。我就是在鄭成功祠對面的房子出生的。

　　當然我小時候不太了解這些歷史上的意義，也未體會到祖先的光榮背景，因為中日甲午戰爭後，臺灣被割讓給日本，我出生時，臺灣已經被日本占領將近四十年，在殖民地的情況下被「日本化」，這些有關中國的事是不被歡迎談論的。

　　由於中國與日本在一八九四年發生甲午戰爭，中國戰敗後，根據《馬關條約》，臺灣於一八九五年被割讓給日本。可是當時有些臺灣人反抗被日本統治，日本就派天皇的弟弟能久親王率領軍隊來接收並占有臺灣。當軍隊在臺灣北部登陸時，臺灣人曾企圖反抗，而且還謠傳，當軍隊來到臺南時，天皇的弟弟騎著馬過馬路，有個當地人躲在附近的樹叢裡，用綁在竹竿上的鐮刀割傷了帶隊的天皇的弟弟。這件事發生後，當地的村民都被日本軍人叫出來，全部「清莊」殺死。天皇的弟弟受傷不治去世後，官方的說法是病死的，死後在臺南還蓋有臺南神社祭祀他，小學時，老師還曾帶我們去祭拜。

　　我先前提過，臺灣被日本政府進行「日本化」，鼓勵大家講日本話，改日本名字。我不記得出生後我是否還講我們家鄉的臺灣話（即閩南話），但我所記得的是，我還沒進小學前，就已經全是講日本話，也用日本名字，我的名字就叫做「曾我敏男」。

　　關於名字，還有個故事。日本政府要求臺灣人改用日本名字，尤其還不准在日本名字裡保留部分的中國名字。由於日本名字跟中國名字一樣都是使用漢字，而且姓多半是兩三個字，所以很容易保留中國人的單字姓在日本的姓裡，例如把中國姓的「林」改為日本姓的「小林」。但日本政府卻不許臺灣人這麼做，而是必須改為與原本中國姓完全無關的日本名字，以表示跟中國背景脫離才可以。可是我父親特別向戶籍辦事人員拜託，改用包含「曾」字的日本姓「曾我」。

　　另外還很有趣的是，我們家裡奉祭的祖先牌位，表面上看來，擺的是「曾我家祖先牌」的字面，可是裡面一層還保存著原來「曾家祖先牌」的老牌子。當然我小時候並不知道這些事情，都是等到小學四年級臺灣光復

以後，才從父親那裡得知他企圖保留中國傳統文化的苦心。

我父親是小學老師，擔任訓導主任，所以有責任「帶頭」服從（日本）政府的「日本化」政策。譬如，不僅上學要講日本話，全家人在家也都講日本話，被認定是「國語常用家庭」。我還記得有一天，政府派人到我們家裡，跟我們家裡的人談話，測試我們講日文的程度，通過這樣的考察後，我們家門口就掛上國語常用家庭的木牌，以表示是模範家庭。可是也因為如此，我不會講臺灣話，還是等到臺灣光復後，才開始學習講臺灣話。

被日本占領將近五十年的臺灣，在經由當地日本政府（稱為臺灣總督府）的努力建設下，當時的各種社會情況包括：經濟、交通、教育、醫療等很發達，一般人的生活水準也提高，可是在日本的殖民地政策下，臺灣人跟居住於臺灣的日本人卻有明顯的差別待遇。小時候我家附近住有日本人，但是他們上專門給日本子弟上的小學，不跟我們臺灣本地的小孩混在一起。中學時，日本小孩上的中學就稱第一中學，而臺灣小孩上的中學就叫第二中學。臺灣人所受的高等教育，可以學醫當醫師，但不能學法律或政治，不能牽涉到政治。後來到了戰爭時期，缺少糧食就發糧券，日本人發比較多的糧食，我們臺灣人就比較少，始終被當成第二等國民對待。因此，雖然我們很驕傲是國語常用家庭的「日本人」，但內心裡卻知道我們跟日本本土來的日本人是不同的。

太平洋戰爭的開始

我對小時候發生過的事情，從四、五歲就有片段的記憶，可是在這裡要提的是，我六歲半還沒上小學所發生的特別事件。有一天（一九四一年十二月八日），我在姨媽家裡，姨丈忽然告訴我，聽說收音機將有重要廣播，不知是什麼事情要發生，叫我趕快回家，我家並不遠，只離幾條街而已。結果，當我還在路上走時，就聽到街上大家都把收音機聲音調大來聽，聽說是在廣播日本天皇的「敕語」，由於天皇的敕語是用日本古文來說的，我是小孩根本聽不懂。但後來聽父母說是日本跟美國宣戰，並且攻擊珍珠

港成功。戰後，我們從美國人那裡得知，日本並沒有向美國正式宣戰，就直接偷襲珍珠港（違背日本武士道的精神，不宣告就攻擊敵人）。當天收音機廣播日本天皇的敕語以後，全市就接著響起警報聲，氣氛緊張，大家都覺得太平洋戰爭開始了。

雖然太平洋戰爭開始，事實上對我們的日常生活並沒有馬上發生影響，只是知道新聞連續傳出消息，日本皇軍攻占了菲律賓的馬尼拉、新加坡，接著往南太平洋進攻。我們住的臺南市郊有機場，天天都可以聽到一群一群的轟炸機群起飛，哄哄大聲地飛越我們家的上空。每次日本皇軍攻取哪個地方，政府就會叫學生排隊，在街上舉行遊行，拿著日章旗、唱著歌、喊口號，大喊日本萬歲，慶祝戰事的勝利。後來，我再長大一些，才從大人那裡聽說，日本是準備把歐美洋鬼打敗，從亞洲各國驅除，然後建立亞洲人自己經營的「大東亞共榮圈」。可是對我們小孩來說，並不懂這些事，等到四年後，美軍空襲臺灣以後，才真正體會到戰爭的滋味。

進入小學

我六歲進入小學，是臺南師範學校的附屬小學。小學蓋在與師範學校相連的隔壁，是提供師範學校學生實習教學的小學，因此是一所很好的小學。雖然所有的學生都是本地的臺灣學生，但老師都是日本老師，因此，也可說是開始跟日本老師直接接觸，並且接受日本教育的開始。

小學一年級時我的老師山星（Hoshi）先生，他人很好，很和善。我對一年級的事情，並沒有特別的記憶，只記得老師叫我們每天早晨上第一節課時，就要用毛筆練習寫字。由於毛筆的墨水不夠多時，寫出來的字會有點缺少墨水，可是這位星老師對我們說，這樣缺墨水的筆畫很好看，不要重描墨水。至今，我的腦海裡還會浮起當時的情景，即：星老師拿著紙，指給我們看缺少墨水的毛筆字，他說他很喜歡這樣灰白的毛筆字。我還記得，有一次老師帶我們到學校附近的郊外，到一條小河流旁邊，把竹葉做成一條小船，在河流裡放著玩；也帶我們到稻田裡，觀看已經長高的稻穗

■ 小學一年級全班跟穿制服的日本校長及我們喜愛的班導師星先生合照（我站在後排左二）。按當時日本習慣，有些學生穿木屐上學。

隨著風在搖擺，欣賞稻穗搖擺的韻律，培養我們對自然的興趣與心情，也幫助我們了解說明鄉下情景的課文。

我的成績很好，被老師指派當班長，課堂上也常被叫起來念書。除此之外，我就沒有其他特別的記憶。唯一特別記得的是，師母去世時，我聽父母的話，下課後到守喪中的老師家裡致意，卻發現老師家裡有位年輕的女人住在家裡，並服侍剛剛喪妻的老師，老師介紹這是妻子的妹妹。可是在我小小的腦中卻覺得很奇怪，為什麼自己的妻子剛去世，妻子的妹妹就來跟先生住在一起，後來，長大後才知道，這是日本人的習慣，由姨子嫁給喪妻的姊夫。

到了小學二年級，我的日本老師叫山本（Yamamoto）先生，也是男老師，人也很好，也對我特別好，還叫我當一年的班長。我們班上的學生都

很喜歡他，跟他很親近。到了兩年級，年歲增加一歲，我對四周環境就比較會觀察，也比較懂事。譬如，我注意到學校的禮堂裡，在講臺左右兩旁分別掛著「忠」與「孝」兩個大字，字的大小幾乎快跟大人的身材那麼大，強調忠孝是（日本）主要的道德要求，對天皇要忠，對自己的父母要孝。

　　對天皇的忠，可從某個現象觀察到。每當有特別節日時，在早上操場的升旗典禮上，教務主任谷口（Taniguchi）先生就會戴上白手套，從校長辦公室的保險箱取出一卷書卷（是天皇的「敕語」），恭恭敬敬地用兩手捧著天皇的「敕語」，慢步帶到操場。我們學生則要彎腰、低頭，深度鞠躬，很尊敬地迎接「敕語」的到來，並且持續彎著腰，聆聽教務主任念天皇的「敕語」。等到念完後，教務主任又會雙手捧著「敕語」恭恭敬敬地離開操場，將「敕語」帶回校長辦公室收藏後，我們才能抬起頭來。在日

■ 小學二年級全班同學很高興地站在學校裡的小山丘上，跟我們親近和藹的日本老師山本先生合照（我頭上綁著頭巾，兩手交叉，得意地站在小丘頂上）。

本人的觀念裡，天皇幾乎就是「神」，具有超然的地位，而老百姓就得敬拜天皇。我們小學生也被養成這樣畢恭畢敬的禮節，就是訓練我們尊敬天皇，絕對服從天皇的心理與態度，間接地，也強調服從上輩權威者的心理與習慣。

我們的小學書本裡，就有些故事是用來強調忠義的道德感，最特殊的例子是關於「忠犬」的故事。故事內容描述有一條狗，平時到了下午，自己就會從家裡跑到車站迎接剛下班的主人，可是主人去世後，那條狗仍舊照樣天天到了下午就到車站等主人，如此經過好幾年。這樣的故事被人注意，就編排在小學的課程裡，讓小學生閱讀，以強調忠義的道德感。我記得課程裡還有另外一個故事「國歌少年」，日文稱為「君之代（Kimiga-yo）少年」。「君之代」就是日本國歌開始的第一句「君之代，千歲、萬歲」（意指日本天皇朝代，要持續千萬年不滅）。課文裡說，臺灣某地發生了大地震，有個男孩被壓在房子底下，就快死了，在死前，這個男孩就唱起日本的國歌「君之代，千歲……」。根據這件事，政府就編了國歌少年的課文，讓我們小學生體會並學習這位忠心於國家與天皇的少年。現在回想起來，這個少年可能心理上有問題，居然臨死前還唱國歌；可是在當時，卻被（日本）政府認為這是表現忠義的好教材，用來督促忠於國家的道德感之用。難怪太平洋戰爭末期，在塞班島戰役有成千上百的老百姓遵守軍方的命令，從山崖喊著「天皇萬歲」，然後跳崖集體自殺。

談到太平洋戰爭，還得提「桃太郎」（Momotaro）的故事。這個民俗故事的內容是說，有一對夫婦年老了但仍沒有孩子，就向神企求有孩子。有一天，他們從河裡撿到一顆很大的桃子，回家一切開，從桃子裡跳出一個男孩，這對老夫妻就很高興地把這個孩子命名為桃太郎，並且養育他。等到桃太郎長大後，有一天，他就帶領他的隨從——狗、猴子和鳥，一起划船到海外的鬼島攻打島上的鬼，並且把島上的寶藏帶回家。雖然這是民俗性的童話故事，但是當時卻很符合日本軍閥所主張的戰略，即南下攻打南太平洋諸國，以爭取日本所需的物品及工業材料。因此，桃太郎的故事就被充分引用來推展並啟發要南侵的政治野心。

雖然日本的野心很大，夢想攻打中國或南太平洋以獲取財寶，可是實際上，戰爭沒經過幾年，由於戰爭的消耗，日本的經濟情況就逐漸走下坡。一方面在中國大陸攻打中國，這場幾乎將近六年多的（中日）戰爭，雖說占據了中國大陸幾乎大半的城市，但戰事毫無進展，也無法結束。加上又開闢了太平洋的戰爭，攻打菲律賓、新加坡、印尼等南太平洋各地，雖然說是占有各地，但耗費精力與財務，且大量動用男人，導致國內缺乏男人生產，各種物資與食物也逐漸缺乏。再者，為了把重要的食物留給軍人食用，便開始要求老百姓節省食物。學校還規定學生帶來吃中飯的「便當」（裝在四方鐵盒有蓋子的中餐），在特定的日子只能帶「日章旗」便當，也就是在便當盒裡裝滿白飯，中間只擺放一顆紅色的大酸梅，看起來就像日本國旗，所以稱為「日章旗」便當，讓大家養成節省食物的習慣。這樣只靠一顆酸梅吃白飯的中飯，不但沒營養，也不好吃，所以我母親就跟別的母親一樣，在便當盒底先裝一些肉、魚或青菜，然後蓋上一層白飯，再放上一顆大酸梅，像是日本的國旗。到了中飯時間，老師叫每個學生把便當盒打開，然後巡視看看大家帶的是否是「日章旗」便當。等老師檢查以後，我們才開始吃飯，我就小心吃著飯底下所藏著配飯吃的魚肉或青菜。中國俗語說：「上有政策，下有對策。」這是我們（中國人）應付日本學校施行無理要求的對策，就跟我父親把中國祖先名牌擺放在日本名牌後面一起祭拜，是同樣的應付對策與辦法。

當我上了三年級時，換了一個老師，是完全不同的老師，我不記得他叫什麼名字，為了方便，就稱他為岡山（Okayama）先生。不知是戰爭的關係還是他的習慣，他總是穿軍裝，看起來很嚴肅。我記得，當他第一天上課時，就宣布在一年當中，如果有哪個學生沒被他體罰，就是很難得。我馬上體會到他是很兇且喜歡體罰的老師，我就特別拘謹、小心。果然沒多久，班上的同學就一個一個被挨打、體罰。他的桌上總擺著一支一尺半的竹尺，看到哪個學生稍微不規矩或沒做功課，他就會拿著那支竹尺打人。有時是橫著打手心，打得很用力，手掌都發紅了；有時打在頭上，是樹立著竹尺用邊緣打，因此特別疼。對於調皮搗蛋的學生，他體罰得更厲害，

他平時穿著厚厚的軍用鞋,為了處罰學生,他就用他穿的軍用鞋去踢不守規矩的學生,踢得很用力。他說,日本要打勝敵人必須強調日本武士道精神,不得懶散、不守規矩。他叫我們要像軍人一樣,挺胸、咬緊牙根、緊握雙拳、雙眼注視老師,專心聽課。

我心裡想,因為我當班長,平時又很守規矩,大概不至於會被打,可是哪知有一天我就挨打了。這個岡山老師要求上課時,學生們都要兩眼一直注視著他,不准看其他地方,代表專心聽課。有一天,因為我一直注視著老師聽課,突然有點厭倦,便把視線移到窗外偷看風景,結果被老師發覺,他馬上手拿竹尺朝我走過來,並且狠狠地把尺直立拿著,用尺的邊緣用力打我的頭。我覺得頭很疼,而且沒多久,頭上被打的地方就鼓起一條臃腫的包,還被老師戲稱是「臺灣山脈」。因為臺灣是座長島,島的中間從北到南有一座山脈,地理上被稱為臺灣山脈。當學生們頭上挨打後,就鼓起一條被老師戲稱為臺灣山脈的臃腫傷痕。現在回想起來,覺得有點侮辱臺灣人的味道。可是當時小學三年級的我,只會流淚、挨痛,並且感到羞辱,因為當了班長居然還挨打。

這位會體罰的老師(岡山先生)令學生們很害怕,還得很聽從他,不敢不服從。當時由於太平洋戰勢逐漸轉壞(我們老百姓都還不知道),政府開始命令學校提防美軍空襲轟炸的可能,要趕時間在學校操場旁邊的空地挖一條地溝,準備被空襲時,可以躲進去。由於政府的限期已到,雖然下著雨,老師還是叫我們冒雨挖防空溝。由於下雨,操場空地又是黏土地,所以全身都是滑溜溜的泥土,這位老師就叫我們乾脆把全身脫光,光著身體繼續挖防空溝。我們躊躇了一下,但怕被體罰,所以大家全跑回教室先後脫光衣服,把脫下來的衣服擺在教室,光著身體跑回操場繼續挖防空溝。我不知道其他老師怎麼想、校長怎麼想,但我們三年級全班男同學四十多個人,冒著雨、光著身體,在操場挖防空溝,應該是個奇景。可是,這表現我們被訓練絕對服從的習慣,只能聽從老師的話,不能有所疑問。結果這些冒雨挖的防空溝禁不住幾天連續下的大雨,積滿泥水,變成很淺的小泥溝,後來還是沒有使用。但我還記得,當天我們全班學生在教室旁的水

龍頭底下沖水，冒著寒冷的天氣，洗下滿身的泥，然後趕緊穿上衣服。還好當時的小學是男女生分班上課，所以我們全班都是男生，可是不知其他女生班的同學是否有偷看我們全身光著沖洗的情景，就不得而知了。

準備戰事的來臨

隨著戰爭的長年進行，日本開始面對許多食糧與各種資源上的問題，米食不足，肉類也不夠，政府開始發行糧券。由於米不夠，所以要老百姓不可以天天吃白米，並且規定哪一天要吃番薯或其他代替食物。有時警察會在那特定的日子，在吃飯時間到老百姓家裡突擊檢查，看看是否還吃白米飯。我記得有一次，母親忘記是特定的日子，照樣燒了白飯，可是聽鄰居的人說警察在附近巡查，她聽了很緊張，趕緊把剛燒好的一鍋白飯藏起來，怕被查到。

由於日本向來沒有鐵礦，要從南太平洋產鐵礦的國家進口，可是開始打仗以後，為了製造武器，需要更多的鐵，因此，日本政府就下令大家把家裡所有的鐵都捐出來，以供製造武器之用。當時臺灣房子的窗戶有鐵條，用來防止小偷進入，可是里長奉命叫大家把鐵條鋸掉、捐出來，大家不得已只好把每個窗戶的鐵條都統統鋸斷、捐出來，還得把家裡不用的金屬物，例如鐵鍋、鐵熨斗等也都捐出來。不但如此，我們小孩還被老師命令到馬路或四周草地去撿鐵釘或鐵片，參加蒐集金屬的工作，說是要造軍艦、做飛機、製造砲彈，用來攻擊敵人。結果每個巷口或街頭都堆著一堆被鋸掉的鐵條、捐出來的鐵鍋、撿來的鐵釘或鐵片，準備用來製造武器。然而可笑的是，所有的運輸船都被美軍打沉，無法將這些鐵運送到日本本土製造武器，結果那些好不容易捐出來的鐵，隨著下雨而生鏽，最後還得搬去丟掉。這可說是窮想出來的補救辦法，下令老百姓去做，而老百姓也只好絕對服從，但結果卻是完全白白浪費。

提到政府的政策，還得提一提當時戰爭中提倡的口號——「為國生產」！所謂生產並不是物質上的生產，而是指人口的生產。日本覺得要打

戰征服各地，必須有軍人、老百姓，也就鼓勵大家生育，假如有個母親生了十個以上的孩子，政府還發給「為國生產」的獎狀。可是當時在八年抗戰或四年太平洋戰爭這段時期被鼓勵生產而出生的孩子們，後來都只為戰爭中面對困難的父母增加負擔，也替社會多食用不足的糧食，還沒長大為「大東亞共榮圈」有所貢獻，卻增加了不少戰爭中的負擔與累贅。

由於戰勢愈來愈緊張，我們學校也就更加緊準備應付打仗的課程。日本政府並未向老百姓報告真實的戰情。戰後，等我們長大後才知道事實，日本海軍在太平洋的中途島遭遇美國海軍的攻擊，喪失了主要的航空母艦，失去了優勢；後來停舶在太平洋小島洲的吐拉庫（Truk）島軍港的剩餘軍艦也全被美國海軍偷襲，沉沒在珊瑚環的深海裡，演出與珍珠港相反的故事，所有的日本海軍已經全滅。可是日本政府卻向老百姓說，龐大優勢的日本海軍軍艦隊躲在軍事要地，準備乘機攻滅美國敵人的海軍。事實上，美國在麥克阿瑟將軍的領導下，已經攻占菲律賓，就快要攻到臺灣來，為了防止美軍登陸，日本政府下令大家開始備戰，就連小學也是如此。

我們上音樂課時，一開始的十幾分鐘裡，老師用風琴彈奏各種飛機的聲音，讓我們練習聽聲音判斷是美國的 P-38 戰鬥機，或是 B-24、B-29 轟炸機，讓我們學習聽了就可以馬上判斷；上體育課也不是在跑步、打球或做體操，而是練習拿著長長的竹竿，在前頭綁一塊石頭，俯衝到地上，練習等敵人登陸後，在坦克車進攻時，我們可以拿著前頭綁著炸藥的長竹竿，然後不顧性命俯衝到坦克車前面，冒死炸毀坦克車。這是我們小學三年級的軍事訓練。

當時我們常唱的歌，除了海軍歌以外，就是少年航空隊的歌。少年航空隊的歌詞我不全記得，只記得幾段，好像一開始是：「飛機引擎的聲音轟轟地響，飛機飛向天空，看到飛機兩翼的雄壯，飛翔在天空⋯⋯」當時我們排隊大聲唱，心裡想像乘飛機飛翔在天空的雲裡，內心感到很興奮。當時我們小學生最熱愛的是日本零式戰鬥機（當時是最快、最優秀的戰鬥飛機），最崇拜與嚮往的是：頭戴飛行帽、綁著帶有日章旗的白帶，然後坐在零式戰鬥機裡，在天空白雲間飛翔。我們所嚮往的少年航空隊員，聽

說在戰末期間都被調去當「神風隊」的隊員，從事自殺攻擊。假如我們再多幾歲或戰爭再多拖幾年，我們就參加了少年航空員組成的神風隊，從事敢死隊的攻擊了。

談到飛機，我還記得一件事，那就是當時美國攻占菲律賓後，已經準備繼續往北進攻，美國航空母艦已經在臺灣附近的海峽行駛。有一天，防空警報一響，我們看到一些白白亮亮的小飛機群在高空飛行，同時我們也看到一群日本的戰鬥機升上空迎戰。我們看到這些戰鬥機在天空上追來追去，一架架飛機被打下來，我們看得好興奮，也很開心，認為被打下來的是美國飛機（但後來才知道，被打下來的多半是日本的戰鬥機，日後臺灣就喪失了防空的力量）。

隔了幾天，我們全校學生被老師帶去參觀一架被打下來的敵人（美國）戰鬥機。在戰鬥機殘骸旁邊還展示美國飛行員所帶的一套救命用具，就是吹氣後會鼓起來的小橡皮求生艇，以及一套釣魚用的釣魚桿。最妙的是，旁邊還擺張日文字條說明：「美國洋鬼多麼膽卻，打戰還帶救生用具。」因為日本的飛行員不帶救生用具，被訓練成萬一飛機被打到了，就想辦法

■ 我小時羨慕與嚮往的日本零式戰鬥機及少年航空隊飛行員（攝於夏威夷航空博物館）。

衝向敵人的陣地破壞敵人，人與飛機玉碎，根本不考慮如何逃命求生。在日本這樣敢死的精神與觀念裡，看到美軍準備救生用具逃難，的確會覺得是「膽卻想求命」的敵人。這件事情讓我在日後知道日本與美國對人命的看法有天地的差異。

被空襲轟炸與逃難

經過這樣的空戰後沒幾天，我們就被美軍轟炸了。我還記得那天是三月一日。起初幾天，我們早晨剛到了學校，還在舉行升旗典禮，警報就響起了，老師趕快把剛升上去的國旗降下來，並且叫我們學生趕快回家。回家後，我就跟母親及弟妹躲在院子裡挖到地下有蓋子的防空室裡。這樣同樣的事情重複了幾天，我就認為沒什麼要緊，那天從學校回家後，沒有馬上躲進防空室裡，安靜地留在屋裡做功課。可是忽然高射砲的砲聲響起，同時聽到炸彈爆炸的聲音，我趕緊躲到床底下，母親剛好在屋後幫一歲的妹妹洗頭，她抱著頭濕濕的妹妹跑到屋前，叫我一起趕快跑到前院的防空洞室裡去躲。我剛想躲進防空室，就聽到帕啦一聲，但我沒空察看究竟，便趕緊躲進防空室。接著就聽到一陣陣的炸彈爆炸聲，我緊張得把頭抱住，縮躲在防空室裡。等到美軍轟炸完，四周恢復平靜後，我們才從防空室出來，回到屋子裡。後來才知道我家門口的屋簷有個洞，地上還有一塊天上爆炸的高射砲碎片。這時我才知道，我剛跑出房子，想躲進防空室時，那塊砲片剛掉到屋簷，從我身邊掉到地上，我差點就被打死了。我們住的附近當天並沒有被轟炸，但聽大人說，市區其他的地方被轟炸，而且有許多人被炸死。當天晚上就聽到我們隔壁的太太一直大聲哭號，原來她先生剛好在被轟炸的地區，不幸被炸死了。

就這樣過了一個緊張的晚上，隔天我們就坐牛車疏散到鄉下。日本政府也很有辦法，利用警察的權威即刻動員鄉下的老百姓，把所有的牛車都開進市裡，讓一戶一戶的人家都趁著夜晚搬移到鄉下疏散。我父親是公務員，不准疏散；但他不會燒飯，於是叫十五歲的姊姊（比我大六歲）留在

家裡替父親燒飯。母親跟我以及四歲大的弟弟、一歲的妹妹乘坐牛車，帶幾件衣服和貴重的物品，就連夜疏散到較遠的鄉下。我躺在牛車上看著天上的星星，心想到底發生了什麼事情，我們一家人要分散，疏散到鄉下。

坐在慢吞吞的牛車裡，走了將近一天一夜，我們才到達分配疏散的鄉下，借住農家裡一個小房間。事後回想起來，日本政府大概早有準備，才能有計畫地動用農家的牛車，計畫如何讓市民疏散，並且經過農村村長的安排，讓逃難的市民都能安置在農家，有地方可住。我跟母親及弟妹住在農家讓我們住的一個小房間，這對我們是很大的生活改變，但母親所擔心的卻是留在市裡不准離開的父親，以及照顧父親的姊姊。

日後，我從姊姊那裡得知，我們在市裡住的地區，沒多久也遭到轟炸，雖然我們家並沒有被轟炸，但附近的房子統統被炸倒了，連小巷都走不進來。姊姊說，父親從學校趕回來，一邊用手推開被炸毀的東西，想辦法走進小巷回家，卻又一邊哭泣。大概是他看到鄰居被轟炸的情況，認為我們家也應該被轟炸了，惟恐姊姊也受難。姊姊說，她從小很少看見父親對孩子表露的感情，但那天看著父親滿臉的眼淚，才體會到父親對子女的情感。不用說，父親跟姊姊也被疏散到鄉下和我們一起住了。

逃難的生活

日本政府建立了一個系統，在每個疏散的鄉下建立組織，由都市疏散的學校老師負責，在鄉下建立學生的逃難所，收容無法跟家長逃難的學生。我父親也被指派跟其他日本老師同時負責這樣的學生逃難所。鄉下當地的村公所有個很大的開會場所，臨時就被調用，只稍微改建便讓學生居住，成了學生的逃難所，收容十幾個從都市疏散的學生。就這樣，我們全家也搬進這樣的學生逃難所，跟其他學生日夜共同生活。

由於當時的局勢很不好，沒有足夠的米，也沒有肉類和蔬菜，我們在學生逃難所裡，天天吃番薯稀飯配曬乾有難吃味道的包心菜。平時，偶爾吃混有番薯的稀飯，有點甜，還算好吃，可是天天三餐都吃那樣的番薯稀

飯，就有點受不了。由於吃番薯容易產生脹氣，肚子鼓鼓的，又常常放屁。另外因為缺少新鮮的蔬菜，只能吃曬乾的包心菜，因為曬乾的包心菜可以存放得比較久，但煮後有股特殊的味道，很不好吃，但也只好天天吃。至於魚、肉，不用說，根本沒得上桌。有一天，從都市裡來探望我們的日本校長，看到我們缺乏魚、肉的情形，特別到河裡釣魚，釣了一天，好不容易釣了一些小魚，一個人一條小魚，總算吃了有魚的晚餐。我還記得我陪他到附近的小溪釣魚，他一直在算釣了幾條小魚，他希望每個小學生都可以吃到一條小魚。我不記得這位日本校長的名字，卻記得他往魚簍裡數幾條小魚的神情，也體會他關心我們小孩的心情。

由於美軍跳過臺灣去攻擊琉球，準備攻擊日本本土，因此美軍不再來轟炸臺灣，所以被空襲的情形消失了。許多寄放小孩的家長也都各自來領回他們的子女，因此學生逃難所也就關閉，我們恢復住到農家裡。這時，仍舊缺少食糧，我們還是天天吃番薯稀飯及一點蔬菜，很少有魚肉。由於我妹妹剛好一歲多，缺少營養，母親就拿家裡的一兩件衣服跟農家兌換一瓶花生米給妹妹吃，以補足她的營養。但我們年紀大的小孩只能看，不能吃，只給一歲不到的小妹吃。後來，我聽大姊說，有一天她聽到農夫們要在山裡偷宰一條牛來賣牛肉，她就想辦法跟其他農人到山裡。由於當時食糧缺乏，因此日本政府控制豬牛的殺宰，只提供軍人食用，老百姓沒有份。假如農人偷殺自己的牛或豬，就會被員警嚴重處罰。因此，農夫只好把自己的牛帶到深山裡偷宰，然後販賣。可是怕被員警查到，就得在很遠的深山裡偷宰。我不知當時十六歲的姊姊居然那麼大膽，敢跟農人到山裡，躲著員警去買被偷宰的牛肉。我也不記得我們吃了牛肉，但我卻記得去抓蝌蚪的事情。我曾到附近的小池塘撈回許多小蝌蚪，原以為可以當食物煮來吃，但母親卻笑著說，小蝌蚪不能吃，只好丟掉。可是我倒是跟鄉下的小孩學會一件事，就是到田裡找蟋蟀洞，然後灌進水，把跑出來的蟋蟀抓起來，就這樣抓了好幾隻蟋蟀，帶回家讓母親炸來吃，也總算補了魚肉的缺乏。

戰爭結束與臺灣光復

在鄉下逃難大概有五個月之久，到了八月某一天，當地學校的校長宣布，日本本土的廣島與長崎兩地先後被美軍以「原子彈」轟炸，整個城市都被毀滅，因此日本決定投降。這是令人非常意外的事情，因為在我們小孩的腦子裡，雖然都市被空襲轟炸，但我們還覺悟要準備決戰到底，決心戰到最後一兵一卒，寧可玉碎不求瓦全；相信日本人是不會投降的。可是出乎意料，日本天皇卻透過收音機廣播，決定日本無條件投降。我幾乎不相信，但我問父親，我們到底需不需要切腹自殺，父親告訴我，日本天皇叫老百姓忍耐，忍無法忍的忍，接受投降的事實，但不用切腹自殺。父親還告訴我，日本投降後，臺灣將歸還中國，我們要慶祝臺灣的光復。

除了知道要放棄我的日本名字，改回原來出生時的中文名字外，我絲毫不知道臺灣光復到底將會是如何。我只記得，母親把家裡所有剩下的白米煮了一鍋白米飯，我吃了一口，對母親說：「白飯真好吃，不用配菜也很好，天天能吃白飯都好。」哪知光復以後，我們還得受幾年苦，還不能天天吃白飯呢。

戰爭結束後，我們就搬回都市，住在一間老房子裡，並且恢復上學。我的小學被轟炸並燒毀，只留下有牆的空教室。但我們還是坐在可以看見天空的教室裡上課，沒有鉛筆，也沒有紙，但我們照樣上課。可是有兩件事情我卻記得很清楚，一件是常體罰、打我們的岡山先生，由於他從前常踢打學生，有些已經上中學的高年級生回到學校找他算帳。我看見幾個高個子的中學生把岡山老師叫到操場，手裡拿著鐵條圍著老師，準備打老師，報復從前被嚴重體罰的事；我也看見擔任教務主任的谷口先生在旁邊勸說，要學生不要打老師，因為岡山老師從前體罰學生雖然有點過分，但是是受了當時軍國主義的影響，所以請學生們原諒。雖然岡山老師是讓我頭上長起「臺灣山脈」的先生，但我害怕看到被學生們報復，便走開不敢看結果。但我聽到街上有些日本人被當地的中國人欺負，被人報復從前欺負中國人的情況。

當日本老師被欺負的同時，也有件事讓我記得很清楚，也很感動，是關於日本老師（山本先生）教我們中文的事情。山本先生雖然是日本老師，根本不懂中國話，但他卻是第一個教我們中文的老師。我曾提過，山本先生原本是我二年級的老師，戰後又被分配來教我們四年級的班。當時，原本居住於臺灣的日本人相繼被遣返回日本本土，但由於遣返的輪船不夠，一時無法遣送所有的日本人，所以有些日本人還多留了幾個月。當時接收的中國政府很亂，經濟未恢復，公務員或老師都幾個月沒領薪水。像我們中國人，可以變賣東西換米糧，但還沒被遣送的日本人就不同了，他們不容易變賣所有物，也不像戰爭期間還可以領糧券餬口。那位山本老師告訴我，他好幾天沒有飯吃，肚子很餓，但他還是來學校繼續教我們，而且居然還教我們中文，教我們如何念國語，以及如何靠「ㄅ、ㄆ、ㄇ」的拼音系統發音。他說我們是中國人應該學習中國話。我不知他從哪裡找來一本國語拼音的書，居然還教起我們「ㄅ、ㄆ、ㄇ」的發音。現在想來，這位日本先生的「ㄅ、ㄆ、ㄇ」並不準確，是日本式的發音，但讓我記得、佩服的是，這位日本老師能在這樣局勢改變中，很快地教我們學習中文，特別是他餓著肚子教我們，他的精神讓我到現在都還沒遺忘，讓我敬佩。

對日後心理與性格的影響

雖然時間沒有很長，只有出生到十歲的光陰裡，我接受過日本的教育，過日本式的生活，還經歷了太平洋戰爭的痛苦，但現在回想起來，日本文化與戰爭的經驗，帶給我許多日後心理上的影響，直接或間接地影響我性格上的成長。現在讓我就幾點來分析。

絕對服從的精神

從日本式的教育裡，我被灌輸且深受影響的是絕對服從的精神。這是日本注重上下關係的社會裡，最強調要對最高權威者表示「忠」的基本態度。這種無條件服從權威者的信念與要求，是日本文化的特點，但剛好在

面對戰爭的局勢中又被特別強調、灌輸到我們小孩的腦海裡。尊敬長輩、服從父母、相信權威，原本就是孩童時期心理發展階段的心理課題，因此自然而然，會毫無疑惑地相信與遵守。全班小學生聽老師的命令脫光衣服、冒雨挖防空水溝，就是這樣絕對服從的極端表現。

還好，這種絕對服從上級的觀念，在我稍微長大後，就有點變化、懷疑與動搖，特別是到了青少年以後，發覺上級的權威者並不那麼偉大，且不那麼可靠時，開始就產生懷疑，考慮是否需要絕對服從，或視權威者是否有德性、是否會照顧屬下，而做出批判性的判斷與決定，避免盲目地服從。對於能幹而有遠見且會欣賞、提拔並栽培下屬的領導者，我就應付得很好，也受了很多益處；但對於某些不講理的權威者，我就始終有些難以招架。

「趕拔魯」的精神

另外我們被灌輸且教養日本「趕拔魯」的精神與態度，「趕拔魯」的日文寫法是「頑張る」（發音為ganbaru），無法找到適當的中文翻譯，其意思是堅持、忍耐的「努力」、苦幹、頑固地「拚命」與加油的意思。當時在戰爭期間，日本政府推行一個口號：「月、月、火、水、木、金、金」，表示一週裡只有星期一到星期五（日文裡不稱星期而稱曜日，並把一週七天以日、月、火、水、木、金、土分別稱呼），沒有星期六（土曜日）或星期日（日曜日）的週末，要天天都是「工作天」而拚命苦幹的意思。在頭上綁一條毛巾，咬著牙根、握緊拳頭拚命努力，這是日本人教給我們的要領與精神。為了打戰，要打到底、犧牲自己、拚命打敵人，不可以、也不容許有投降的觀念。這種努力苦幹的精神，加上從小就多少已經有點強迫性性格的我，而產生許多作用，包括學生時代如何念書、準備考試，或成人後在工作上如何加班工作、努力書寫論文，或早起晚睡地埋頭苦幹、著書寫作的職業習慣，在在都發揮作用，幫助我工作上的發展。

有計畫應付事情的習慣

　　隨著遵從命令、苦幹做事的精神，我也養成了做事要很有計畫的習慣，這多少也受日本文化的薰陶，再加上我原本就喜歡有條理的性格，進而產生許多作用。因為做事要有計畫是每個社會都會有的習慣，但日本人特別強調，再加上服從上級命令的習慣，很容易發生作用。例如：當我們居住的地方被美軍轟炸後，隔天就可以立刻動員所有鄉下農夫，用牛車把全市的市民都疏散到鄉下，這是事先準備與計畫的結果，也是表現日本人做事常有計畫的特點。當然，這樣的事情能執行，還得依靠權威性的命令以及遵守命令的習慣，否則也是行不通的。但至少代表事情要有好的計畫，且要有按計畫應付困難的習慣與要領，這也對我日後的做事方式有許多影響。

　　可是日後我也學會事情不能只做完整的計畫，並且硬性地執行，要能適當地斟酌情況，做實際的判斷，否則就會產生毫無意義的結果。例如：叫所有的老百姓把家裡窗戶的鐵條統統鋸下來，準備當材料製造武器，但事實上卻無法使用，變成鏽鐵而浪費，這便是毫無意義的極端例子，可當作讓人深思而行的提醒。

不能一樣看待他人，做刻板性的一般結論

　　我在小時候遇過形形色色的日本老師，有很慈祥、體貼、會照顧學生的老師，甚至餓著肚子教我們中文而令人敬佩的老師，以及喜歡用軍鞋踢人、拿竹尺打腫人頭（製造「臺灣山脈」）嚴格教訓學生的老師。這些都提醒我，日本人有些人很慈祥，而有的是殘酷並具攻擊性，但不能做刻板或全盤性的結論，必須隨各人而做評論。

民族意識的膚淺意識

　　現在回想起來，我們從小就隨著當時的社會環境被灌輸民族意識，雖然一方面被日本政府強調要「日本化」、用日本名字、講日本話、要尊敬日本天皇、向日章旗敬禮，但另一方面又被當成「次等國民」、上不同的

小學、領不同分量的糧券，無形中也時時提醒我們就是中國人，暗地裡也刺激、啟發、扶植我們是中國人的民族意識。也就這樣，戰爭一結束，臺灣光復回歸祖國後，很快地就放棄是「日本人」的意識，轉換為是「中國人」的民族意識。

一個人生，三種文化──中國、日本、美國文化對人格形成的自我分析 ■

第二章

青少年到青年期——
中國文化的深厚影響

一九四五年，太平洋戰爭末期，美軍轟炸臺灣並控制了制空權，但並未登陸臺灣，就越過臺灣去轟炸臺灣與日本本土中間的琉球島，並且登陸。日本知道美軍將接近並攻打日本本土，便施展神風敢死隊的攻擊方法，企圖抵抗美國海軍艦隊，就在此時，美軍在日本廣島及長崎先後丟了原子彈，迫使日本無條件投降。雖然日本軍閥準備頑強抵抗，想在日本本土進行焦土戰爭，戰到最後的一兵一卒，但日本天皇卻想辦法用收音機向人民廣播宣布投降的決定，日本軍閥沒辦法只好聽從天皇的命令。八月十五日，日本正式向聯軍投降。根據歐戰結束時，盟軍在德國波茨坦（Potsdam）開會所訂的條件，臺灣歸還中國。兩個月後，十月十五日臺灣被中國政府接收，稱為光復。這下子，我們忽然轉身一變，恢復了中國人的身分。

這時，原先被日本人譏笑是「豬」的「支那人」，變成了我們「祖國的（中國）同胞」，而我們向來被教育、訓練要尊敬的日本人，卻變成了侵略中國、南亞與南太平洋的「侵略者」，是侵略中國的「敵人」、是「日本鬼子」、是「狗」；而被日本人譏笑是洋鬼的美國人，卻成了幫助祖國打敗日本鬼子的聯軍友幫，是中國的「好朋友」。這下子全變了天，敵人與朋友也（對調）變了。就連自己的國家身分也變了，變成了「中國人」，名字也從「曾我敏男」（恢復）變成為「曾文星」。

我的祖先、祖父母與父母

現在自己既然恢復為中國人，也就可以好好談我們（中國）祖先的故

事。我們曾家原籍是福建泉州晉江。在上一章裡，我已經稍微提過，我的老、老祖父（也是我父親三代以前的祖父）是被清朝皇帝授予「振威將軍」的頭銜，封為「臺澎總鎮督」，被派來統治臺灣與澎湖的武官。在明朝時代，位於臺灣南部的臺南市是臺灣府都的所在地，也就是首都，而在臺南市總爺街有我們曾家的官邸，牆上寫有一米大的曾字。

到了第二代的祖父，也就是父親的祖父，仍被封為「朝議大夫」，但到了第三代，也就是我的祖父便沒有官方的頭銜。他聽到中日戰爭後，臺灣將被清朝割讓給日本的消息，就搬回福建泉州府晉江縣的老家。我父親也就在泉州的老家出生。根據他小時候的記憶，老家四周有高牆，牆外還築有幾米寬的水溝以防強盜侵犯，可見是個有錢的老家。我的祖父就在泉州去世，當時父親還小，只有十歲。父親還有個年紀比較大的哥哥。聽說日本占領臺灣後，情勢已經逐漸穩定，祖母便帶著年幼的父親及父親的哥哥回來臺灣，但回來臺灣後，卻發現交給親戚保管的財產都被侵吞了。

■ 祖父的照片。

我父親念完小學以後，就想考入師範學校，由於師範學校的學生要住宿於學校，起初祖母不答應，不放心讓年幼的父親離家住進宿舍，但經過父親的努力，他成功說服祖母，終於進入師範學校，在學校裡接受日式教育。因此父親習慣吃日本的飯菜，喜歡喝味噌湯，我猜想可能就是住在（日本式）學校宿舍的生活經驗而來。他嚴格管教孩子，也可能是這種影響。

■ 祖母的照片。

談到這裡，我想起父母結婚的故事，是母親告訴我的。由於祖父早年

就去世，父親由祖母帶大，可是祖母年歲大了以後，有一天驟然去世。那時父親才二十五歲，剛從師範學校畢業，在學校教書，還沒結婚。根據中國人的習俗，母親去世後要守喪一年，不能結婚，可是親戚們擔心家裡需要有女人來照顧父親，便在祖母去世不到一週內，趕緊替父親做媒，讓他趕快娶了我母親，這樣在守喪的第一個星期結婚，就不用等一年守喪後才娶妻。母親嫁給父親時很年輕，只有十六歲。

我母親原家姓王，祖籍是福建同安縣。母親的老、老、老祖父被清朝封為正七品（文林郎），老、老祖父為正九品（登仕郎），老祖父從福建遷移到臺南近郊務農，到了祖父輩，有兩個祖父考上舉人，是文人出身多的家庭背景。母親的祖父是中醫，至於她的父親（即我的外祖父）開中藥店，經濟情況很好，除了外祖母，外祖父先後還娶了兩個姨太太，因此，我有三個外祖母。

談到我的三個外祖母，還有一則有趣的故事，我常告訴美國的朋友，他們也覺得很有趣。事情是這樣的，我的外祖母出生時，當時還是清朝，根據有錢人家的習慣，我的外祖母從小就（被迫）纏足，有兩個很小（四寸左右）的小腳。等到我外祖父娶第一個姨太太，也就是我的第二個外祖母，就只有中等（五寸大）的腳。因為她出生時，臺灣已經被日本政府占領，規定男孩不准留長辮子，女孩不能纏足，因此我的第二個外祖母便把纏過的腳放鬆了，所以變成中等大的腳。等到第三個外祖母出生時，從小就

父親、母親、姊姊跟纏小腳的外祖母在家的合照。

沒纏足，是普通大小的腳。因此，我三個外祖母的腳的大小，就顯現出在短短幾年當中社會變遷與習俗更改的具體例子。

學習生疏的臺語與新異的國歌

　　稍微談了我的祖先、祖父母的事情，接著就可以談我這一代如何面對臺灣光復的經過。首先要提的是我開始學習生疏的臺灣話的事情。由於我們在日據時代是（日本）國語常用家庭，因此我只會講日本話，沒有機會講臺灣話，頂多聽母親跟外祖母見面時講臺灣話，或臨近小孩跟他們家人講臺灣話，但我沒有開口講臺灣話的習慣。但光復後，我們再也不能講日本話，我就得學講臺灣話。臺灣有兩種中國人，大約三分之二的人他們的祖先是從福建遷移來的，講的是閩南話，我們習慣上稱為臺灣話；另外三分之一的人，他們的祖先是從廣東客家人居住的地方遷移過來，他們講的是客家話。國語有四聲的腔調，但臺灣話（閩南話）有八音腔調。例如：猴、狗、厚、鉤、到，都是同聲異腔調，稍微把腔調弄錯，意思就不對了，會把狗變成猴子。再加上有些發音怪怪的，因此我開始學習講臺灣話時，經常發錯音。例如要說臺語的電燈泡（電火泡仔），我的發音就不準確，經常被懂臺灣話的同學笑。

　　可是在學習如何講臺灣話的時候，我們還得學習從來都沒聽過的「國語」。我母親的娘家有個遠親是醫師，他有位女親戚曾住過福建，光復後回來臺灣，因此就請她來教大家學習講國語。當時臺灣才剛光復，學校還未從戰亂中完全恢復，我們親戚十幾個小孩，再加上幾個大人，就利用下課後的時間在親戚家裡上課，學習講國語。這位女親戚很年輕，聲音很好聽，可是要我們學著她講不習慣的國語，就沒那麼簡單。尤其是發音要捲舌，這是我們的新體驗，是日語或臺語未曾有的發音方法，不容易捲舌頭發音，不容易區別「是」跟「四」、「找」跟「早」這些發音上的不同，可是我們還是拚命學習「我們的」國語。

　　除了學習國語，這位女親戚還教我們國歌歌詞，表哥還彈鋼琴，教我

們怎麼唱。當時在我們小孩的腦海裡，覺得這的確是很生疏且新異的國歌，不太了解歌詞的意思，但也學著唱我們的新國歌。

新的國旗及外省朋友

我還記得第一次看到升青天白日滿地紅國旗的經驗。那時我還是小學四年級，我們（臺南師範學校附屬）的小學，所有的教室都被轟炸燒光，只剩下牆壁，我們便被分配到隔壁臨近的師範學校上課。那時，我也不知怎麼認識了師範學校校長的兒子，對方跟我年紀差不多。有一天他告訴我，他父親（即校長）將舉行第一次的升旗典禮，叫我去看，我看到一幅未曾看過的國旗，在我還不太熟悉的（中國）國歌聲中冉冉升上天。很顯然，對我來說，這是一幅跟過去常見的日章旗不同的國旗，我在心裡告訴自己，這是我們的新國旗，要尊敬它。

我認識的這位同學姓張，但我忘了他的名字，好像叫什麼勇似的，姑且不管，就叫他張勇吧。張勇人很好、直爽，我覺得跟他很合得來，我很喜歡他。他的父親是師範學校的校長，被分配住在一間日本人遺留下來很大的校長宿舍，家裡有個男傭人拖人力車，用人力車載張勇的父親（校長）到學校上班。

我之所以提起張勇，就是因為他常對我講些故事，讓我體會到他（這位跟我年歲相同的小孩）所經歷許多跟我完全不同的經驗與所相信的事情。例如：他告訴我中國的軍人很勇敢，跟日本人打仗，還組織敢死大刀隊來殺日本軍人，這些敢死大刀隊的軍人每個人都拿一把中國式的大刀（即青龍刀），刀柄還綁有紅布。他們很勇敢，半夜殺進日本軍營裡，殺死很多軍人。張勇不但嘴裡說著，還很認真地全身比畫，表演拿大刀、揮砍大刀殺敵人的姿勢。到現在，我還可以想起他認真向我解釋的表情與殺敵的架勢。他的解釋跟我在光復前從日本人口中所聽的話，完全相反。日本人說，日本軍人很勇敢，中國軍人很膽卻，還沒打仗就拔腿逃跑。

張勇還很驕傲地告訴我，中國的軍人很機警、靈活、有好的判斷力。

他向我解釋，中國跟日本或美國的軍人有什麼樣的不同。他舉例說，如果中國的軍人被長官命令走步，假如走到了河邊，長官沒有改變命令，軍人就在河邊繼續踏步走（是最正確與合理地服從命令的方法）；但日本軍人卻不同，走到了河邊還會繼續往前走，一直走進河裡，甚至淹死（是盲目且死板地服從長官的模式，是毀滅自己的愚蠢行為）；至於美國軍人，就乾脆停止步伐，站在河邊休息（是擅自改變行為，忽視長官命令的不適當行為表現）。他雖然是用小孩腦海裡所知道的故事為例，來說明三個文化裡的軍人是如何遵從並應付長官的口令，這讓我當時開始思考日本兵繼續走進河裡，是盲目服從（權威者）長官口令的表現。這原本是接受日本教育的我們認為是理所當然的事，但經由我這位（外省籍）朋友一說，我開始思索，到底哪種軍人是採取比較「對」與「合適」的反應。這個故事也督促我開始體會，不同的教育背景會讓人學習並採用不同的反應來處理服從上級命令的課題。

當時張勇是我接觸到的唯一外省籍朋友，我跟這位朋友雖然相處得很好，他常邀我到他家裡玩，可是不知為何，後來他們搬到別的地方，再也沒見過面了。聽說他父親被調回中國大陸，被安插在更重要的職位。可是我還是很想念這位頭腦聰明、為我介紹許多我未曾想到的不同看法，也讓我體會到雖然我們兩個同樣是十歲的小孩，也同樣是中國人，我們卻經歷了截然不同的經驗，也存留了對若干事情不同的看法。

本省人與外省人的衝突：二二八事件的發生

臺灣光復後，先後有許多人從中國大陸來臺灣。有些是來臺灣接收各種機關單位的，例如：我朋友張勇的父親來接收臺南的師範學校；有的則是過去移居到中國大陸的臺灣人，戰爭期間一直被隔離而無法回來臺灣，光復後就趕緊回來家鄉。我的姨媽就是這樣的例子，她十幾年前從臺灣到福建，現在跟她在那裡結婚的（山東籍）丈夫以及他們的三個孩子一起回來。另外有一批是政府派來的軍隊。當時中國跟日本打了八年的抗戰，經

歷了精疲力盡的苦戰，再加上戰後，國民政府還要趕緊應付蘇聯與共產黨，無法好好照顧剛收回的臺灣，因此被派來的軍隊是從福建來的，不是正規軍，聽說是抓來的軍人，並未好好訓練。我們做小孩的不知道這些事情，一看到他們，就像從前在路上看到日本軍人似的，舉手向他們敬禮，可是這些中國兵不但不回禮，還笑我們在幹什麼。他們不像日本軍人整齊列隊，也沒有整齊的步伐，有的還兩邊挑著大飯鍋，好像是逃難的軍人，讓我們對「祖國的」軍人感到失望。

　　住在臺灣的所謂「臺灣人」，除了一小部分是臺灣的原住民，是跟菲律賓相似的馬來西亞系統的人，漢人移居臺灣後，這些原住民就被驅走而移住到高山地區，被漢人稱為「高山族」，至於其餘的大多數都是數百年前從中國（福建或廣東地區）移居來的漢人（也是中國人）。可是現在碰到臺灣光復後移居來的中國人，臺灣人就稱他們為「外省人」，而指自己是「本省人」，這樣把中國人區分為外省人與本省人，其來有自。

　　因為彼此使用的語言不同，當時所謂的本省人只會講閩南話（所謂的臺灣話）或客家話，另外就是講日本話，而從中國大陸來的所謂外省人只會講國語（北京話）。彼此言語上不能相互溝通，所以產生不少誤會；再者，彼此有不同的生活習慣與觀念，無形中有明顯的次文化隔閡。例如：外省人接收日本人住的宿舍，不習慣像日本人光腳走在鋪在地上（用稻草編的、厚厚）的「榻榻米」，而是穿著拖鞋在榻榻米上走，晚上也不在榻榻米上鋪棉被睡覺，而是從外面搬進床，在床上睡覺，跟日本的生活習慣顯然不同。由於政府有許多行政與管理辦法跟過去不相同，再加上被派來的軍人不像過去日本軍人那樣守規矩，動不動就拿走老百姓的東西，猶如土匪搶走別人東西似的，逐漸就引起當地老百姓的惡感。就這樣很快地，大家就開始區別：他們是外省人，我們是本省人。

　　本省人與外省人的隔閡與衝突日益嚴重，後來發生了所謂「二二八事件」。就在一九四七年二月二十八日，聽說有位本省籍的婦人被外省籍的員警欺負，就是這樣的導火線，讓本省人開始攻擊外省人，結果政府從大陸徵調部隊，趕緊鎮壓（本省籍的）老百姓，相互拿槍械攻打、抓人、殺

人，社會秩序變得很混亂。我當時還只有十一歲多（小學六年級），不太知道發生了什麼事，只知道大人們很緊張，叫我們小孩不要出門，躲在家裡。不過，我卻看到一批大學生坐在卡車裡，拿著旗、幾把槍，喊口號，卡車很快地開過去。後來事件平息後，聽說軍隊到處抓人。我看到我們臺南市中央的公園裡，一棵大樹底下留下一大片血跡，聽說是有人在那樹底下被槍斃。我聽母親說，那是一位本省人，當事件被軍隊平息後，軍隊要抓鬧事的人，結果這位本省人自己出面，說是他在臺南主持活動，獨自一人擔下所有的責任，結果他就在市中心的公園裡，當眾被槍斃，以示警惕。我閉著眼睛還可以回想起，我每次走過公園，就到那棵樹底下去看那片已經變成暗咖啡色的血跡，內心裡思索著，這是什麼樣的人，為什麼會被槍斃，而他的家屬會覺得如何。由於發生這樣的事情，無形中更引起本省人對外省人的恐懼與害怕，也仇恨外省人，增加了彼此的隔閡。

及至我長大，數十年後，我才慢慢知道，日後我精神科主任的父親、我未來妹夫的父親、我幾位同事們的父親，都是在這個事件發生時，先後遭到拘捕、關閉、槍斃，或殘殺的被害者。可見這件事情的處理方法與結果影響臺灣人民的心理很深，也左右了日後社會與政治的局勢。

吃麵前先付錢：錢幣膨脹

「二二八事件」過後，我們都不再提這件事，也不敢提，可是我們卻忙於面對新的社會問題。這時中國雖然說是戰勝國之一，但經歷八年的長期抗戰，社會很混亂，一時無法立即恢復，接著又面對國共內戰的局勢，因此社會很不安定。雖然我們小孩不太了解這些政治性的事情，但很能體會到社會混亂的情況。除了要更改國體、改姓名、學新的言語、接受不同的教育、適應新異的文化習慣外，還面對了可怕的經濟崩潰。當時的政府為了應付物價的膨脹，拚命印新鈔票，從一塊錢的錢幣，變成十塊錢，不久就印了百元、千元、萬元的錢幣，來應付驚人的經濟膨脹，所以我們口袋裡帶的不是幾毛錢，而是幾萬塊的錢去買東西。許多米、糧食都買不到，

即便有存貨，價錢也漲得飛快，從昨天的幾千塊變成今天的幾萬塊。我還記得我們當時所說的笑話，就是你到麵店吃碗麵，最好在吃麵前就付錢，否則一碗麵吃完了，說不定價格就已經漲價了。

由於當時公務員有好幾個月都沒發薪水，再加上物價膨脹，許多人都過得很辛苦。由於沒有足夠的食物可吃，很多小孩都缺乏營養而生病。我家隔壁鄰居因為沒有飯吃，都只吃要來的豆腐渣過活，結果其中一個小孩因為營養不良，最後就死了。我家還好，因為母親變賣家裡的東西，勉強可以度日。至於我，則攪盡我的小腦袋，到街上撿人家丟在地上的橘子皮，然後曬乾了，拿到中藥店賣，雖然賣不了多少錢，但總算有點零錢可以買我在學校需要的鉛筆，而不用增加家裡的負擔。

我父親在戰前教書，平時靠薪水過日子，可是我父母都很節儉，把所有薪水的三分之一都用來購買人壽保險，也買了子女的教育保險，準備萬一發生什麼事情，我們孩子至少有基本的生活費與學費可以完成教育。但是我母親告訴我，父親辛苦十幾年來所交的保險費，到了戰後，（日本）保險公司退還給我們，但只能買到價值四萬元的一塊番薯來吃。也就是說，在整個經濟膨脹之下，幣值升到一元比四萬元，父親一輩子的儲蓄只變成一塊番薯。我母親一直嘆怨，當時只要買間房子或一塊地，就不會遭遇這樣的結局與結果。她常說：「只要留得青山在，不怕沒柴燒。」這句話讓我日後一直惦記在心，想辦法要購買土地、購置房子，遵循中國農人的人生哲學。

我的小學經歷

我在小學裡，功課一直很優秀，除了音樂拿「乙」以外，其他功課總是全拿「甲」的成績，從小學一年級起都當班長。在當時日本的學校制度裡，一年是三個學期，而我在一年三個學期都連續被老師指派當班長。可是到了二年級第二學期時，老師忽然叫我們班上的另外一位同學當班長。當時在我心裡想，他並沒有像我那麼好，因此心裡就很不服氣，悶悶不樂。

一個學期是四個月，到了第三學期，我又被恢復指派當班長，我這段時間的難為、不滿、羞恥與怨恨的心情才消失。後來老師告訴我，為什麼我沒被指派當班長的原因。原來是我父親去找老師，他覺得我年年當班長，對我的心理恐有不良後果，或許會覺得驕傲而看不起別人，變成無法當下屬而只能當上司的人。我父親是小學老師，可能從他的經驗裡，考慮到總是擔任班長、做頭的情況會影響小孩的心理，所以拜託老師不要讓我連續當班長。這是出於好意，可是我希望至少事先跟我說明，讓我了解他這樣提議的本意，我就會比較懂，也不用受心理上的打擊，難受了一個學期。我現在回想起來，這樣不直接交流表達意思，可能是我父親個人的性格，也可能是反映有些中國人的作風，即不當面直接表達意見，保持沉默不說，在背後做事、下工夫的習慣。可是這件不被連續指派擔任班長的痛苦經驗，對我日後卻有點幫助，讓我體會到事情不能總是很順利，有時會遭遇到不順利的時候，也不能總是做頭，有時也得當下屬。

雖然在三年級的一個學期裡，經驗到這樣不擔任班長的痛苦經驗，後來我從四年級一直到小學畢業，我都還是當班長。在日本時代，班長是由老師指派；臺灣光復後，為了學習「民主」，學校也就叫學生選班長，而我居然繼續被選任為班長，一直到六年級畢業為止。不僅如此，我到了六年級還擔任全校學生代表，早晨學校舉行升旗典禮或做早操，都是由我主持。為了擔任這個重要的職責，我努力大聲喊口號，並且站在臺上做早操，帶領全校將近千名學生做早操，好不神氣！這樣的經驗讓我奠定自我的信心，也讓我累積當領袖帶隊的心理與經驗。

光腳上臺演講

到了小學六年級，我還經歷一件事，那就是當時的臺南市政府教育科為了推廣國語，辦理了全市的小學生國語演講比賽，在市裡最大的戲院舉行。我被選上我們附屬小學的代表，到戲院參加比賽。這是我第一次到校外跟別的學生接觸。我本性並不那麼習慣在眾人面前講話，我可以念書、

寫東西，但要我開口跟別人交流來往，並不是我拿手的項目。可是由於我的學習表現與擔任班長的職位，我常被老師叫來代表班上演講。其實我本性並不喜歡當眾講話，但因為情況使然，我只好硬著頭皮演講，而且還很認真背演講稿，練習老師教我的動作與如何強調語氣而演講，也就這樣，在學校裡，我總是可以拿到冠軍。

可是這次是代表學校跟其他學校的代表比賽，情況就不同了。然而我要提的並不是演講比賽的結果，而是我如何上臺演講的事情。當時光復沒多久，大家的經濟情況還沒恢復，也包括我家在內。到戲院參加大場面的演講比賽，我穿的是舊的學生制服，腳上穿的是一雙有破洞的舊橡皮鞋。到了快輪到我上臺演講的那一剎那，我考慮到腳上穿的是有許多破洞的橡皮鞋，所以我就把鞋脫了，光腳上臺演講。在當時的生活中，小孩在家悠閒時，光著腳走路是常見的事，可是到學校還是需要穿鞋。後來我發現參加演講的學生有十幾名，而我是唯一光腳上臺的學生。我還記得我居然拿到了第二名，但光腳上臺這件事，不知為何至今仍記在我的腦海裡，一方面是害羞、難為情，但光腳上臺演講也讓我覺得，即使客觀條件不好，只要有本領，還是可以有所成就的。可是當時在我小小的心裡也想，我家當時為什麼那麼窮，父母無法幫我買雙鞋，讓我跟其他同學一樣穿好鞋上臺演講。

初中的經驗與表現

小學畢業後，我考上臺南第一中學，是當時臺灣南部最好的一所中學。臺南有兩所比較出色的中學，我上的是第一中學，另外還有第二中學。在日據時代，第二中學叫第一中學，是專門給日本小孩上的，而給臺灣小孩上的就叫第二中學。可是光復後，就把第一跟第二的稱呼對調，原來專門給日本小孩上的第一中學，就改叫第二中學；而本來由臺灣小孩上的第二中學，就改稱第一中學，企圖彌補過去被（日本人）欺負、看輕的事實。這件事多少反映臺灣人被日本政府當成第二等國民對待的心理反應。有趣

的是，後來的第二中學卻是許多外省籍的小孩去念的學校，而第一中學幾乎是本省籍的學生，無形中保留了不同（省籍）背景的學生分別上的兩所學校，並沒有混合的企圖。

要考上第一中學並不簡單，必須經過考試，要成績很好的學生才能被錄取。我小學就讀的附屬小學水準很好，但每班也只有幾個學生才能考上第一中學。我開始上第一中學時，第一件發現的事情就是，班上的同學幾乎都是在小學時當過班長的優秀學生。我突然體會到每個學生都很優秀，我不能大意，必須好好用功。

我已經提過，臺灣光復後，大家都面臨經濟崩潰的痛苦，以後還是繼續面臨經濟上的困難，尤其像我家是拿薪水度日的普通家庭，在這種情況下，我們還得想辦法掙扎、改善我們的生活。由於我們過去都是租別人的房子，在經過戰爭及經濟崩潰的經驗後，我的父母體會到有自己房子的好處，便決定想辦法購買自己的房子來住。可是沒有錢要怎麼辦呢？在當時的制度裡，銀行無法提供貸款，只有依靠一個老辦法──「標會」，所謂「標會」是老百姓自己制訂出來的民間辦法，即由十多個決定加入「會」

■ 初中三年級時，全班同學穿學校制服，跟校長、老師們及班導師的合照（我站在最後一排，左邊第二位）。

的會員（認識或不認識的朋友們）每個月聚一次，決定每個月大家都要出錢的最高金額，但由參加的人去標，看誰標的金額最少，就由誰領去該月所標的金額。不用說，這些錢是大家共同出的錢。如此經過十多個月，每個人都有機會可以輪流標到一次，才結束這個「會」。這可以說是老百姓輪流相互幫助，讓每個人有機會拿到一筆大款，可用於做生意或購買房子之用。我父母就參加這樣的「會」，最後拿到一筆款項當訂金，購買了一間房子，可是每個月還得繼續參加這個「會」，交還會員按月標的金額。當然，不夠的金額，還得向自己的親戚借，靠這樣的方法，我們總算買到一間房子，只有兩間臥室、一間小客廳和廚房。為了每個月要能有錢還會錢，我父母就想一個辦法，就是把樓上的臥室隔成兩間，在廚房又蓋了一小間房，然後租給三對年輕的夫婦，以收取他們的房租來還會錢。當時有許多空軍軍人從大陸撤退來臺灣，軍人的宿舍一時還未蓋好，就租老百姓的房子暫時居住，我們就這樣將房間租給了三對空軍夫婦，大家一起擠在我們家。我的兩個小弟弟和妹妹就跟父母一起擠在樓下的臥室，而我大姊沒地方睡，就到姨媽家借住。至於我，就睡在客廳的一個長木櫃上。晚上鋪棉被、掛蚊帳而睡，早晨就把棉被跟蚊帳收起來。如此經過一年，總算靠租金把標會得來的錢都還清，之後才慢慢償還從親戚那兒借的錢。這件事說明我家當時的窮困，但從窮困的環境裡如何想辦法掙扎，找出解決問題的門路。中國人常說：「窮有窮人的辦法」，我們就靠這樣窮人的辦法去應付情況。

在初中這段時間發生了許多事，包括自己的生理發育，進入青春期。我到現在還記得，我們的健康教育老師如何為我們上有關性教育的一堂課。在我們教康教育的教科書裡，有一課是講性發育及生理。雖然我們學生們早就都自己讀過，只是很好奇老師要如何講解那堂課。我們的健康教育老師是有醫師背景的，但很嚴肅（也很呆板）。我記得很清楚，他進教室以後，照例擺個很呆板、嚴肅的表情，把書高高地捧在他的面前（讓我們看不到他的表情），然後他把整課的課文一個字一個字慢慢念，念完後，一句話都沒說就離開教室，而我們看到他的背影從教室離開後，大家都開始

嘻嘻地笑。這就是我們唯一上過的性教育的課，可見當時社會對性的保守看法與態度。我們在小學時，是男女生上同一所學校，但分班上課，彼此很少有接觸的機會。到了中學，包括初中與高中，則是男女分校，根本沒有接觸的機會。上了初中後，隨著青春期的發育，我們對異性感到興趣，但在家裡父母都不會開口談性的事情，老師也不隨便談，我們都是靠同學間的聊天、開玩笑的方式獲知一些有關男女的事情。到了大學才開始男女同班，忽然跟異性有接觸的機會，但是按當時的風氣，我們也很少有單獨彼此來往的習慣。

關於初中，有件特別事情到現在我還記得，值得一提。當我在初三的時候，有一次不知怎的，學校讓一個有幾位外國人的團體來學校的禮堂傳教。他們在臺上演奏音樂，唱信耶穌的歌，並且講道。我們全校將近六百多名的初中生規矩地坐在禮堂，聽他們演唱、講道約有半小時之久，然後這些人就叫我們舉手，要我們表示願不願意開始信基督教。可是沒有人舉手，他們就又演唱、講道，然後又問誰要信基督教，叫我們舉手，可是仍然沒有人舉手。我看了這樣的情況，就站起來發言，我說信奉宗教不是那麼簡單的事，不是光靠聽歌、講道，就會讓人信教，請他們不要催促叫人舉手，表示要當場就信教。我不知當時為何居然敢站起來講那種話，可能是我不滿意學校讓外人進來傳教的關係，或對那種催促性的傳教與外國宗教的推銷感到不滿。還好老師或校長並沒有批評我的行為，而事情也就這樣不了了之，沒有結果。

我到了初三，青春期發育後，不知怎麼了，身體忽然一直長高，在一年裡幾乎長高了十幾公分，猶如竹筍似的。也因此，我在班上還算是個高個子。由於我個子高，被體育老師發掘、提拔，叫我練習打籃球。我本來的動作並不是很靈活，不擅於運動、打球，可是經由這位趙老師的訓練，逐漸愈打愈好。雖然是初三學生，但後來還參加高中的籃球隊，跟比我年紀大的高三同學一起打球，代表我們臺南一中的高中球隊。

■ 初中三年級時的個人照。

■ 初中三年級時，參加學校高中籃球隊代表，跟隊員及體育老師合照（我蹲在前排最右）。

高中的念書經驗

　　我們臺南一中是初中與高中同一所學校，初中成績好的就被保送高中，不用參加高中的入學考試，是件光榮的事。我們那一年，大約有十名左右的初三學生被保送高中，我是第二名被保送的，這讓我很高興。

　　從初中進入高中，除了年紀增加、身體發育成長外，我們也開始接觸許多各個成績都很優秀的同學們，在智力上是個很刺激的階段。可是有些功課倒是很呆板無聊，念起來很沒意思，不符合我們認知上的發展與啟發。讓我順便談些我們從小學到高中所教的課程問題。

　　我記得在小學時，日本的教科書內容比較好玩，是一些跟我們實際生

活有關的事情，啟發我們的思想與情緒發展，只是有時包含一些特別的課文，例如（在第一章裡已經提過）「忠犬」的故事、「君之代（愛國）少年」的故事，要教你如何忠於國家；也有「桃太郎」的故事，無形中灌輸你到海外征服「洋鬼」（西方的勢力），採用資源來發展自己的勢力。也就是包含一些特別宣傳政治意圖之用的課文。

我不知日本的教育系統到了中學會教什麼樣的課，但我可以告訴你，我們中學所教的課有許多很無聊且呆板的課程，除了物理、化學、歷史和地理這些社會或科學的課外，我們每週還得上國文。國文課文有時是選擇有名的文學著作（例如：徐志摩〈我所知道的康橋〉、朱自清的〈背影〉等），可以學習並啟發我們的情操，可是同時往往還要念許多古文，包括四書五經這類的古文。這些古文跟現代的白話文不同，因此我們主要在研究如何（正確）翻譯，並了解其意思，還得想辦法背下來，可以在寫文章時引用，以表示有「學問」；但老師並不考慮如何啟發我們的思想，從歷史背景了解作者的本意，或從思想的角度來說，有何意義與貢獻等等。

我並不是說老師不好，事實相反，我們臺南一中的老師都很好，特別是高中教物理、化學、歷史、地理等課的老師，素質都非常好，教學能力很強，比大學的老師教得還好；可是遺憾的是，有些課的編制及其內容有問題，最糟糕的是到了高中還要上「三民主義」（政治），也得上軍訓。

原來國民政府從大陸撤退到臺灣以後，仍持續國共的緊張局勢，我們在臺灣繼續喊「反攻大陸」的口號，加強政治教育、軍事教育，包括三民主義的學習與軍事的訓練，由教官來管理我們學生的行為，我們還得穿軍服上軍訓課。

到了大學一年級，還得念國文、英文、三民主義，繼續同樣的學習方式，英文從初中就每週念一小時的課，高中再念三年，大學再念一年，照道理應該已經學會這個外國語言，可是我們所學的是文法、背詞句，甚至背有名的林肯總統的整篇演講宣

■ 高中三年級穿軍訓
　制服的個人照。

言，考試時（靠記憶背下來的課文）可以考滿分，但從沒學習如何會話，也未利用學習英文而了解歐美西方的社會、歷史或文化。這些填鴨式的念書方法，跟日後我到美國後，重視實際與啟發思考的教育模式有很大的不同與差別，以後再分析談論。

拚命準備考大學：擠窄門

關於高中，要結束這個發展階段之前，要提一下我沉迷於打籃球的事情。我說過，由於我個子比較高，在初三時就被挑選參加高中的籃球代表隊，跟高中的隊員一起打籃球，不但繼續鍛鍊我的身體，還有機會跟年紀較大的高中學長相處，這對我的心理發展也很有幫助。到了高中，我繼續當選手，打了三年的籃球，可以說繼續沉迷於我的籃球運動。可是到了高三，快畢業考大學的時候，這就變成很糟糕的事情，我開始擔心沒有好好準備重要的大學考試。

當時臺灣的大學採取聯合入學考試，就是全省的高中畢業學生都在同一個日期參加大學入學聯合考試。考試科目主要是國文、英文、數學、物理、化學、地理、歷史與三民主義等，在三天的日期裡，分別在全省各地大都市舉行。大學的科系按文科、理科等主要三類分別報考，考生按照自己的志願填寫希望被錄取的大學與科系。一個人可以填寫大約十個左右的科系，可以屬於不同的大學，只要按自己的志願順序填寫，然後按考試的總成績來分發。只要差一點點，就可能被分發到全然不同的科系，可說是很緊張又富於競爭的考試。一般從高二就開始準備大學考試，再講究一點就靠父母出錢，上大學入學考試的補習班，用功一、兩年，苦心準備大學的入學考試。最糟糕的是，為了公平起見，入學考試錄取的結果，會在放榜前夜就經由收音機廣播，廣播哪個學院哪個系有哪些人考上，翌日的報紙上，還會列出所有被錄取學生的名單。不用說，放榜前夜是最緊張的一夜，全省各地的人都打開收音機聽取，某某人是否考上醫科、工程系、經濟系等等，等親戚們聽到你考上了，還會有人跑到你家為你放鞭炮恭賀，

但是如果沒考上，就會很丟臉，無法躲藏，可說是很緊張的事。有些考生就跑到別地，躲避這個最難受的一夜。

由於臺灣的社會觀念裡，從好的大學畢業，就前途無量，而要考進好大學，就得念好的中學，而要念好的中學，就得想辦法念好的小學，甚至是好的幼稚園。所以做父母的，對自己小孩的教育很關心，從小就要他們用功考上好的幼稚園、念好的小學、進入好的中學、考上好的大學，大學畢業就可以得到好的職業，有好的一生。可是大家都想進入好的學校，競爭很激烈，變成是擠窄門的現象。

還好，我從小功課就很好，體育也不錯（只是音樂差），品行也好，總獲得「品學兼優」的獎狀，因此父母很少督促我用功，他們只擔心我太喜歡念書，把眼睛念壞了。可是我到了高中，雖然功課還好，但是並沒有特別費心準備大學考試。為了籃球比賽，常常練習到晚上，然後去參加比賽。結果，到了白天，由於身體疲累，所以在課堂上就打瞌睡，無法好好上課。

由於大學考試會決定我將來的去向與前途，所以我開始緊張，決心不再打籃球，要全心全意準備大學考試。我利用高三即將畢業前的最後三個月，開始拚命用功，發揮「趕拔魯」的（日本）精神，拚命努力準備大學入學考試。的確，我很拚命，晚上要念書念到半夜十二點，早晨四、五點就又起床念書，如此辛苦了三個月，我總算考上當時很難考的國立臺灣大學醫學院（簡稱臺大醫學院）。臺灣每年有將近千名的優秀高中畢業生報考醫學院，但實際上只收七十名左右，因此要頭腦很頂尖的人才能考上，我很幸運地考上了。這也決定我一生進入醫學的生涯。當時我心裡很高興，一開始要念兩年的預醫科，然後接著念四年的醫學，再加一年實習，總共念七年的醫學。

心理上的打擊：得了肺病

　　雖然很高興考上醫學院，以充滿希望的心情開始念兩年的預醫科，但卻馬上經歷許多困難。我說過，當時臺灣的經濟還不太好，包括我家裡也一樣，特別是我們全家人還得繼續節省，為了要還買房子而從親戚們借來的錢。還好，國立大學的經費是由政府負擔，學生要交的學費不多，可是也得花生活費。上了大學，我算是第一次離開家，可是家裡沒有錢讓我買新衣服，父親把他一件（樣式過時的）舊上衣給我，讓我可以穿著應付冬天。到了大學，總算運氣不錯，我抽籤抽到了學生宿舍。在宿舍裡，十個學生住在一個房間，房間裡擺放五張上下舖的床，及五張兩人共用的木桌，就這樣也沒剩下太多的空間。吃飯的伙食也不好，早餐只吃稀飯，有十幾顆的花生米，中午跟晚飯就吃白飯，只配一點青菜及一塊魚肉，這對我們還在發育的年輕人來說，總是吃不飽，營養也不夠。有些朋友家裡經濟環境比較好，可以自己加菜，可是經濟比較差的，就常常靠這樣的宿舍伙食過活。

　　這些生活上的苦還無所謂，後來還遭遇了預想不到的身體與心理上的挫折。在大學針對新生而舉行的例行身體檢查中，醫師發現我患有肺病。由於過去肺病沒有治療的藥，多半的病人都變成慢性病人，身體逐漸衰弱、沒有復原的希望，許多人也因此死亡；所以肺病的臺語也稱為「世病」，表示得了這種要命的慢性病就要傾家蕩產，受一輩子苦的意思，反映當時社會對肺病所產生的恐懼，覺得沒有希望的態度。我接到大學醫務室的通知，知道自己居然得了那種無藥可救的「世病」，我的心就涼了，變得很傷心。到了下午我就開始發燒，晚上睡覺就出冷汗，也開始咳嗽，缺乏胃口，體重減輕，出現肺病的症狀。我無法專心念書，心情也不好，但也不敢寫信告訴家人，惟恐增加他們的擔憂（現在回想起來，當時應該告訴父母，以得到他們的幫助）。

　　還好，我按學校醫務室的吩咐，定期看校醫。我到現在都還記得校醫的面孔，校醫以嚴肅但帶有慈祥的表情，向我說明目前已有治療肺病的特

效藥，再三吩咐我要按醫囑治療一年。我每
週就到醫務室打針，打了針有點副作用，會
影響我的聽力，但我還是按醫囑接受治療。
幸而，我的病狀逐漸改善，但我仍不能參加
體育課，體育課要全年請病假。可是關於學
業，等我身體的情況好些後，我就開始努力
用功。因為當時大學的制度裡，假如成績
好，能在班上前幾名，就可以領獎學金，減
輕生活費的負擔。經過一年抱病努力讀書，
我終於得到好成績，名列班上前幾名，可是
剛巧從那一年開始，大學的獎學金制度卻被
取消，我拿不到獎學金。雖然經過這些命運
的捉弄，我還是定下心，勉強完成前兩年的

■ 進入臺大醫學院，在門口穿
白袍的照片。

預醫科，從大學總部轉入醫學院，並且充滿信心與希望開始日後四年在醫
學院本科的醫學生生活。

經歷戀愛的挫折途徑

　　四年的醫學生生活裡，我經歷了許
多事情。除了學習解剖、生理、病理、
藥理等基本醫學外，還念內科、外科、
小兒科等臨床醫學，經過典型的醫學的
學習課程。在上解剖學時，要用屍體進
行解剖、上生理學要做實驗等，必須經
過這些醫學生的學習課程才能完成學
業。但在我的個人生活裡，卻沒想到，
我經歷了一件決定我日後一生的重大事
情，那就是我的戀愛。

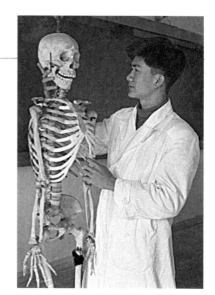

■ 上解剖學，看骨骼模型，研究
骨骼，並深思人生。

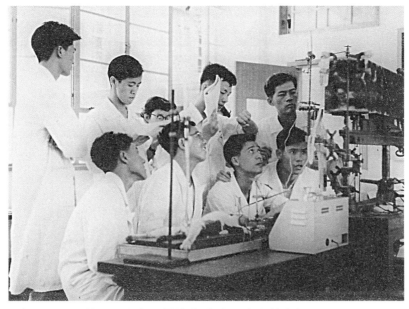

■ 跟班上小組同學一起上生理學的實驗（我站在最左）。

　　在當時的大學或醫學院的習慣裡，比較少有人戀愛，更談不上結婚。在觀念與習慣上，結婚是醫學院畢業以後才可以談的事情。事實上，我們醫學院畢業以後，不知是因為先前的戀愛或家人、媒人的事先安排，幾乎有三分之一的同學在畢業後一、兩個月內就先後結婚，可是在醫學院念書期間，很少有人開始戀愛或考慮結婚的事。我們班上倒是有個例外，一位同學還沒畢業就結婚。聽說他家是農家背景，祖父是獨生子，父親也是獨生子，而他也是獨生子，為了預防下代沒人接家嗣，家裡的人就要他老早趕緊結婚、生孩子，以保證有人可以傳宗接代。

　　按當時醫學院的習慣，醫學院第一年的學生要負責每年在學期末舉辦晚會時，排演話劇的節目。當我們結束了兩年醫預科進了醫學院，當第一年醫學生時，就得負責這個差使；因此，我們班上的同學就開始準備話劇的排演。我們選定的話劇是「兒女情長」，是關於年輕男女戀愛的故事，主要角色是一位小姐喜歡上一個詩人的情節。班上的女同學徐靜，決定擔

任這個小姐的角色，但不知怎麼的，她請我演詩人的角色。我說過，我從小學起，本性就不喜歡也不會演講或演話劇，可是由於成績好、當班長，所以在小學時，總被老師叫起來，當著全班同學面前念課文，或代表班上參加演講比賽，也不得已常被指定演話劇，可是我都是很勉強去做。

這次醫學院要排話劇，徐靜親自開口邀我演話劇裡的詩人，我有點躊躇，但也就接受了。這件事情發生之前，我曾偶然在醫學院的校園裡碰到過徐靜，兩人相互聊過天，有點認識。現在經她一邀請，我就接受了，但是卻開始緊張起來。對我來說，一直到那時為止，我從沒有跟女同學或朋友私自來往過，只有在一群人的情況下，跟異性同學開口講話，當然也沒有談戀愛的經驗。按當時的社會風氣與學校規定，中學生不准男女生獨自來往與戀愛。我聽說過，我們臺南一女中的學校，假如老師發現女生接到男生的信，就會叫你在大家面前讀男生給你的情書，讓你害羞、不敢再接受男生的信或有男女私自的來往。不過到了大學就比較開放，可是還是很少有男女兩人談戀愛的事情。

為了面對這個突來的差使，我開始很用功，努力背臺詞，並且想像要在臺上如何做出動作，演好我的角色。那時候，我沒有一件好的褲子，只有學生的制服褲子，所以我還向同學借了一條普通的褲子，這樣感覺起來比較像詩人。經過一個多月的排演，總算演出了，而且我跟徐靜的關係也從同學轉變為男女朋友，就如同學所說，是假戲真做。

可是我們的戀愛並不簡單，還經歷了將近六年的光陰才結婚。當

■ 我跟徐靜演話劇，假戲真做，開始我們的戀愛。

然，我說過，除了特殊情況外，我們醫學生很少在學生時代就結婚；再者，父母經濟不是很富裕，也無法替年輕人負擔結婚後的生活費，所以要等畢業、做事後，有了自己的收入，才可以考慮結婚、成家。可是除了這些一般習俗與當時的社會情況外，我跟徐靜還得面對特殊的困難，包括次文化與家庭的因素，再加上我們職業上的條件。我還沒說明過，徐靜是外省人，我則是本省人，在當時是毫無可能結婚的，至少很少有人跨省籍通婚。從二二八事件以後，本省人與外省人間的隔閡還未消除與改善。我父母雖然會說國語，但在家裡主要還是講臺灣話，所以跟外省人談話有言語上的困難；而且我家信的是佛教，而徐靜家則是信天主教，天主教規定只能跟教徒結婚；加上徐靜是獨生女，我則是長子，我父母擔心結婚後，徐靜娘家是否會要求我入贅，或孩子要有個隨母姓等等。可見我們雖同樣是中國人，但談到結婚，父母輩的就得考慮這些當時認為很重要的因素。

這種情況在現代年輕人的眼裡看來，可能會覺得很奇怪，不容易了解一對年輕人要戀愛或結婚，居然還得受父母、家庭與社會風俗的限制。不過先讓我說明我外祖父母是如何結婚的。我說過，我外祖母是從小纏足，從不被允許離開家跟外面的男人接觸。當外祖父跟外祖母要結婚前，媒人婆到外祖母家，當時年紀很輕的外祖母就照習俗躲在自己的閨房裡沒露面。聽說，她閨房的門口就掛了一個門簾，外祖母就坐在閨房裡的椅子，只把她的三寸金蓮從門簾底下露出來給媒人看。媒人回去後，就到外祖父的父母那裡報告並證實外祖母的腳是纏足的三寸金蓮，就這樣定了他們的婚姻，接著兩人就被安排婚事了。二十年以後，當我父母親結婚時，也是經由親戚做媒後結婚的。按當時的習慣，父親不能去母親家看看，他只利用他是小學教員的身分跑到母親念過的小學看母親小學時的成績，發現母親的成績還不錯，就接受媒人的建議成婚。也就是說，我父親跟母親在婚前也沒見過面，就憑媒妁之言而決定結婚。再過二十年後，時代改變了，已經是臺灣光復後沒幾年的事情，當時的新風氣已經開始改變，年輕人還是經由媒人牽線，可是可以由父母陪同找機會見面（相親），看看彼此是否喜歡；雙方都滿意、覺得合適，然後才訂婚。可是我大姊（比我大六歲）高中畢

業後，就到銀行做事，在銀行裡認識了男同事，兩人就開始戀愛。因此，當男同事到我家來見我父母親以後，他們兩人就被允許手牽手一起去看電影。那時，鄰居都跑出來看這對男女還沒結婚就一起在街上走，要去看電影，可說是很轟動。可見在四十年的時光裡，如何找對象、如何結婚的習俗改變了很多。我可以想像我父母聽到我跟徐靜在戀愛，可能受到的驚訝與震驚，沒讓他們看過及獲得他們的同意，就已經變成「男女朋友」，開始談戀愛。

我跟徐靜的結婚，最後還得克服另外一個條件，即是聽從我們精神科主任的提議（或許說是「命令」），要等徐靜完成第一年住院醫師的訓練以後，於一九六三年才可以結婚。我想說的是，我跟徐靜談戀愛所遭遇的並不是我們兩人之間的問題，而是需要克服外在因素的困難，包括家庭的因素、父母的觀念、次文化上的差異，再加上權威者的條件等等，反映出當時年輕人想談戀愛並不簡單。

選定學術生涯：學習精神醫學

要談我們精神科主任對我們婚姻的「限制」，首先要說明我跟徐靜如何從醫學院畢業以後，兩人都選擇進入精神科接受住院醫師訓練的事情。當我考上醫學院時，我本來嚮往當外科醫師，但接著變卦，也想當內科醫師，可是等到我六年級到精神科實習時，我整個想法就又改變了，變成想當精神科醫師。其實事後回想起來，我早在預醫科一年級的時候，就喜歡閱讀《夢的解析》、《人之心》等這類跟心理有關的名著，對於人心的奧妙很感興趣。後來在精神科實習時，發現能跟病人談他們的心理、了解他們的想法與行為，這讓我感到很有趣，再加上當時科裡的（林宗義）主任很欣賞與鼓勵我，所以我就決定跟徐靜一起進入精神科接受住院醫師的專科訓練。可是我們考慮到一件事，那就是當時的住院醫師制度。臺灣大學附屬醫院（簡稱臺大醫院）的四年住院醫師訓練是模仿英國式的訓練制度，所採取的是金字塔制度。也就是說，新的住院醫師進入科裡接受訓練後，

■ 我們從醫學院畢業，穿畢業服在臺灣大學門口合照。

■ 我們兩人選擇進精神科，在受訓的臺灣大學附屬醫院門口合照。

每年要淘汰一名，等到了第四年，也就是最後一年，只能有一位總住院醫師。當總住院醫師做完，假如科裡有教員的空位，就可以升上去當講師，所以是個金字塔式的窄門制度。也就是說，同時接受訓練的住院醫師要相互競爭與淘汰，只有一位能完成四年的訓練當總住院醫師、爭取升等擔任講師的機會。由於徐靜跟我覺得，假如我們兩人一起進入精神科，雖然兩人的成績與表現都不錯，但還得彼此競爭，而我們兩人中，只有一個人有機會當總住院醫師。因此，徐靜就好心選擇先去內科接受實習醫師的訓練，一年後，當我升為第二年住院醫師時，她才進來精神科當第一年的住院醫師，就可以不用跟我競爭，只跟她同年的住院醫師競爭。老實說，臺大醫院所採用的住院醫師訓練制度並不很合理；不像美國的制度是平行制，所有進入科裡的住院醫師都可以升等到最後一年，完成全程的訓練後而畢業，

不用每年跟同年的住院醫師相互競爭與淘汰。

話說回來，當我已經是第二年住院醫師，而徐靜完成內科實習醫師訓練一年後，轉入精神科擔任第一年住院醫師時，當時的主任找我們兩人見面，當面說明並要求我們兩人在精神科同時受訓的頭一年不能結婚。主任的理由是，住院醫師第一年工作很忙，如果（女住院醫師）懷孕，就無法好好工作，完成受訓。不過主任也提供一個建議，要我們等一年後，當我們結婚時，他答應當我們的介紹人。所謂「介紹人」就等於是過去的媒人，由有名望的人當你結婚的「介紹人」，是很榮幸的事。雖然我們是自由戀愛，不用經過媒人介紹，但在形式上，結婚時還是要有介紹人來替我們說明男女雙方的背景，以及認識的經過。

信天主教，準備結婚成家

我跟徐靜要結婚還得面對一個問題，由於徐靜跟她的父母當時信奉天主教，我和徐靜要結婚，也得信奉天主教。因此，我很認真地找大學裡教書的一位美國教授兼天主教的神父學習、讀聖經，經過一段時間，被神父認可後，才領洗，成為天主教徒。

我們結婚是按當時的社會習俗，在男方的家裡結婚。我父親特別替我們找到臺南一所天主教的教會，好安排結婚。雖然我父母從沒進過教堂，對基督教或天主教完全不認識，所以我很意外父親居然還找到天主教的教堂，為我安排結婚的場所。婚禮後，我還記得父親告訴我，他覺得在教堂結婚很好。大概他喜歡教堂裡莊嚴的氣氛與程序，這讓我有點訝異於他的感想與印象，也高興他為了我們而接受我們的宗教。

可是除了安排在教堂舉辦西式的天主教婚禮外，我們還得回到家裡，舉辦傳統的中國婚禮儀式，即向祖先牌位燒香跪拜、報告我們成家，還得向所有親戚敬茶。起初我心裡擔心信天主教的徐靜不肯燒香敬祖先，可是她毫無問題地跟我一起燒香拜拜，也跟每個長輩敬茶。當時來我們家裡所有的親戚（因為我父親方面沒有近親，都是母親方面的親戚），我們要按

王氏攝影

■ 我跟徐靜的結婚照片。

輩分一個一個有序地敬茶。我的（娶了三個妻子的）外祖父很早就去世，因此，首先是敬我們第一外祖母，接著是第二外祖母、第三外祖母，然後是第一舅父母、第二舅父母，如此按輩分敬茶。我母親娘家，除了三個外祖母，她們三人所生下的兒子，不管是誰生的，按其先後生下來的順序，我們稱呼他們為第一舅父、第二舅父、第三舅父等，我總共有四個舅父。這些事情我已事先向徐靜說明，讓她有所準備，要跟許多親戚敬茶，還告訴她，我們敬了茶，每個親戚會給她一包紅包，她也非常高興，還開玩笑說，多敬幾個親戚也無所謂。我聽了也就放心，並且感謝她能隨和、適應我們家裡的（中國傳統）習俗與要求，讓大家都高興；尤其是我的父母，因為娶了個媳婦到曾家裡來了。

　　到了晚上，我們在旅館餐廳舉行結婚晚宴，我們的主任也照他的許諾，特地從臺北趕到臺南來參加晚宴，並且以「介紹人」的身分向客人介紹我跟新娘的個人與家庭背景。我還記得，他還很用心地準備介紹詞，說明我們兩家雖然是不同省籍背景，但透過雙方家庭的了解與同意，讓我們一對年輕人能結為夫妻，恭維了我們兩家的好。

我們第一個孩子的出生

　　我們三月結婚，七月徐靜就懷孕，隔年五月徐靜就生下我們的第一個孩子，是個男孩。根據我們事先準備好的名字就叫「超文」。之所以取名叫「超文」，就是希望他將來能有所為，比我們還可以多多發展，超越我們的情況。

　　我跟徐靜剛結婚時，心裡原希望總共生四個孩子，最好是兩個女孩、兩個男孩。我們還預先選定我們兩男兩女孩子的名字，即：超文、偉文為男孩名字，倩文、詩文為女孩名字。按中國的老習慣，男孩子要按輩分起名，要用同一個字來表示是同一輩的；可是女孩就不同，不用同樣的字。因為觀念上，女孩都要嫁出去，會隨夫姓，是別人家的人。可是我跟徐靜就沒按這樣傳統的想法與習俗，刻意要兄弟姊妹都可以相互認同，都是屬於一家人。因此，不管男孩、女孩，都要用同一個字（即「文」字）來表示關聯。在我們心裡是希望他們能相互認同是手足，保持好的關係。所以我們以父母的心意，事先就定好了一套孩子的名字。但後來我們生了一男兩女，也覺得夠了，就沒再生第四個孩子，只用了三個原定的名字。

　　不用說，對我們曾家來說，添了長孫，我父母很高興。對徐靜的父母而言，也是長外孫，所以也很喜歡。可是事實上，我們當父母的卻很辛苦。孩子還小時，我們晚上在家要輪流起來照顧他，但我們是住院醫師，又得常常在醫院輪流值班，所以很辛苦。等到孩子長大些，才比較輕鬆。

■ 生下我們第一個孩子，一家三人合照。

完成住院醫師訓練

　　一方面養育我們的孩子，一方面接受住院醫師的訓練，很快就過了幾年的時光。關於住院醫師的訓練及看病人的事情，有許多關於醫療方面專業事情的回憶，但我只談我在主任指定下，跟其他教師及工作人員到安平參加流行病學調查的事。我之所以談這件事，是跟我日後的專業研究與學術生涯有關。原來，當我是第一年住院醫師的時候，我們精神科在主任領導下，進行十五年後的精神疾病流行病學調查。原來當年光復後沒多久，曾經進行第一次調查，如今經過許多社會、經濟與文化的變化後，再看十五年後，在同樣地區，精神疾患的發生率是否有何變化的研究。可是，我要談的並不是調查有關的事情，而是我們在臺南安平做調查時的意外經驗。

　　安平是臺南市郊區的漁港，住的大多是出海打魚的漁夫或木匠。由於是個漁港，設備並不好，當地並沒有旅館，我們調查隊住在赤嵌城裡的房子，可是晚上沒有事，我就會到村裡的小巷走走，看看當地村民的夜晚生活。結果我發現村裡有許多乩童（巫師），我就去觀看，以好奇的心情去了解到底乩童如何幫助求救者。這些經驗啟發我日後繼續研究民俗醫療的現象，也著寫並發表若干論文以推展我的論著，可說是利用偶然的機會而發展成我的學術興趣與研究。

　　我完成了四年的住院醫師，包括最後一年的總住院醫師以後，當時科裡有教師的空缺，很榮幸地，我被聘請擔任講師，準備開始我的教學生涯。可是我的命運卻來個大轉變，科裡要我出國到美國進修，專門學習心理治療。

機票寄來，趕緊出國進修

　　由於臺灣當時的風氣，人人都很想到美國發展，我們醫學院班上的同學，幾乎大家都會去考美國對外國醫學院畢業生所要求的考試（稱為ECFMG），結果全班幾乎一半的同學醫學院畢業後就自費出國，在美國受

住院醫師的訓練，然後就留在美國做事或開業。由於我家裡當時的經濟情況根本無法負擔我出國的費用，況且我曾經得過肺病，也就沒想到出國的可能性，根本就沒去考 ECFMG 的考試。可是在住院醫師四年訓練將完成的半年前，我們精神科的林宗義主任有一天卻忽然告訴我，他預備為我爭取世界衛生組織的獎學金，讓我到著名的哈佛大學所屬的麻州精神衛生中心進修心理治療。該中心位在麻州波士頓，是美國精神科很有名的住院醫師訓練中心，連美國醫學生都不容易申請進去接受住院醫師訓練的機構。這對我來說，根本是個想也沒想過的難得機會。我們主任雖然很嚴格（曾經要求我跟徐靜不准在住院醫師訓練的頭一年結婚），但是很有遠見，對科裡的年輕人自有一套栽培的計畫。他認為我對心理治療有興趣，就替我爭取這樣難得的進修機會；可是他向來不隨便告訴別人他的想法與計畫，只等到必要關頭再告訴你。

我聽到這個絕佳的進修機會，心裡很高興，也很感激林主任為我安排這樣一生難得的機會，可是內心卻也很矛盾，因為在當時的臺灣，要公費出國，只能本人出國，不能帶家屬。我進修的計畫是三年，這意味我將跟妻兒分開三年。徐靜知道我內心的矛盾，她卻安慰我，這是多麼難得的好機會，不要為了家人而放棄。三年固然是很長的時間，但從整個人生來說卻是很短，要我不能放棄這樣的好機會。徐靜平時雖然看來很柔弱，但一碰到重要關頭、面對要緊的事情，卻很冷靜、也有好的定見，且能為將來設想，因此我聽了，也就定了心。

可是我的肺病問題又將如何？雖然醫師在幾年前就告訴我，經過藥物治療，病情早已治好，X光看起來已有鈣化的現象。可是出國的身體檢查是很嚴格的，是否能通過檢查，就不得而知。我趕緊到指定的醫院接受特殊檢查，那是要從胃裡抽胃液，進行是否仍有（肺病）細菌的檢查，結果是陰性，代表病情已經好了，沒有傳染的可能性。體檢通過後，到美國的簽證也拿到了，但還有一項很重要的問題，那就是我從沒考ECFMG考試。結果經由我的主任跟哈佛大學精神衛生中心的主任打聽與聯繫，得到特殊的准許，說明是進修受訓，不要求 ECFMG 的考試。就這樣一關一關的問

題都解決了，剩下的就等出國。不久，我就接到從世界衛生組織打來的電報，說明機票已經寄來，要我在幾天內趕緊出國。

我開始匆忙地準備行李，接著花了幾乎我幾個月的薪水，趕緊訂做一件西裝，買支很貴的宇宙牌（University）手錶與派克（Parker）自來水筆，可以在美國使用（不會被美國醫師或病人看輕）。但有個問題，我買不到新皮鞋，因為對一般中國人來說，我的個子比較高、腳也長，普通尺寸的鞋不適合我穿，平時都要訂做，可是離出國只有兩天，也來不及訂做，還好在一家鞋店裡看到別人事先訂做的大號鞋，於是我跟店主商量拜託，請他先讓我購買。就這樣趕上出國的日子前有了一雙新皮鞋可穿出國。我穿著新西裝、帶著貴重的宇宙牌手錶及派克牌自來水筆，穿上新皮鞋，跟家人揮手道別，就搭乘飛機離開臺北，飛向美國了。

■ 乘飛機第一次出國到美國波士頓進修。

討論此階段對我日後一生的影響

民族意識的劇烈轉換

從臺灣光復回歸祖國後，最明顯的事情就是恢復中國人的國籍，恢復中華民族的民族意識與認同，可說轉換很大，但也很迅速。這可能是在日本統治下，雖然被強迫向日本認同，但由於顯著的差別待遇，大家心裡還是保存我們畢竟是中國人的心理，因此世局一變，很快就可以轉變。只是這種轉變，事實上並沒有那麼快，因為還要接受祖國的文化，經由跟中國大陸來的「外省人」接觸而學習新的語言（國語）、接受新的國旗（從日章旗改為青天白日滿地紅國旗），還得學習中國大陸的習慣與對人對事的觀念和態度。可是時間一過，也就逐步轉換為「我們是中國人」的民族意識，並沒有自我的阻抗現象，很願意向自己原來的民族認同。

可是在一時之間要把過去被日本人灌輸的觀念，認為中國大陸的中國人是「豬」，需要打敗美國「洋鬼」的心情放棄，做一百八十度的轉變，認為中國人並不是「豬」，而是「偉大的中華民族」，日本人才是侵犯亞洲的敵人、是「狗」，而跟中國並肩作戰的「洋鬼」則是我們的盟友，需要花好幾年的時光，慢慢轉變；不僅是認識上的轉變，還得處理情感上的變化與調節。

文化適應上的問題與困難

雖然民族認同的轉換在本質上沒有問題，可是困難卻發生在文化上的轉變適應。我說過，放棄日本話開始講臺灣話（閩南話），日後又得學講國語（普通話），這是言語上的困難，經歷好幾年才逐漸適應。但最困難的是，如何改變思想與觀念，即文化上的更改適應。例如：從絕對服從權威者，到更改為民主、要選舉、競選，是個新的經驗。不僅要知道，還得經歷從實際操作而累積成為真正的新體會與經驗。

經濟崩潰與社會動亂的衝擊性影響

　　除了適應文化上的變化，我們還得面對社會的經濟崩潰與動亂的局勢，在「亂」的社會裡長大。如何從窮困的環境裡去掙扎、適應，是個很大的挑戰。不僅如此，還得經歷當時在臺灣政府將近三十年的「反共」政策與局勢，受政治環境的影響，被灌輸大陸的中國人是我們的「敵人」的觀念，沖淡了我們整體的國家觀念與華人的民族意識，且無形中羨慕「強大的」美國，產生媚外的心理。這種社會、經濟與政治局面的巨大變化與挫折，對剛在成長中的年輕人而言，是很大的衝擊，很需要心理上的費心適應。而從這種適應的經驗與結果求得穩定，才能建立日後能克服困難的信心。

心理上的挫折與自我的磨練

　　從我個人的情況來說，我還得面對因生病所產生的心理挫折，要自己暗地裡克服，得經歷好幾年的自我磨練，可說是我一生最低潮的時期。但後來病情逐漸好轉，能完成醫學院的課程、進入自己喜歡的專業領域，也能戀愛、成家，可說是從困難中逐漸爭取的人生成就。這些一層層的困難與挫折，給予我磨練的機會，讓我建立自我的信心，也對人生保持積極與樂觀的態度。幼小時，從日本教育裡被訓練面對困難時要咬緊牙根，拚命努力與苦幹，這多少也幫助我硬著頭皮硬幹、硬拚的精神。

適應與處理困難的要領與技巧

　　在這年輕階段所面對的各種困難，都讓我養成人生是充滿苦難與辛苦的看法，但也建立對任何困難都可以應付與適應的態度，必須忍耐、想辦法對付，有技巧地適應、靈活地應對、尋找出路，都變成了我的座右銘。當我面對挫折或困難時，俗語所說的：「塞翁失馬，焉知非福。」就變成是安慰我心情的故事。古文裡所說的：「天將降大任於斯人也，必先苦其心志，勞其筋骨，餓其體膚……」變成是鼓勵我的成語；「盡人事而聽天命」變成是指導我的人生哲學。換句話說，中國傳統文化裡累積下來的許

多觀念與態度，無形中都對我產生作用，幫助我克服困難、面對問題，且
能適應。

第三章

青年成人（前期）──
美國文化的初次接觸

乘二十四小時的飛機，橫越太平洋

　　一九六五年八月一日，我匆匆乘上日航（JAL）飛機，離開臺北到東京，轉乘泛美（Pan America）航空的飛機飛往檀香山。這是我第一次搭乘飛機，也是第一次離開家鄉到外國。在飛機上，我剛買的貴重手錶（花了我在臺北半個月薪水買的宇宙牌名錶），不知何故不會動了，所以不知道時間。當時的飛機並沒有電影或聽音樂的設備，一路上只好看窗外的白雲青天，感覺是個很漫長的旅途。我心裡開始想像美國是什麼樣的地方，是否能習慣當地的生活、言語是否會有溝通的問題、美國白人會如何對待中國人、是否會遇到可怕的 3K 黨對黑人或亞洲等少數民族的恐嚇與威脅等等，我的腦子裡一直想這些事情，同時也想家裡會如何，和妻兒分開幾年，對他們會有何影響，想著想著心裡就有點難過。我心裡也想，我在臺灣已經受了四年住院醫師的訓練，到美國又要從頭接受三年的住院醫師訓練，跟哈佛大學的住院醫師們一起學習，我是否可以應付；還有，美國病人對東方的醫師又會如何對待等等。東想西想，想多了，累了，也就開始打盹。

給我一杯水好嗎？──言語溝通的問題

　　雖然我們在初中、高中每星期都曾上過一小時的英文課，但是都在念

文法、拼字、背文章。大學一年級上英文課，記得還念過美國林肯總統有名的演講詞，考試前我還把全文都練習背下來，考試還得一百分，但畢竟未曾學習過如何開口說日常會話。換句話說，上了飛機後，是我第一次要開口向外國人講英文。我坐在泛美航空的飛機上，第一件事就是想向空中小姐要杯水喝，可是每當空中小姐從我座位旁邊走過時，我腦子裡還沒想好如何開口：「請……給……我……一杯水！」嘴巴急得還沒開口，空中小姐早就走掉了。最後我沒辦法，乾脆就用手向空中小姐做手勢，表示要水喝，才得到一杯水。

在飛機上吃飯也是個問題。我從小只吃中菜，沒吃過西餐，出國前，在臺北還特別跟徐靜去吃一家西餐廳，叫了一道烤雞配青菜的餐點，吃起來還滿合口味，心裡也就放心（哪知事後才知道，原來臺北的西餐廳是按中餐的方式做的，是中式的西餐，跟後來在美國吃的西餐是完全不同的味道）。可是在飛機上，可能是心裡緊張，又或者坐飛機太久，我覺得有點頭昏，一看到搭配有生菜口味不同的西餐，我就沒胃口吃，只勉強吃了幾口（後來到了波士頓，第一天打電話跟當地的中國朋友聯繫，第一句話就問他們家裡是否有米可以燒飯吃）。

就這樣，從臺北到東京，東京到夏威夷的檀香山，在短暫停留時間辦理入境美國的手續，又從檀香山繼續飛往美國大陸西岸的洛杉磯，緊接著又東飛，終於飛到東海岸的華盛頓，在華盛頓向世界衛生組織的駐美辦公室報到，然後又飛到波士頓，總共飛了將近二十四小時，終於從臺北橫跨太平洋及美國大陸，到達了目的地。

到了波士頓，第一天就趕緊找住的地方。還好，在醫院臨近的公寓租到單人公寓。所謂單人公寓，指的是只有一間房間加廚房與浴室，唯一的房間還供作臥室兼客廳或書房，房裡擺一張單人床及一套桌椅，桌子可當吃飯或念書的地方，這種單人公寓是最便宜的，每個月付美金七十元。當時，世界衛生組織發的獎學金每個月只有一百五十元，所以我得省吃、省住，還預備每個月可以節省點錢寄回臺北供家人開支。

第二件要做的事情是，馬上找一家錶店修理我壞掉的手錶。修理師把

我的錶打開一看，說沒什麼問題，把機器稍微碰一下，錶就開始動了，他隨後把錶還給我，還向我要修理費美金二十元。這就用掉我美金薪水的七分之一，讓我感到美國工錢的昂貴。

把第一年住院醫師連續兩次誤認為總住院醫師

由於我收到機票來波士頓是八月初，住院醫師的訓練從七月初就已經開始，因此到達的翌日，我就趕緊到醫院報到。院長把我分發到一間病房，並為我介紹該病房的總住院醫師（chief resident），該總住院醫師自我介紹，他的名字是 Robert Pyele，並向我說明，病房裡共有五位第一年住院醫師將一起工作一年。他為我介紹其中一位第一年住院醫師，他的名字叫 Robert McCaly。由於當時我對美國的英文名字不習慣，尤其無法記住姓氏，又聽說住院醫師們都以名字（first name）相互稱呼以表示親近，所以我就想辦法記下住院醫師的名字。總住院醫師的名字叫 Robert（羅伯特），簡稱是 Bob（鮑勃），我連這樣美國人最常見的英文名字都不習慣，就在小本子上寫下 Robert，但要簡稱發音為 Bob，註明是總住院醫師的名字，腦子裡還告訴自己是 B-o-b，發音是「鮑勃」，練習如何叫，並記下來。可

■ 在受訓的麻州精神衛生中心門口的照片。

是碰巧的是，總住院醫師為我介紹的一位第一年住院醫師也叫 Bob，這讓我有點分不清楚。

　　報到第二天，本來要照時間表在早上八點到病房參加晨間會報，可是由於臺北與波士頓十二小時的時差，我睡到快中午的十一點才起來，趕緊刷牙、穿衣服，等我跑到病房時，心裡覺得很尷尬，第一天上班就遲到。所以我一看到總住院醫師，就稱呼他「鮑勃」，並向他致歉，說明我因為時差而睡過頭，所以來晚了。他很和氣地跟我說沒關係，這讓我有點放心，不那麼尷尬。可是我心裡覺得有點不對勁，擔心我碰到且道歉的是不是第一年的住院醫師，而不是總住院醫師，於是中飯後，我碰到嘴裡含著雪茄的住院醫師，我就肯定他是總住院醫師，於是趕緊跑過去叫他「鮑勃」，並向他道歉，說明我睡過頭、遲到了。結果，他回答：「你剛才已經說過，不用再道歉了。」我心裡覺得很納悶，到了下午四點，所有的住院醫師、護士們都跟總住院醫師會合在開病房會議時，我看了大家，果然才發覺今天我兩次道歉的都是第一年住院醫師的 Robert McCaly，而非總住院醫師的 Robert Pyele。原來，對我這個剛到美國的東方人來說，當時覺得所有的白人都大同小異，看起來很像，況且才剛見一次面，也分不出來誰是誰，所以就鬧了這個尷尬的笑話。而且我也發現，我們病房裡的第一年住院醫師總共有四男一女，而四位男住院醫師在開會時都會抽雪茄，並不像我們在臺灣，只有醫院的院長或老教授才抽雪茄，領會到不能把東方的經驗與見解毫不考慮地運用到西方的不同社會，這讓我經驗到跨文化的一課。還有，這個中心的精神科醫師不穿白色的醫師制服，護士也不穿護士制服，大家都穿普通的衣服，刻意要跟病人親近。因此，我還得小心誰是工作人員、誰是病人，還得認出誰是護士、誰是女醫師，不能再鬧笑話。

「像兔子一樣吃生菜」──對異文化的生疏

　　由於我出國之前，未曾自己燒過菜，只懂得用電鍋煮飯，因此到了波士頓以後，一開始幾個月，我都在醫院餐廳吃飯。醫院的伙食是供病人食

用，所以質量不能太期待，而且菜單每週都是固定的，所以可以推測每天的中餐或晚餐吃什麼，非常單調。不過價格便宜也很方便，我就這樣天天在醫院的餐廳進食。醫院餐廳裡的所有菜色都擺放在小盤子裡，任你挑選，並按你所挑選的食物來付帳。除了肉食、麵包以外，我也挑選生菜，即沙拉。我知道美國人吃沙拉，可是我過去在臺灣沒吃過，只是覺得吃點蔬菜對身體好，所以我每餐也都挑一小盤沙拉來吃，但沒煮過的生菜不好吃，也沒味道。我就這樣撒點餐桌上擺的鹽來吃，我還寫信向徐靜訴苦，說美國人吃沙拉就像兔子吃生菜，不太好吃。就這樣三餐選吃小盤的沙拉，偶爾撒點桌上擺的鹽，勉強吃了將近一個月。有一天，我忽然發現同事們吃沙拉時，還撒些配料，我開口問這些配料是什麼、從哪裡拿的，同事們回答我那是搭配沙拉的醬料，要從餐廳放刀叉旁的小桌子上挑選自己喜歡的配料。這時我才恍然大悟，原來我這一個月來一直像兔子吃生菜，是我不懂美國的生活習慣，不懂得搭配料來吃沙拉的關係。

　　日後，我開始在公寓學習燒菜，到超級市場買菜。當時，臺灣還沒有超級市場，買菜都是到普通菜市場的每家攤子上，挑選攤子上賣的東西，有時還要殺價，但美國的超級市場卻很不同，每樣東西都已經包裝好，透過透明的玻璃紙可以看出包裝好的是什麼東西，而且每樣都有標價，不用討價還價，非常方便。雖說方便，但對我這個初來乍到的東方人而言，也有不方便的地方。例如：所有的魚都是切成一塊塊的，並沒有帶頭的整條魚，認不出是哪一種魚。我還帶字典去查，可是不太有用，因為所標明的魚名在字典上往往都找不到，我只好每樣都試試看。肉也是一樣，都切成一塊塊的，讓人方便買回家就可以馬上烤來吃，但因為看起來都很相似，所以我沒注意包裝上的字。有一次以為是豬肉，就買了一包，結果回家煮了，才知道是很腥的羊肉，我不知要如何煮，且腥味很重，我也吃不下，最後只好丟了。有些青菜看起來很熟悉，卻又不太一樣。像茄子，在臺灣是一條細細的茄子，但在波士頓，我所看到的卻是肥滾滾又短的大茄子，就好像不同種的茄子，煮了才知道是同樣的茄子。在超級市場買菜，最有問題的是買不到一些我們東方人需要的菜。白米雖然買得到，但是長條的

米煮起來一粒一粒的，跟我們亞洲人吃的黏黏的白米飯不同。白人通常會吃麵包，假如吃米飯的話，就喜歡吃一粒一粒的米飯，跟我們東方人不同。最麻煩的是買不到薑，因為美國人燒菜是不用薑的。

後來，聽當地的中國朋友說，要到市區一個叫黑市場（Hey market）的地方，那是專門賣給當地義大利人的菜市場，只要坐電車半個多小時就可以到達，因此我就利用週末的時間，開始到那裡採購。在那裡，除了薑、蒜、蔥等配料外，還可以找到帶頭的魚，也可以在肉攤買到豬腰、牛肚、豬腦等內臟。像豬腰在臺灣很貴，而且經常買不到，還得事先預定，但在波士頓的黑市場卻很便宜。這是因為美國人不吃動物的內臟，因此許多亞洲人都經常到此買豬腰、牛肚，而且買很多。有時賣肉的還會問你，家裡是否養了隻大狗，因為美國人平時都用狗罐頭或貓罐頭來餵家裡的狗或貓，但有時也會買牛肚煮來餵大狗。

厚厚的週日報紙——浪費與節省

我開始慢慢經驗美國許多不同的生活習慣。我還記得，頭一個星期天，我到街旁的小藥店買星期日的報紙。因為聽說星期日的報紙會刊登廣告，登載哪家百貨公司有打折特賣的消息。藥店的老闆叫我自己到牆邊的櫃子拿報紙，我看到厚厚的一疊報紙，就告訴他我只想買今天星期日的報紙，不想買一週的報紙。老闆說那就是今天星期日的報紙，只要美金一分錢。我半信半疑地掏出一分錢給他，回家看報紙才知道，那麼厚的一疊報紙真的是星期天一天的報紙，幾乎大半都是登廣告的。我看了以後，不知如何處理那麼厚的報紙，還問公寓的管理員要如何處理。因為過去在臺灣，看過的報紙都捆起來賣給收舊報紙的人。公寓的管理員看看我，對我這個奇怪、不懂事的外國人露出疑惑的表情，然後回答說，丟到垃圾桶就好。我開始感到美國人的浪費，毫無節省的觀念（當時，美國還沒像現在提倡廢物利用的觀念與習慣）。提到節省，我們過去為了省電，曾養成隨手關燈的習慣，但我在波士頓卻不能這樣做，因為我曾在夜晚把公寓走廊的燈關

了，結果管理員還告訴我不要把走廊的燈熄了，因為這樣對晚上其他人的行走與安全不好，寧可整夜用電亮著燈，也要保護人的安全。可見他們的觀念與我們截然不同。

我並不是吝嗇，而是想節省，但在美國人的觀念是「多花用、多消費，經濟就更好」，這是個全然不同的經濟與文化價值觀。談到節省，我第一個月領到薪水，在付了房租以後，就花了幾乎剩餘一半的錢購買一架電視機。這並不是學美國的新觀念要去消費，而是我覺得購買電視機，可以幫助我學習英語，並學習美國人的言行與行為、生活習慣，也可以幫助我增長知識及幫助我在精神科的專業工作。

第二個月，我還是同樣節省，然後買了一部錄音機，準備跟病人談話時可以錄音，然後回家再聽取，了解病人講了什麼，好幫助我向督導教授報告。美國住院醫師的訓練制度裡，除了每天為病人看診外，每週還得向三位不同的督導教授或上級醫師分別做個案報告，接受治療個案的仔細督導。這是我們在臺灣沒有的訓練制度，是很實際、很實用的訓練制度。當時的錄音機很大，就像打字機那麼大，是用兩個大轉盤的錄音帶來錄音，價錢也很貴，可是我毫不猶豫地就花錢購買，練習聽取跟病人的會談結果。

第三個月，我還是很省錢，然後買了一件大衣。那時已經是十月，樹上的葉子都開始掉落，時序進入寒冷的秋天。美國朋友告訴我，波士頓的冬天很冷，雖然屋裡會開暖氣，但在屋外會需要一件厚毛衣及一件厚大衣。普通的一件大衣就要花掉我一半的薪水，因此我就到百貨公司的地下樓層物色，購買打折扣的大衣，預備冬天的到臨。不用說，在起初的這三個月，我不但無法寄錢回家，還得很節省地用錢，才有錢吃飯。

還好，我發現美國的住院醫師雖然穿很好很厚的衣服、穿好皮鞋、抽雪茄，但用的卻是便宜的鋼筆，因此我就把在臺北購買的昂貴派克牌自來水筆收存起來，也跟大家一樣用便宜的鋼筆。至於我在臺北花了幾乎半個月薪水購買的宇宙牌手錶，因為不能放著不用，所以就戴著用，後來還使用了十幾年，可說是很划算。但當時心裡就提醒自己，萬一手錶壞了，就不要送修。因為美國的工錢實在太貴，光是修理費都足夠買一只大家都戴

的普通手錶。不要再像在臺灣時一樣,一遇到機器壞了就想辦法修理,而不敢隨便買新的。因為臺灣的人工便宜,修理費不貴,但是買新的比較貴,是不同的經濟與人力系統。我逐漸了解美國社會,也就慢慢能適應,也多少開始享受美國的生活了。

■ 在哈佛大學校園裡,
於哈佛紀念銅像前的
留影。

■ 到蘋果園,初次嘗試
摘蘋果的樂趣。

感恩節的南瓜餅──客套的教訓

我已經說過，按照醫院的制度，所有的第一年住院醫師都被分配有三個督導教授，三名督導會各個分別提供個案的督導與教學。按慣例，一位是院長或副院長，一位是教授，另一位則是第三年的上級住院醫師。有關這些督導教授，我還會仔細介紹，但在此，我先說明我被分配的其中一位督導教授──康教授（Dr. Ernest Khan）的趣事。

康教授是猶太人，就像許多美國的精神科醫師一樣，是猶太籍，他娶了同是猶太籍的妻子，育有三個孩子。他在年輕服役時，剛好是第二次世界大戰結束，曾被分派到戰後的日本，他對東方的文化與藝術很有興趣，對東方人也很好。他們夫妻還特別提供費用，讓一位日本精神科醫院的院長兒子阪本良男（Dr. Yoshio Sakamoto）來麻州精神衛生中心，跟我同年進修。康教授告訴我，美國例年在秋季十月過感恩節，節日將到臨，他會請阪本醫師夫婦跟我到他家裡吃感恩節大餐。康教授還吩咐我，美國人的感恩節會特別吃火雞大餐，因為是在下午吃，所以早飯要少吃，要留點肚子下午吃火雞。我聽到是吃烤的火雞，內心很高興，就按吩咐少吃點早飯，中午就按地址到康教授的家。康教授家裡富裕，住在哈佛大學附近的高級住宅，家門口的院子還種了一些花。

到了下午，康教授就請我們進入他們布置豪華的餐廳，餐廳裡有長型的餐桌，我們各自按主人邀請坐在指定的座位上。接著，康教授家裡的傭人就端出烤得金黃且香噴噴的大火雞，讓大家看　眼後就端回廚房，切片後，再將切好的火雞肉一片片擺在長型的大盤子裡，然後把盤子端出來，讓我們大快朵頤。由於烤火雞肉的確好吃，尤其是早飯少吃，所以我就吃了很多，而且教授的太太很客氣，還一直勸我們多吃。她說，我很瘦，需要多吃點肉，才能像 007 電影裡的男主角那麼健壯（後來我才聽人說，猶太籍的母親跟中國的母親一樣，很會勸人多吃，很喜歡客人吃她做的東西）。我聽了，也就多吃了幾片火雞肉，吃得肚子飽飽的，簡直快撐破了。

當時我還不知道西餐的習慣，在吃了主食後，還要吃甜點。這時，吃

完火雞的主食後，康太太就叫傭人端出南瓜派（圓餅）。我還記得，她拍拍手，對我跟阪本醫師夫婦說：「南瓜派是感恩節的特別甜點，是美國東北部新英格蘭（New England）有名的甜點。」她也不管我們要不要吃，就把南瓜派切成一塊一塊，然後分給每個客人一大塊。我當時已經吃了火雞，肚子很脹，但聽主人的太太說是感恩節特製的甜點，所以也就努力吃了。老實說，南瓜還可以，可是圓餅裡加了一種肉桂香料，我很不喜歡那種香料的味道，但也勉強吃了。我來美國前，就曾聽人說，吃西餐要把盤子裡的食物吃完才算禮貌（不像東方的客人要留點食物，表示被請吃的食物很多，多而有餘，所以很感謝，這樣才能讓主人放心）。這時，康太太問我，南瓜派的味道如何，我很有禮貌地回答：「很好吃。」結果，想不到康太太說：「再來一塊！」我不好意思說不要，就說：「請來一塊小的。」可是她卻不理我所說的，仍給我很大一塊，害得我幾乎吃不下。這是我這輩子裡，第一次吃南瓜派，也是最後一次。因為日後我一看到南瓜派，就想起那次忍痛吃完南瓜派的經驗，再也不敢碰南瓜派，這可說是我遵守東方人客套習慣的一個教訓的結果。

提到我過分客套的故事，讓我也想起日本精神科土居健郎教授（Dr. Takeo Doi）親自告訴我的霜淇淋故事。土居教授比我大十多歲，是日本有名的文化精神科醫學家，從日本東京大學畢業。戰後，他得到獎學金，就到美國進修心理治療。雖然他的英文很好，但也不熟悉美國人的生活習慣與文化觀念。他告訴我，他第一次被美國人邀請到家裡吃飯，情況跟我很像，也是被督導教授邀請吃晚飯。飯後，教授的太太告訴他，飯後的甜點是霜淇淋。由於他聽說美國的霜淇淋很好吃，因此就滿懷期待，想嚐一嚐嚮往的美國霜淇淋。可是由於客氣，當教授夫人問他：「要不要吃霜淇淋甜點？」（Do you care some ice cream for desert?）他毫不思索就按日本老式的習慣，客氣地回答「No（不要）」，他心想，這樣客氣一下才好。豈知教授夫人聽了，就按客人所說的「不要」的意願，沒給他吃他所嚮往的霜淇淋。日後他告訴我，當時他想（按日本習慣）主人應該會堅持再問一次，且會不管客人客套地說「不要」，仍會端出來讓客人嚐嚐看。可是因

為他遵循東方的客套，所以就沒吃到期待已久的美國霜淇淋了。這跟我客套地說「很好」而遇到的問題，是異曲同工的現象與問題，這都是因為東西文化上不同的客套方式所帶來的結果。東方人想要客套，不敢得罪對方，可是西方人尊重當事人的意見，不要客套，彼此有溝通上的不同出發點與價值觀的差異。

從這些故事裡，我們可以體會到，這不僅是客套上的習慣不同，還牽涉到人格的基本問題。在西方（至少在美國社會），強調「自我」的心理，要盡量能表達自己的意思、意願或立場讓對方知道，以便溝通與交換意見；可是東方社會顧慮「別人」，要猜測「他人」的心意、要謙虛、含蓄，不隨便透露「自己」的想法或意見。因此，在會談中，常會發生別人問「你」（自己）的想法如何、要不要，而你就會回答「隨你（對方）便吧」的回答，不好說出自己的想法與意願，而是讓對方猜測你的心思到底是（客套或真的）想或不想，讓對方做決定。同時我們東方人還會注意不過分炫耀自己，這是自古認為謙虛是美德的觀念使然。

一年後，徐靜也得到獎學金來到波士頓，跟我在同一個中心進修。我們夫婦有時也會邀請比較要好的美國住院醫師夫妻來我們公寓吃飯，徐靜就煮些中國菜，請他們吃晚飯。徐靜在開飯前會按中國習慣說，這是家裡的「便菜」，如果煮得不好吃，還請你們多包涵。這原本是客套話，但美國人聽了很不舒服、也不高興，認為我們沒看重他們，請他們吃不怎麼好的東西。還好，他們跟我們都很熟，所以就告訴我們，按美國的習慣應該說，我們準備了最好吃的東西請你們，還要說明如何花費時間與精力，如何準備特別的菜要請客人吃，這表示是尊重客人。我們聽了之後，就開始改變我們的習慣，說明我們如何用心燒最好的菜，請客人品嚐。起初，我們這樣誇說自己多好，還真有點不習慣，但看到美國客人喜悅的反應，我們也就習慣了新的作風，不再說是請他們吃「便飯」，而要吹噓是燒了最好、最得意的菜，請他們享用，讓美國朋友高興。

「醫師，我喜歡你！」——言語上的混亂與困難

在異國生活，除了觀念上的差異、生活習慣的不同，還得面對溝通上的困難。雖然言語文字懂，但要真正的了解其字裡行間的含義，又是另外一個層次的問題。我就遭遇到這樣的困難與混亂的經驗。

當初，開始住院醫師的訓練時，我為了得到美國住院醫師跟護士人員的好感，方便在病房工作，我時時都對大家很好。特別是我發覺在病房裡，護士很重要，也很有地位與影響力，可說幾乎是直接負責照顧病人的病房工作，很有權力，可以對醫師有所影響；不像臺灣的護士，要聽從醫師的支配，是不同的制度。可能是我用心對待工作人員的關係，有一天，有位年輕的護士在跟我談話時，突然冒出一句：「Dr. Tseng, I like you!」（曾醫師，我喜歡！）當時我們在臺灣，男女之間很少在談話中直接對異性說：我「喜歡」你。因為中文的「我喜歡你」，幾乎是等同於「我愛你」，是表達男女間的特殊感情，是最親暱的表達，只有特殊男女關係且在私人場所才會表達。可是我聽到這位漂亮、年輕的護士小姐當著別人的面對我說：「我喜歡你！」我就按中國人的習慣與反應來解釋，可是心裡又趕緊思索，到底這位護士小姐是在向我表達什麼意思，是親暱要好的感情，還是什麼？於是我趕緊翻英文字典，字典上說明「like」（喜歡）當動詞用，是表示對某東西或人物的喜歡（be pleased with），或是對某東西或人物的喜愛（to have fondness for）。但看了字典，我還是不知道這位護士小姐向我表達的是什麼意思，因為還得考慮場合、對象、言語和表情等各種情況才能綜合判斷，再加上文化習俗的考慮。最後，我還是向美國住院醫師同事們請教。結果，他們告訴我，在這樣的情況下使用這樣的詞句，意思很簡單，就是表達一位工作者對另一位工作者的好感，但沒有男女之間的情感因素。聽了之後我放心了，但也有點小失望，失望的原因是我的英文溝通能力差，原來是普通的「要好」的意思，我還想得那麼嚴重，以為這位美國護士愛上我了。

「你們看來都一樣，還吵什麼架？」——
訓練性團體治療的經驗

　　除了言語上的溝通問題，在異國文化環境裡，還得面對許多人際關係上的了解，這得靠許多對當地社會背景與歷史各方面的知識與了解。關於這點，我有個很好的例子。

　　我們當時受第一年住院醫師的訓練，除了為住院病人看診、接受醫療個案的督導外，還參加每週的專題教學研討會（didactic seminar），大家閱讀並討論被指定的文獻。另外，還得參加團體訓練治療。所有的第一年住院醫師分為幾組，每組大約有七、八個住院醫師，每週聚會一次，由一位教授當團體治療的督導老師。其理由是，每個住院醫師除了學習個人心理治療外，還要練習施予團體治療。為了練習團體治療的施予，必須先參加由住院醫師組成的團體治療組，經由參與的經驗而學習團體治療的進行。因此，這種為團體治療訓練而舉行的活動，就叫訓練性團體治療（training group therapy，簡稱 T-group）。另外一個理由是，經由這樣參與團體治療的訓練，還可以體會到自己的個人性格，學習到自己與人相處的關係，可以幫助自己的心理成熟，日後可擔任有能力的心理治療者。

　　我跟日本來的阪本良男醫師被分配在同一個團體訓練小組。由於當時他跟我的英文都不太好，所以我們都很專心地聆聽大家到底在談什麼，可是大家講話速度很快，我們都聽不太懂，只覺得好像是小組裡的住院醫師分成兩組在爭吵似的。於是我勉強開口，問大家到底是怎麼一回事。結果他們告訴我，我們團體治療訓練小組裡有一半是猶太人，另外一半不是猶太人，為了民族背景的不同，分成兩組彼此在爭論吵架。我就憑直覺告訴他們：「你們在我的眼裡看來，都是美國白人，沒有什麼兩樣，為什麼還要分開吵架？」經我這樣一說，他們體會到他們行為的不聰明，便趕緊停止，不再為了是不是猶太人而吵架，開始進行團體治療上其他話題的討論。

　　這個團體治療訓練的進行，是要在團體會談開始前，大家輪流負責摘

要性地報告上次會談的談話內容與過程，以便可以繼續會談。我跟日本的阪本醫師也被分配進行報告。我跟阪本醫師的英文都不太好，可是我覺得不該要求特權，所以就答應參加輪流進行報告，可是阪本醫師卻堅持不肯。

我已經提過，阪本醫師跟我年紀差不多，大我幾歲，是日本一家私人精神科醫院院長的兒子，名氣堪稱響亮。除了醫學外，他在大學時還踢足球，是一名運動健將，同時還擔任交響樂團的指揮，對音樂也很有造詣。但他的英文不是很好，害怕報告，怕會被大家笑。可是大家都鼓勵他應該嘗試，但大家愈鼓勵，他就愈惱怒，結果他以生氣的語氣開口：「我在初中時，你們美國洋鬼來轟炸我們日本，我們根本沒有機會念英文，你們還敢強迫我講英文、做報告！」大家聽了他這樣帶民族意識的（攻擊與反抗性）說法，當場嚇了一跳，不敢再去惹火他、勸他做報告。總之，平時大家還和善、有禮貌的相處，可是在團體治療訓練的場合裡，大家被鼓勵吐露內心的感情，也洩露出平時不會說的內心話與感情，包括跟民族意識有關的內在情感。現在回想起來，可說是好笑且有意思的事，但當時卻是帶著火藥味的會談場面。

這位日本醫師大概跟我一樣，處在美國人的環境，英語說得不好，無法表現，所以覺得很彆扭，也就特別提高自己的民族意識感。有一次，他不但來遲了團體治療訓練的會談時間，而且進來後沒多久，也不管大家正在討論什麼，就突然向大家宣布：東京蓋了一座世界最高的鐵塔，而且顯得非常驕傲。我想他內心裡一直覺得自己在美國人中表現不好、很不自在，因而靠日本蓋起當時比巴黎鐵塔還要高的鐵塔一事來支持他的民族自信心，這點是可以體會的。

美國理髮師知道我臺南家鄉的地理

雖然波士頓離臺灣很遠，從地理上來說，剛好是地球的另一端，過去乘船要數週的時間，就算搭乘飛機也要數天，兩地的人不但言語、生活習慣截然不同，彼此也不知道彼此的存在。我們中心裡的副院長森牟拉德教

授（Dr. Semrad），他是鼎鼎有名的精神分析學家，他的會談技術相當高超有名，而且波士頓附近的醫師或護士們都常想找機會觀摩他和病人會談的技術，但他從沒離開過麻州，也沒到過外國，更不熟悉離美國那麼遠的亞洲的事情。我剛到中心時，我照慣例去見他，並且送他一個竹盤，是從臺灣帶來的，上面畫有一條龍，他很高興我這個東方人還送他見面禮，而且是送他東方的東西；但他是精神分析學家，所以就想知道我送給他的竹盤上為什麼有條龍。我向他解釋，龍在中國是代表皇帝、權威，也象徵雨神，會帶來雨水，是農夫最尊敬的神，可是他聽了並不滿意，臉上還是充滿不解的表情。後來，我才知道，對西方人來說，龍代表邪惡，而且在西方的民俗故事裡，還有英雄打龍的故事，難怪這位精神分析大師心裡很懷疑我的用意。這件事情就讓我體會到，各種事物的象徵會隨文化而有所差異，不能以共同性作為象徵的解釋，在心理治療上要特別注意。

　　這位精神分析大師還有一個笑話，有一天，他叫祕書打電話給我，告訴我有一位從臺灣來的女精神科醫師去拜訪他，所以叫我到他辦公室見那位女醫師。我心裡覺得很奇怪，當時在臺灣已經受訓的女精神科醫師，只有一位，那就是我太太徐靜，她不會自己忽然跑來美國而不告訴我，況且，她是我公費出國的家人，照理不能出國的。我好奇地進到森牟拉德教授的辦公室，看到我素未謀面的一位東方女精神科醫師，經過介紹，我才知道她是從泰國來的，因為路過波士頓，所以來訪問我們中心，但森牟拉德教授卻以為她跟我是從同一個國家來的，所以好意叫我去見她。因為森牟拉德教授知道我是從臺灣來的，但他不熟悉這些亞洲地名，所以就把發音有點相似的泰國（Thailand）與臺灣（Taiwan）混淆，以為是同一個國家。由這件小插曲讓我體會到，東方人跟西方人彼此是多麼不了解，竟可以引起這樣的誤解，也因此對於我曾把兩個住院醫師混淆的事，我也不再覺得那麼不好意思了。

　　可是故事還沒說完，談到臺灣與波士頓距離那麼遙遠，地理上是沒有相互聯繫的可能性，但我卻經歷了一件幾乎不曾想到的偶然事情。有一天，我在醫院附近的理髮店理髮，理髮師是一位中年美國人，他一邊替我理髮，

一邊還問我是從哪裡來的。我告訴他是從臺灣來的，他聽後，等了幾分鐘，又問我是臺灣哪個地方，我回答是臺南，但我心裡想，這個美國人對我從哪裡來，怎麼那麼感興趣。再過幾分鐘，這個理髮師又問我，臺南的市中心是否有個環繞交通的圓圈公園，我這時心裡覺得好奇怪，就問他為什麼那麼熟悉我家鄉的地理情況。幾分鐘後他都沒回答，繼續理我的頭髮，然後才緩緩地說，美國海軍艦隊空襲臺南時，他是轟炸機的機員，負責瞄準炸彈的轟炸，他們用市中心的交通圓圈公園當成指標進行轟炸。我幾乎快從理髮的椅子上跳下來，原來是你們來轟炸我們老家的！可是心裡轉念一想，這並不是他個人的意願，是服從軍事命令罷了，不用找他算帳，何況他還肯告訴我，而且還很親切地替我理髮。我和這位曾經轟炸我們老家、「友善」的美國退伍軍人保持良好關係，日後三年，我還是繼續找他理髮。

「中國人滾回去！」——民族感的打擊與體會

我在美國，並不是都獲得美國人的友善待遇。雖然事先有人警告我，波士頓的美國人跟英國人相似，社交上比較冷淡，對外人不會輕易表示友善，尤其是對外國人或不同民族的東方人，因此我來美國之前，心裡就有所準備。可是我來了之後，卻發現我所接觸的人都對我很友善，特別是一起工作的醫護人員，包括大部分的病人。但也碰過對我不好的病人，不但罵我是中國來的共產黨，還叫我滾回去！這讓我切身體會到與自己民族感有關的深刻體驗。

事情是這樣的，我工作的病房住進一位中年的美國白人女病人，她罹患了妄想症，懷疑大家都對她不好。經由醫院的分配由我負責她的治療，但她聽到我講的是口音不同的英文，就知道我是中國人，於是大發脾氣，罵我是共產黨，叫我滾回中國（美國當時認為中共是美國的頭號敵人）。我告訴她，我是從臺灣來的，並不是共產黨，但在她的腦子裡無法區別，還是大聲叫我滾回中國。後來，她還把窗子的鐵棍拔起來，往工作人員身上丟，不讓任何人進入她的房間。由於是我負責的病人，所以我就使用在

臺灣治療病人的經驗，叫數名護士跟工作人員聯合起來，一起控制這個具有攻擊性行為的病人。我叫一位護士準備好隨時可以注射鎮靜劑的針筒，同時叫幾個工作人員各自拿著枕頭保護自己的身體，跟著我一起衝進病人的臥室，我立即把我手上拿的毛毯蓋到病人身上，讓她無法拿手上的鐵條打我們，然後我們分批壓住她的手腳，趕緊幫她打鎮靜劑，讓她鎮靜下來。後來，就開始給予電療，電療數次後，病情就轉好，不再表現出妄想及攻擊他人的行為。雖然總住院醫師誇獎我機警且有辦法處理這樣有危險性的病人，讓我高興有所表現，但心裡卻不高興被人罵中國人滾回中國的話，這有損我的民族感。後來還是等到這名病人病情恢復，頭腦清醒後，她知道自己在病情壞時，曾這樣罵過我，還向我道歉，我的難過才減少。

可是這種對民族感的意識，我卻隨時都有，惟恐被白人看不起，也就時時特別小心，不表現出令人看不起的行為，保持自己的民族尊嚴。可是後來卻有件令人傷心的事情發生，這件事情並不是發生在醫院，而是發生在其他的場合。有一次我到一個機構領錢，由於我領到的錢比原先想的少，被扣了許多手續費，我開口表示不滿意。結果辦事人員卻毫不客氣地開口說：「你不高興，就滾回你們中國去。」這讓我覺得又氣、又難過。還好，這樣的情況只發生過一次，還算可以應付。

沒改名字——保持自我的認識

談到民族的意識感，得說到我的英文名字。由於考慮到美國人不容易發聲叫我的中文名：「文星」（Wen-Shing），所以我原有意要改用西方的名字叫「Vincent」（文森特），以方便美國朋友稱呼我。可是還好，有位跟我比較親近的美國住院醫師聽了，就問我中文名字的意思是什麼，我告訴他意思是「文明之星」，也可說是「聰慧之星」，他聽了就趕緊告訴我，我的中文名字有那麼好的意義，千萬不要更改，要保留著。還好，我聽了這位朋友的意見，也就沒改。現在想來，還是保持自己的（中國）名字才對、才有意義，也符合自己是中國人的背景。

談到我的名字，還得說個有關我中文名字的故事。我出生時，父親特別找算命老先生算我的命。由於我先前兩個哥哥都很早就夭折，所以父親很擔心我的命如何。父親雖然是小學教師，卻保留著他們當時老一輩的觀念與習俗。算命先生告訴我父親，說我缺少火氣，生命力不很堅強，所以建議在我的名字裡加上火字旁，彌補所缺的火氣。我父親原來按我們過去中國人的習俗，要依世代家系的排列，按「文」字輩為我起名，叫我文星，可是經由算命先生這麼一提議，他就在我文與星的兩個字旁都加上「火」字旁，我的名字就變成：「炆」「煋」，是字典上沒有的新字。從光復以後，我都一直用此中文名字，但是到了三十多歲，有一次臺灣的報紙報導我的事情，由於找不到我的新異字，排版的工人就用「虫」字旁的文與星，變成了「曾蚊蝗」。我看了覺得又生氣又好笑，從此就把自己名字上的火字旁去掉，變成「曾文星」，又好看又不會發生錯誤。後來徐靜還跟我開玩笑，說我自從把火字旁拿掉後，就變得比較少火氣，不會隨便發脾氣，讓她很滿意。

這些故事都說明中國人取名字的特色，可以依照父母或祖父母長輩的意思來取小孩的名字，以表達對孩子的期望，無形中也讓孩子認同自己的名字，建立自己的自我意識。就這一點來看，我很感謝那位美國朋友的建議，保留了我的中文名字，沒有更改為西方人的名字，讓我日後對自己還保持自我的自尊與驕傲，盡量想變成父親所期待的聰慧的人。

自我的表達與誇獎人的好處──養成新的觀念與行為

慢慢地，我開始學到美國人許多特點，要能根據自己的意思而清楚表明與溝通，是其中一項。就像上面有關名字的例子一樣，要保持自己的立場與期望，不要過分遷就他人。我朋友說要讓別人練習如何稱呼你，不要為了別人的方便而更改自己的意思、意見，包括自己的名字與想法。這可說是個人主義的價值觀，也是美國人的特色之一。我逐漸感到這樣能自我表達的好處，不要模稜兩可的溝通，要能乾脆表達自我的意見。就像感恩

節南瓜派的故事，我先前已經提過，我是按照自我的意思表達自己的意見，而不是推想如何才會對他人方便，是以「自我」取向的文化上的人格表現。

在美國，我學到另外一個特點就是：要能開口感謝別人，並誇獎別人。我們東方人不隨便說別人好，特別是對自己的配偶或家人，包括自己的小孩。我們認為，夫妻間還要開口說謝謝，就有點像外人，還要誇獎自己的太太或先生，感覺有點不自然，也令人覺得不好意思；尤其是當小孩、朋友或別人的面前，誇獎自己配偶的好，還真令人有點不自在，甚至會覺得全身起雞皮疙瘩似的尷尬、不習慣。可是我發現美國人卻很習慣說感謝、誇獎別人的話，不論是對自己的配偶、小孩、朋友或生疏的人，都是常見的習慣。從心理衛生的立場來看，這是良好的習慣，能增加溝通，也可以增進感情。因此我逐漸練習這樣的新習慣。我發現這樣的習慣對我很有助益，我向來喜歡批評別人的缺點，而我要相反地練習誇獎別人，無形中調整、修改了我性格上的毛病。

西方人還有個特點，就是男士會對女士表現出服侍與殷勤，被認為是文明、有教養的習慣。例如：替女士們開門、讓女士優先等等，雖然是小動作，卻可表現出紳士的風度。我很快就學習這樣的紳士作風，只要一碰到女士們，我就伸手替她們開門，並讓她們先過，結果我得到女士們的微笑與一聲謝謝，進而鼓勵我繼續這樣的紳士作風。可是這樣服侍女性的做法，對日本男人來說，有點不容易，因為日本男人習慣被女人服侍，唯男自尊，要讓他們男人反過來尊重並服侍女人，真是很不容易。那位日本的阪本醫師還曾開玩笑地對他的夫人說：「在波士頓，看在美國人的面子上，我為你服侍，可是將來回日本，飛機經過夏威夷，只要一過國際換日線後，你就恢復服侍我。」雖然這是開玩笑，卻也表現出他身為日本男人在美國的委屈。

耶誕節的寂寞與想念家人

　　談到阪本醫師的委屈，但還沒有談到我的委屈。我的委屈並不是要遵循西方習慣服侍女人，而是我不能帶著自己的配偶與孩子，只能單身在美國進修。由於當時的臺灣政治環境，為了防範大家離開臺灣，所以政府就規定只要拿公費出國，就不能帶家眷出國，而且還要請人擔保，保證進修後一定會回國。擔保也不能找普通人，還得找有公職，而且職位相當高的才算數。還好我找到這樣的人為我擔保，讓我可以出國進修。可是也就這樣，我得決心出國三年，跟配偶與小孩分離、不能見面，再加上當時的國際電話費很貴，對靠獎學金的我來說，無法常打電話聯繫，只能靠寫信聯絡。雖然我幾乎每星期都寫信，也接到家裡的信，但我心裡仍時常感到寂寞，特別是週末或過節放假的時候。

　　頭一年過耶誕節，看到家家都有聖誕樹，還布置各種彩燈，而且每個人都去擠百貨公司忙著購買禮物，並聽到耶誕節叮叮噹噹的鈴聲，這時我心裡就很難過。雖然我為孩子買了禮物，也寄回去了，但是自己待在單人公寓看著外面下的雪，自己孤單一人，想到太太、孩子，心裡好寂寞、難過。後來從徐靜的信裡得知，我出國前兩個月她就懷孕了，但當時她考慮我會擔心，怕影響我出國進修的決定，所以沒馬上告訴我。由於懷孕期間母體不穩定，所以婦產科醫師囑咐她不要上班，要躺在床上休息，如此過了好幾個月。我知道後，內心非常著急，後悔我不能在她身邊陪伴她，心裡又著急、又難過。由於這樣的心情，讓我對所有家人都在團聚的耶誕節特別感到厭惡，聽到耶誕鈴聲，不但不享受，還很討厭。也是因為這樣的經驗，讓我有好幾年都對耶誕節產生討厭、傷心的心理反應；甚至後來回到臺灣跟孩子團聚，這樣的心情仍沒有改變，直到四十年後，最近才慢慢比較不感到討厭耶誕節的來臨。

　　新年過後，到了四月，我接到徐靜的來信，說她已經順利生產，生下我們的第二個孩子，是個女兒，我很高興。我趕緊打國際長途電話跟她聊，並鼓勵她想辦法爭取來美國進修、相聚。雖然我知道這幾乎是不可能的事

情，但至少抱著這樣的期待與希望，心裡還可以勉強應付寂寞的情緒。

徐靜也得到獎學金，來波士頓跟我會合一起進修

　　雖然幾乎是不可能的事，但是卻變成了可能的事。徐靜來信告訴我，她先後申請了兩種獎學金，而且兩個都獲准了，一個是富爾布賴特獎學金（Fullbright Fellowship），另一個是美國婦女學者獎學金（American Women Scholarship）。富爾布賴特獎學金是專門讓資深學者申請的，可是徐靜居然還能獲得，而美國婦女學者獎學金是專門讓女性學者申請的，她也終於獲得了。由於她在職場上向來都使用本名，婚後並未從夫姓，所以申請政府批准時，是以她個人學者的身分申請，最後也被政府批准可以出國。聽到這個消息，我馬上找我們醫院的院長，也就是哈佛大學醫學院的精神科主任，告訴他這個好消息，他馬上一口氣答應要接受徐靜為住院醫師，讓她也來哈佛大學醫學院的精神衛生中心當住院醫師受訓，並跟我團聚。

　　我到現在還想不起來，為什麼這件幾乎不可能的事，居然會變成可能。當然首先要靠徐靜的優秀能力能申請到獎學金，不但獲得兩種獎學金，其中還包括連資深學者都很難申請到的富爾布賴特獎學金，我很佩服她的能幹。然後，也由於我在精神衛生中心一年來當住院醫師的表現不錯，院長才會一口氣答應也接受徐靜來中心。我已經說過，哈佛大學醫學院所屬的麻州精神衛生中心是當時有名的學術中心，每年只收取二十名的第一年住院醫師。除了從哈佛大學醫學院的本校畢業生收取八、九名外，盡量從各地名校醫學院的畢業生收取優秀畢業生，是連美國人都很難進去的訓練中心。而且為了總共六十名的住院醫師的訓練，哈佛大學醫學院還聘請六百多名精神科教授當教導員，其中還有許多當時很有名的教授，是學精神科的年輕醫師們所夢想進入的受訓中心。還有一點要說明的，當時六十名受訓的住院醫師全部都是美國的白人醫師，是我進來的那一年，才破例收取我跟阪本醫師兩個外國來的（亞洲）醫師；而徐靜來的第二年，除了她，也破例收進第一位美國本地的黑人住院醫師，打開白人專有的門檻，其中

■ 徐靜來波士頓跟我團聚，我們在公園烤肉聚餐的快樂情景。

■ 冬天下雪了，徐靜高興地抓樹上的雪塊。

■ 參加醫院耶誕節宴會前，在我們公寓合影。

我跟徐靜是夫妻檔的住院醫師，也是未曾有過的先例。

　　現在想來，我們能這樣雙雙都破例進來這樣難進的訓練中心，除了我們自己的能力外，還是靠了運氣，再加上依賴美國文化的另一特色，即世界是人人都可以發展的天下，只要自己肯努力、有能力、有機會，就可以發揮自己的能力發展自己的生涯。當然，我們還很幸運地得到院長的賞識與提拔，至今我們還是很感謝他。

　　我一人孤單在波士頓整整一年後，徐靜終於來到美國與我會合，我們夫妻開始展開在美國的生活，且雙雙在麻州精神衛生中心一起進修。除了認真工作外，我們盡情享受生活。雖然我們都很想念留在臺灣的小孩，只盼將來回去後，再彌補家人的天倫之樂。我們盡量參加美國的社會生活、多了解美國的文化。

觀察到理想與實際矛盾的美國社會

　　雖然美國原本是以自由、民主、獨立的精神而開國，但在實際生活裡，卻可以觀察到有些理想與現實的差距與矛盾。例如：在一個世紀前，美國還實行奴隸制度，從非洲把當地的土著強行抓來當奴隸，是很不人道的行為。雖然在一八六五年，經由林肯（Lincoln）總統的號召，並經歷了南北戰爭，法律上黑人是被解放了，但在實際生活裡，還長久保持被歧視與虐待的情況。例如：在南方，黑人還得跟白人使用公共場所裡不同的自來水水龍頭喝水；搭乘公共汽車還得分開坐，只能坐在後面的座位；依照法律，黑人可以投票，但在南方的州政府卻故意遲遲不發給黑人申請的投票權。因此黑人曾利用週日舉行集體的和平抗議，但被當地的警察用暴力驅散，還有不少人受傷，被稱為「流血的星期日」（Bloody Sunday）事件。還有，在各地的住宅地區及學校也得黑白分開，黑人不能跟白人上同一所學校。當我們在波士頓時，即是六〇年代末期，經由甘迺迪（Kennedy）總統的命令，取消黑白人孩子分開就讀的情況，但是有不少白人心理上仍然很反對，遲遲不肯遵守命令。

當我們在波士頓時，剛好也是越戰發生的初期，許多美國年輕人很反對越戰，大學生公開反對並辱罵總統不該參與戰爭。這些行為讓我們感到在民主社會裡，人民的確有發言權，連自己國家的領袖都可以公開批評，跟我們東方社會對權威者的態度不同。

我們的主任與院長

談了社會的情況，讓我再回來談我們醫院的事，特別是我們的院長。我前面已經說過，按照醫院的制度，所有第一年的住院醫師都分配有三個督導教授，並由教授提供臨床的個案督導。其中一位是院長（或副院長）、一位是教授，另外一位是第三年的上級住院醫師。我談感恩節南瓜派的故事時，已經提過我的督導教授——康教授。現在讓我談談擔任我督導的院長的事情。我們受訓的麻省精神衛生中心歸屬於哈佛大學醫學院，中心的院長也就是哈佛的精神科主任。我們主任的名字叫埃瓦爾特教授（Dr. Jack Ewalt），他是從美國南部德州來的，由於他的學術與行政能力強，被哈佛大學賞識，所以受聘來擔任精神科的主任兼精神衛生中心的院長。

埃瓦爾特教授為人直爽，講話很直截了當，不喜歡囉嗦，他駕駛一部紅色跑車上下班，充分展現他的性格。所有的第一年住院醫師都被分配給院長或副院長（森牟拉德教授）接受督導。很幸運地，我被分配接受院長的督導一年。我們是兩個住院醫師同時接受督導，我跟日本的阪本醫師配對接受院長的督導，是很難得可以跟院長接近的機會。

我知道埃瓦爾特教授著有一本精神科教科書，我馬上到書店買來，把整本書看完，進而了解他的學術性想法，也請他簽名留念。我們接受督導時，每次見面都要向督導教授報告自己負責醫療的病人的病情，並請督導教授評論、指導。我知道埃瓦爾特教授的學術性想法，也知道他的性格，我報告個案時就非常努力準備，並提問適當的問題。我發現教授的頭腦很靈活，可以馬上了解我們想說的想法，而且很直爽、簡要地為我們說明，我很欣賞他的督導教學，也很高興他也喜歡我的長處與表現，我也因此向

他學了不少技巧，收穫良多。

關於埃瓦爾特主任，還有個特別的事情，是跟文化很有關係，值得一提。我們的主任和妻子離婚後，幾年前又娶了年輕漂亮的妻子。這個年輕漂亮的妻子原本是我們本院住院醫師的妻子，雖然她跟丈夫（即住院醫師）早就離婚，後來才跟院長結婚。可是發生這樣事對男住院醫師而言，是很大的心理威脅。我們知道，精神分析引用希臘的伊底帕斯（Oedipus，兒子弒父娶母）的故事，來說明有關親子三角關係矛盾情結的學理。跟這樣的情結類似，而相反地，年輕人內心裡會害怕長輩奪走你年輕漂亮的妻子。院長娶了住院醫師的妻子，對年輕男住院醫師的確是個心理上的大威脅，我們可以了解。

但這種事情的發生還不重要，更重要的是，每年醫院舉辦過年晚會時，住院醫師都要演話劇，他們刻意排演長輩強奪年輕人妻子的諷刺劇，而主任跟他的年輕妻子總是坐在第一排看話劇，而且還是笑著欣賞，很大方。對我們尊重長輩、權威者的東方人來說，這是很不可思議的現象，竟敢這樣公開取笑自己的主任，而有權威的主任還大方地接受這樣（被諷刺）的場合；而且不單只有一年，是連續三年的晚會都演這樣的戲劇取笑主任。從心理學的立場來說，排演這樣的戲取笑主任，可被解釋為「反恐懼」（counter-phobic）的心理作用。即把自己害怕的事情演出來取笑，經由這樣的演出與表達，就可以減少恐懼的心理情結，是一種心理防禦作用。可是，這也是一個文化系統的表現——容許下屬透過這樣的公開場合，經由被社會接受的昇華作用（sublimation）的方式，即演戲表達的模式，向長輩表達他們內心裡的感覺與心理意見。

雖然主任是哈佛大學醫學院鼎鼎有名的教授主任，但徐靜剛來波士頓跟我會合進修後，主任還請我們到他家吃晚飯。這是很光榮的事情，因為通常住院醫師都不會被主任請到家裡吃飯，所以我們很高興地到他家。我還記得他家是波士頓當地典型豪華的新英格蘭式房子，院子裡有楓樹，那時剛好是秋天，楓葉都轉成金黃色，很漂亮。我恭維他家很漂亮、院子的楓樹很好看，但他卻告訴我，秋天一到楓樹就落葉，掃落葉是件大事，很

麻煩的，讓我知道他當主任居然還自己掃院子。當我們快吃飯的時候，他幫他的夫人從廚房端菜出來，還用他豎起的指頭把端著的盤子旋轉著端出來，就好像是餐廳的服務生似的。我誇獎他居然可以這樣端盤子，他告訴我，他上大學時，就在餐廳兼差當服務生，賺外快貼補學費。這又讓我一驚，堂堂的哈佛教授還當過餐廳的服務生，而且還很驕傲地告訴我們他兼差當服務生的事情。在東方的社會裡，主任是不會去兼差當餐廳服務生的，即使當了，也不會那麼驕傲地拿來當話題，講給客人聽。我跟徐靜體會到美國人的不同，他們認為年輕人能努力、獨立、能自己負責做事是很好的行為表現。

後來我跟徐靜還請他們到我們的公寓吃飯，他居然也答應了。美國住院醫師聽了很羨慕，因為主任居然還答應要到住院醫師家裡吃飯。有幾個跟我們比較要好的住院醫師也都希望我們邀請他們一起來吃飯，以便有機會跟主任接近熟悉。結果我們挑選了一對住院醫師夫妻跟我們一起吃飯，有伴作陪，也可以幫我們招待主要的客人。我跟徐靜很快就學到，在美國請客，不僅要招待好吃的菜，提供好喝的酒，更重要的是，還能跟客人聊天，讓客人高興。徐靜可以想辦法煮好吃的中國菜，但我們不知道要讓客人喝什麼酒，也不知如何跟客人聊天，讓客人高興。所以我們邀請了一對很健談、會招待客人的住院醫師夫妻。還好，他們提議要帶酒來，也就解決了酒的問題。

可是還有個問題，徐靜來波士頓跟我會合後，我已經從我住過一年的單人公寓離開，改租在醫院附近一間有三個房間的公寓。雖然有三個房間，但每個房間都空蕩蕩的，沒有家具，所以也比較便宜。我們的薪水不多，也知道住兩年就要回國，所以不敢花錢買家具，整個房間只有一張床。為了邀請主任，我們趕緊到專賣二手貨的家具行，買了一套便宜的沙發擺在客廳。至於餐桌是一位住院醫師送的，是他在學生時代自己用三夾板做的，就送給我們使用。雖然這張餐桌釘得不穩固、會搖擺，但我們還是要了。徐靜還找了一條桌布鋪在桌上，總算還看得過去。就這樣，我們邀請了哈佛大學醫學院的主任教授──埃瓦爾特教授夫婦，來我們臨時布置的公寓

■ 邀請哈佛大學精神科主任埃瓦爾特教授夫婦（右邊二位）及一對住院醫師夫婦，
在我們簡陋的公寓裡晚餐後大家留影。

用餐，而且他們也很高興，他還特別誇獎徐靜做的一道中國式的生菜，是
拌涼菜加黃瓜與蒜，他很喜歡，而他的夫人很喜歡紅燒魚，還問徐靜怎樣
燒。根據美國人的習慣，如果向女主人問菜是怎麼燒的，就是個恭維，所
以徐靜聽了也很高興。雖然餐桌會搖晃，我告訴主任要小心，但他並不怎
麼在乎，他認為要我們來精神衛生中心進修並不是要我們賺錢，而是要我
們好好學習後，然後回國教學、推廣心理治療的知識。我聽了，也就很放
心，並決定回臺灣以後，一定要盡力教學，推展為華人而可施予的心理
治療。

師長們的鼓勵——發揮自己的潛力

我說過，按當時精神衛生中心的習慣，我在第一年的時候被分配接受
當時第三年住院醫師的督導，他是瓦利恩特醫師（Dr. George Vaillant）。
他很聰明，是出色的住院醫師，在督導時經常告訴我，波士頓（美國人）
的情形是什麼樣，但在倫敦（英國人）的情況又可能不是這樣，而在臺北

（中國人）的情況又可能不同，提醒我們需要如何配合文化背景而進行思考與運用。他的想法與態度，對當時的我來說，非常有助益，也讓我能時時以客觀的態度評審西方學理，而不用盲目地吸收美國人的情況，無形中建立了文化精神醫學的觀念與基本態度。瓦利恩特醫師雖然年輕，卻在住院醫師時就決定接手當時很有名的「哈佛研究」（Harvard Study），負責研究工作。所謂「哈佛研究」，是十幾年前，有一批哈佛的學者為了追蹤一個人在大學時代的因素與日後的身心健康及一生的生涯會有如何的關係，而開創的長期追蹤調查，是針對正常人的心理健康而進行的研究，是長期性、逐年的追蹤調查。瓦利恩特醫師在他一生中，花費了數十年的時光繼續這種追蹤調查，到各地聯繫並訪問研究當年二十歲年輕的哈佛學生，直到他們六十歲為止所經歷的情況，結果發表了許多論文，報告正常人一生的心理發展與心理健康的相關因素。瓦利恩特醫師受過精神分析的訓練，也對自我防禦機制（ego defense mechanism）有特別的興趣與研究，他幫助我了解自我防禦機制是基本的人類心理，是可以跨文化觀察到的，可以運用到中國人的心理。

另外對我跟徐靜有特別影響的是布洛瓦教授（Dr. Margaret Bullova），她是一位女性猶太人，就職於「麻省理工學院」（Massachusetts Institute of Technology）。由於她對嬰兒的言語研究有興趣，包括不同民族嬰兒如何開始講話的情況，所以她一聽到我們是從中國來的，就跟我們聯繫認識。她沒有結婚，是單身，所以常請我們到她的公寓一起做菜、吃飯，週末還常開車載我們到麻州各地遊覽，參觀民俗博物館、名勝古蹟等，並教我們美國的歷史、生活習慣，變成了我們的同事與朋友，也是文化與心理的導師。布洛瓦教授為人慈祥且有耐心，常幫助我們書寫英文稿。後來，她還協助我撰寫一篇英文論文，題目是有關「中國文化、性格形成、精神疾病」，是將我在中心三年對中國文化與心理的所思、所得累積寫下來，是我一生中第一篇英文論文稿，也是準備參加精神衛生中心一年一度論文比賽的論文。

為了參加論文比賽，我向埃瓦爾特主任打聽，像我這種從外國來的住

院醫師是否也可以參加。主任看了我一眼，告訴我這是很嚴肅的論文比賽，在這六十多名的住院醫師裡，大概只有二十名左右比較出色的住院醫師才敢參加比賽。他說，假如不在乎沒被選上，我可以提出論文參加比賽。他還說，美國是個開放的社會，容許每個人發揮自己的潛能進而表現、爭取機會。聽到這樣的話，我就決定參加這個論文比賽。很意外地，後來我收到了通知，我的論文居然被列為第二獎，讓我很高興。

有一天，我們的主任叫祕書找我，他說，要我在中心每星期舉辦的學術演講會裡演講，並報告我得獎的論文。我嚇了一跳，覺得這是很光榮的事情，但對我而言，也是很困難的任務。所謂中心舉辦的學術演講，都是請哈佛大學精神科的教授們來演講，有時還請外地來的客座教授們演講，但從沒請住院醫師演講過。為了不辜負主任的好意，我居然大膽地答應接受邀請。我開始背論文稿，在學術演講會裡進行口頭演講。這篇論文後來向學術雜誌投稿，也被接受，成為我發表的第一篇英文論文，也打開我國際學術生活的第一頁。

我的論文跟美國醫師比賽而得獎，又能被主任賞識，被邀請在中心的學術演講會演講，這一連串事情的發生，都讓我體驗與體會到，只要知己行、努力、爭取機會，就可以發展自己的潛能，可說是很大的鼓勵。

不久，我們在中心的進修訓練結束了，準備回臺灣。我回想在中心的三年，雖然經歷了不少辛苦，但相對地也學到不少學術上知識。最重要的，還是學到學習的方法，不是呆板地念書，而是靈活地嘗試與探討，從實際的運用裡獲得知識，可說是美國人的學習方式。當然，另外的收穫是接觸與學習到美國人的生活方式、為人的習慣、對事情的看法與態度；同時相對地，也讓我們發覺與認識我們中國人自己的特性、價值觀、對人對事的處理方法，且能有深度地了解別人、認識自己。我跟徐靜滿懷希望與高興，準備回國，也跟我們的師長、同事們話別，踏上回家的旅程。

分析此階段經驗對我日後性格上的影響

在美國短短三年，但所接觸的美國文化卻影響我很多，對我性格的成長有許多無形中的作用。尤其是在我青年成人的階段，知識與人格成長的高峰期，不但有機會學習現代精神醫學，特別是心理治療的學理與要領，奠定我日後的學術基礎。更重要的是學會了學習與求知的方法，體會如何發展自己潛力的可能性，並且跟異文化接觸，了解東西社會全然不同的文化系統，推廣自己對人生的看法與適應的模式，現在讓我就各項做分析。

對異文化的適應衝擊

雖然我小時候曾經歷從日本文化轉換為中國文化的體驗，但從文化的角度來說，日本與中國文化系統終究還是比較相似，差異不是很大。到了美國，才體驗到文化系統全然不同的（西方）社會，包括言語、溝通、人際來往、習俗、價值觀與民族性等，對我來說，是很大的衝擊與經驗。如何保持自己的長處與傳統性的價值觀，同時適應並適當地吸收與接受新異的社會與文化，不但是心理上，也是實際上的挑戰。

如何建立以「自我」為基礎的人格，且適當地保持體會他人的心態與關係，是新的人格上的心理課題；如何表達自己的想法、意見或意願，而不傷害他人的感覺，能跟不同意見的人交換想法與妥協，是新的適應要求；能跟別人比較平等的交往，不會只受階級關係的限制，是人際關係的新適應與調整；能判斷與決定哪些是想保持，而哪些要更改，則是文化適應上的課題。這些都是我來美國以後所面對的文化適應上的問題。

對民族意識的刺激

跟其他民族接觸後，自然而然地會激發民族意識，對民族認同感的形成有所幫助。假如一直被強大、多數群體歧視（例如：歷史上美國黑人被白人歧視了好幾代），就容易從小養成對自己（群體或民族）的負性認同，認為自己或自己的群體沒有用，缺少對自己群體或民族的信心，影響其民

族認同。還好，我對自己的（中華）民族已經建立穩定的信心與認同，跟美國的異群體或民族接觸後，不但不受影響，還提升我對自己民族的認同。尤其是大多數的美國人對我很好，也很尊敬中國，進而幫助我維持對自己民族的信心與認同。雖然曾遭遇負性的評語或欺負，難受了一小段時間，但也間接地刺激我對自己民族的認同，感到需要加強自己民族的心理。整體說來，反而幫助我在自己民族意識上的發展與穩固。

對自我的考驗與發展

要適應不同的社會與文化系統，毫無疑問地，必須面對許多困難。在言語上的短處（猶如只能用左手跟別人比賽似的）是無法發揮自己言語上的長處；而經濟上的限制，則只能依靠少許的獎學金或薪水來維持生活，不能像大家一樣買車子、住像樣的房子或公寓，時時要節省，買便宜的食物（還被誤解是買給大狗吃的食物）；自己孤單過日子，無法跟配偶或孩子同享家人同聚之樂，聽難受的聖誕歌曲等等，都是令我難受的一面。但面對這些困苦，心理上還可以克服，因為我認為這只是一時分離，等學習完畢，就可以回家與家人團聚，也可以說自己流利的語言來表達自己的思想，還可以發展自己的前途，也就是說，我抱有希望，因此困難也就沒那麼痛苦了；反而還刺激我對將來要奮鬥、努力的鬥志，計畫如何好好利用學習的結果來發展自己的將來。不用說，這些考驗發生在年輕的成人階段，性格還有可塑性、心理上還富有鬥志的發展階段。假如太年輕，性格還沒有穩定的基礎，可能在面對困惑時，心理的反應或許就會不同；假如年紀再大一些，就可能缺少性格上的可塑性而難以適應，難於面對適應上的問題。

對美國文化的學習與吸收

在短短的三年裡，我體會到美國社會有其缺點或弱處，特別是看到許多年輕人面對當時越戰的發生與結果，而產生人生上的困惑，表現群體的反抗、社會的混亂、藥物的濫用、精神生活的喪退，產生「嬉皮」（hippie）的一代，呈現反傳統、反權威的社會。但同時，我也學習到美國文化上的特點與優點，讓我覺得很值得學習。記得我們在臺灣上大學一年級的英文課時，書本上有一堂課文是美國林肯總統的演講稿，是很有名的文稿，有句 by the people, of the people, for the people（由人民負責，屬於人民，為了人民）的名言。可是當時，我們只是當英文課文而念，把整篇演講稿都背下來，為了應付考試，並未體會到其文化上的意義。等我到美國實際生活以後，我才逐漸體會到，大部分的美國人都實在地依照所說的，是注重民主、民為、民生的社會，注重獨立與自由，強調平等的社會與文化。

我也特別學到，要求民主，就要懂得尊重他人的意見，肯遵守大群體的決定；要獨立，就要自己負責，是有代價的。講究平等，強調人的基本權利與基礎，但又容許自我發展、相互競爭的道理。

當我第一次見到我們中心的院長、副院長與各個督導教授時，他們一開始就異口同聲地告訴我：「學習你認為是好的、對你（跟你的社會）有用的；而不要盲目地模仿我們（美國）所有的一切，尤其是不好、不合適你們（中國社會）的東西。」我覺得這句話對我在美國生活這段時間所接觸的適應有所助益，也成為我日後學習與發展的座右銘。

第四章

青年成人（後期）──中國文化的回歸體驗

充滿希望、回國、跟孩子們團聚

　　一九六八年六月三十日，我們在麻州精神衛生中心的訓練到期，我跟徐靜懷著高興的心情整理行李，並為小孩買了美國的玩具，也買了要送父母及親友的禮物，分別裝在幾個樟木箱裡水運寄回家鄉，然後兩人踏上回國的旅程。在回國的旅途中，我們順道遊覽了美國的黃石公園、夏威夷，以及日本的東京、京都各幾天，然後回到臺灣。在臺北下機後，見了岳父母，以及分別三年、寄養在岳父母家的兒子（超文），然後帶他一起回臺南見我的父母，也第一次見到了我未曾見過的第二個孩子（倩文）。我已經說過，我當時不知道會出國，在徐靜懷了第二個孩子數月後，我就突然接到世界衛生組織的通知，便匆忙出國了；半年多以後，當我還在波士頓時，徐靜生下了我們的女兒，當女兒還三個多月時，就託給我父母照顧，這樣徐靜才能出國，來波士頓跟我會合、共同進修。因此，當我們回臺灣時，女兒已經兩歲多。雖然我未曾見過女兒，也跟

■ 跟我們兩個孩子團聚，在家一起合照。

兒子分離了三年，但孩子們總算能跟我們相聚，也把幾年分散的家庭團聚起來，回臺北後，我們開始新家庭的生活。一年後，徐靜又懷孕，生下我們第二個女兒（詩文），就這樣一男、二女，組成我們的家，我們購買了新的公寓，過著一家團聚的生活。

不能發揮長處去教學的限制

我到美國進修是公費出國，所以我以講師的身分留職留薪，回國後，自然就回到國立臺灣大學附屬醫院（臺大醫院）的精神科復職，繼續講師的工作。徐靜雖然獲得富爾布賴特獎學金及美國婦女學者獎學金，但因為都是自己申請的，因此技術上算是自費出國，所以她回國後，就被聘請擔任與臺北醫學院有連帶關係的臺北市療養院的成人精神科主任，於是我們就分開就職。

我回到我所出身的臺大醫院精神科工作，內心充滿希望，期望自己能好好工作，發揮自己三年來進修的學術經驗，特別是有關心理治療的臨床

我在臺灣大學附屬醫學精神科擔任講師，徐靜到我的辦公室，兩人一起合照。

知識與教學工作。可是我的熱情卻第一天就遭到當頭棒喝，被當時的科主任澆了冷水。原本很有遠見、三年前安排我出國進修心理治療的林宗義教授，在我出國時，就到瑞士世界衛生組織擔任精神衛生的負責人，卸任後就到加拿大，現在不在臺大精神科，科裡的主任是另外一位。這位新主任說，科裡的門診很忙，每天要看好幾十個病人，醫師沒空做心理治療。我說沒關係，我們可以按照美國的方式，開闢心理治療的特別門診，在下午按時間為病人進行心理治療。但這位主任卻說，中國病人對心理治療不會感興趣，只會希望開藥；況且他們也沒有定時看病的習慣，不會按時間來看病，反對我的建議，不准嘗試開辦心理治療的門診。由於我知道科裡的制度，只要主任不批准，什麼事都不能做，因此，我當時的心裡很難受，心想，前任主任辛苦給我機會，讓我進修三年，回來第一天，新的主任就告訴我行不通。

我後來建議至少讓我開始對住院醫師舉辦個別督導、嘗試新的教育方式，但主任還是照樣反對，他說住院醫師很忙，沒有時間接受單獨的個別督導，只要利用病房的回診與科裡的討論會教學就好。我馬上認知到，我的任何提議都會遭到這位新主任的反對。我推想這個現象跟新主任的個人性格與作風有關，或者跟他與原本主任的關係有關，他可能認為我是林宗義教授提拔的後學者，所以要壓抑我。但無論如何，受當時學界的風氣與文化影響，一切還得服從主任權威者，我很難應付。

不可著書、不許自我發揮的痛苦

由於我無法在科裡嘗試我的教學與臨床上的各種建議，我改變我的工作重心，開始書寫中文的精神科教科書。因為我在當醫學生的時候，甚至當住院醫師以後，只能念當時僅有的精神科英文書，覺得很吃力，每個晚上翻著英文字典，頂多只能靠翻譯念完一兩頁，而且念完以後，還不很清楚內容在說什麼，常感到很灰心。我一想到美國的醫學生或住院醫師能在短短的時間內就念好多的教科書或論文，覺得很羨慕，也希望能克服言語

的障礙，出版中文的教科書，讓後學者受惠。由於徐靜的文筆很好，常在雜誌投稿、發表文章，回國後，我也被報社邀請撰寫有關心理治療的文章，因此我們兩人就決定有計畫、有系統地著寫中文的精神科教科書，提供醫學生或護理學校的學生們使用。可是不知道這個消息是怎麼傳到新主任的耳裡，有一天，這位主任把我叫到他的辦公室，詢問我是否正在書寫中文的教科書，我向他表示的確有此計畫，而且正在進行，並說明我們這樣書寫中文教科書的意義與目的。結果主任卻向我訓誡，說只有教授或主任才有資格寫「教科書」，並叫我停止計畫，否則我就得辭職離開臺大精神科。我對主任這樣的管制感到很驚訝，想到跟哈佛的主任鼓勵並誇獎我書寫論文的情況完全相反，而感到很失望。由於我不願意放棄並離開國立的臺大醫院的職業，所以表面上我就暫時停止寫書的意向。

後來，不久，我聽到主任向幾位資深同事宣布，要請大家合著與精神科有關的書，叫每個人分擔就指定的特別題目各個書寫小冊子，想彙整成一套精神科的書。結果等了一年，只有幾位教授書寫，包括主任自己寫的一小本，我寫的兩小本及徐靜的一小本，因此主任出版一套精神科的書的計畫，也就這樣不了了之。後來他乾脆自己寫了一本教科書，但寫得並不怎麼理想，評價不是很好，並不暢銷。至於我的書，我想了一個辦法，把我跟徐靜早已寫好的中文教科書，用徐靜一人之名出版，書的序裡，她還謝謝我參與書寫了幾章。由於徐靜不在臺大精神科做事，所以不用擔心被這位主任辭職，就這樣總算讓我們辛苦書寫的精神科教科書問世了。結果我們的書非常暢銷，各地的醫學院及護理學校都當成教科書使用，風評甚好，大家都稱讚文筆好、結構與內容好，而且還有生動的個案說明，變成是很實用的中文教科書，對後學者有很大的幫助。幾年以後，等我們離開臺灣，我辭去臺大精神科的職位而在夏威夷定居工作以後，我們又再版該書，並且改用我們兩人為作者，將我的名字也擺上去。這本書一直很暢銷，後來經由出版社的再三催促，修訂了幾次。當我第一次到中國大陸訪問時，看到大家使用的中文教科書都是蘇聯精神科醫學的翻譯本，我就贈送給上海精神病院一本我們所著的《精神醫學》，結果聽說當時大家都很喜歡閱

讀，圖書室還把我們的書用小鐵鏈鏈起來，以免被人拿走。現在回想起來，我跟徐靜採取中國人所說的應付辦法，即「上有政策，下有對策」的方式處理，想辦法出版這本書，保全了這本有特別貢獻的書的命運。可是從出版這本書所遭遇的困難，也顯現當時的臺灣還是很專制，注重權威，是需要服從權威的文化，讓年輕人無法發揮自己的長處。

參與跨系學者們的研討會──研究中國人的性格

自美國返臺以後，我發現自己的性格、行為與觀念都已經有點改變，多少受美國文化的若干影響，不容易適應中國的某些文化觀念、習俗或作風，尤其是在權威統治的科裡做事，很吃力、不習慣，也很令人傷心，除了要忍耐，還要時時注意不可面對「出頭的釘會挨打」的情況，不能盡情發揮與表現自己。不過在這樣心理頹喪的階段，卻也有令人高興與興奮的事情。

原來，經人介紹後，我認識了臺灣當時有名的行為與社會科學的學者們，並參加他們的學術活動，擴展了我的眼界與專業經驗，對我日後的學術生涯很有助益。當時由人類學的李亦園教授與心理學的楊國樞教授領導下，有一群學者包括史學家、社會學家、哲學家等，每個月都會聚會共同討論與探討中國人的性格。我跟徐靜兩個剛回國的年輕人，很榮幸地，也以精神醫學家的身分被邀請參加，能與各個不同學科的學者們相互討論。我們經歷了快一年的定期討論會，每個學者輪流提出自己所書寫的內容與見解，並接受大家的評論。就這樣，後來由位於南港的中央研究院民族研究所於一九七二年初版發行《中國人的性格：科際綜合性的討論》，書中內容是從行為科學的觀點探討中國人的性格與行為，純粹是學術上的創作，可是在當時實屬創舉，因而引起學術界與知識界的注意，尤其是大學生購買閱讀的很多。可能此書很暢銷，在三年裡再版了三次，又是討論中國文化問題，因而引起某些學者與政府的敏感反應，促使該書不得再發行。聽說政府還請當時有名的某學者審核我們的書，以各種理由評論其中有幾乎

一半的文章的「問題」，包括我跟徐靜的文章，並提議該書不得再出版。我是從精神科醫學的立場書寫，其題目是「從人格發展看中國人性格」，是引用精神分析的人格發展學理來評論中國人的性格發展的特點，我被批判的理由是我的內容「侮辱了中國的傳統文化」。我推測大概是我使用了精神分析的學理上術語，用「口腔期」、「肛門期」、「性蕾期」、「同性期」來說明人格發展的階段，其名詞被批評不雅、侮辱了中國的正統文化。本來我還很得意，把英文原文的「小生殖器期」（phallic stage）翻譯為「性蕾期」，我覺得很文雅，但在當時的社會與文化環境裡，還是不行，被批評是侮辱傳統的中國文化。徐靜寫的是「從兒童故事看中國人的關係」，就二十四孝、西遊記、白蛇傳等故事討論親子間的關係，卻被審核的學者批評：徐靜抄襲中國大陸某文學家的書寫作風。審核者不知道徐靜來臺灣時只是十一歲的女孩，來臺灣以後，根本不可能閱讀大陸文學家的書而抄襲其書寫作風。還好，該書被禁止發行時（一九七五年），我跟徐靜已經移居夏威夷，沒像其他作者們受到直接影響。現在回想起來，覺得很可笑，但當時觸犯了權威者可算是很嚴重的事。後來被禁的這本書，十五年後解除禁印，於一九八八年隨著「中國人叢書」的一系列書再次發行。

對民俗醫療的探討與研究

除了參加這樣跨學系的學術研究，得以提高我們的學術範圍與水準外，我跟徐靜還自行對民俗醫療進行研究。話說回來，一九六五年，當我們在波士頓進修完，即將從美國返國之際，我們聽從林宗義教授的建議，路經夏威夷，順道訪問位於檀香山的「東西中心」（East West Center）。該中心設有「亞洲與太平洋心理衛生研究計畫」（Asia and Pacific Mental Health Program，簡稱亞太心理衛生研究計畫），由夏威夷大學人類學系的列布拉教授（Dr. William Lebra）負責，在聯邦政府的費用支持下，進行東西方學者們的學術交流。每年從亞洲各地請來七、八位與心理衛生有關的資深學者來進修約半年，並提供發表跟文化與心理衛生有關英文論文的機會。且

每年擇日舉辦一次學術討論會，從世界各地請來二十名左右的專家，舉行數天的會議，並把學者們提出報告的論文編輯成書出版，可說是對亞洲推展與文化有關的心理衛生之重要活動與機構。過去臺大精神科的幾位教授都先後來過。我跟徐靜兩人就這樣訪問了東西文化中心裡的「亞太心理衛生研究計畫」，負責人列布拉教授很高興，還請我演講；我就參考在麻州精神衛生中心的學術演講會裡曾經報告過的論文進行報告，而列布拉教授大概很欣賞，馬上開口邀請我們兩人以研究員身分來檀香山參加此研究組。列布拉教授的夫人是日本背景的社會學學者列布拉－杉木たきえ教授（Dr. Takie Sugiyama Lebra），他們兩人是很尊敬夫妻檔的學者，也就邀請我們夫妻雙雙前來。可是我告訴他，我是公費出國進修三年，按規定要回國教書三年，這樣政府才會允許我再出國。也因此我們約定三年後，我和徐靜兩人將以研究員身分來參加「亞太心理衛生研究計畫」。該計畫在三年後（一九七一年）將舉辦以民俗醫療為主題的學術討論會，因此，列布拉教授囑咐我們兩人要個別準備這方面的報告題目。

　　既然我們有了這個長遠的計畫，回臺北後，我們就分別著手開始我們的研究。所謂民俗醫療，指的是非科學、民間所採用的心理醫療，例如：求籤、算命、找乩童等。徐靜對求籤有興趣，就決定研究求籤；我們有空就到各地寺廟蒐集籤詩，並做內容上的分析。我們發現廟裡的籤都有所不同，籤的數目有的是六十，有的是八十或一百，但其結構都大同小異，可分為大吉、中吉、小吉或不吉利等類，但就不同的問題，每支籤會針對：考試求學、婚姻、健康、尋人、搬家、訴訟等人生大事有各個明確的解答，可令人依指示解除心理上的疑惑或因不知將來而產生的不安，可說是民俗心理輔導的一種。至於籤裡所提出的解答方法，充分反射出中國傳統文化上的價值觀念，例如：有婚姻問題，就勸人忍耐，不會叫人離婚；想訴訟，就勸人把大事化小，小事化無，不要打官司；關於遷移，就勸不要搬家（保持農業社會裡求穩定的觀念與習慣）等。

　　我選擇研究的是乩童（北方人叫跳大神，英文稱是shaman，巫醫的意思）。我對乩童的興趣，早發生在我還是在臺大精神科當住院醫師的時候，

一個人生，三種文化──中國、日本、美國文化對人格形成的自我分析

當時在林宗義主任的策劃下，進行精神病的流行病學調查，我被納入調查團，跟隨科裡的葉英堃教授所帶領的調查人員到臺南附近的安平漁村進行調查工作。我是唯一的住院醫師，同行的還有護士及社會工作者。由於安平是個漁村，只有過去荷蘭人占領三百年所遺留下來的赤崁樓，沒有旅館或餐廳等設備，夜晚我就跟葉教授鋪床掛蚊帳，睡在赤崁樓裡面的房間；早晨就跟大家在路旁的小攤吃早飯，接著就分批挨家挨戶地做訪問的調查工作。吃了晚飯後，因為沒事做，我就一個人到漁村裡四處走，可是很快就發現，村裡有幾個乩童，晚上會舉行民俗性的儀式。他們會進入精神恍惚的狀態，被旁觀者認為是被神所附身，可借神的力量替求醫者解答問題，並做醫療。我感到很有興趣，每晚都

跟徐靜一起到廟裡研究求籤。

探聽廟裡長老如何替求籤的人解釋籤詩的內容。

特別去觀看。有一次還假裝是求醫者，以神經衰弱患者常主訴的問題，訴說有頭昏、腦脹、腰痠、背痛，無法集中精神念書的問題，結果乩童還給我建議：年輕人不要走過街上曬女人衣服的地方。我經過思考，馬上體會到乩童的提議是教我這個患神經衰弱的年輕男人（病人）要戒色，避免過分沉溺於性的問題，才不會導致腦神經衰弱的結果。我覺得乩童的醫療建議，是透過象徵性的方式提示病人，感到很有意思。

　　我決定研究乩童，以便將來到東西中心可以做報告，因此我就在臺北找當地的乩童。臺南安平是老漁村，漁夫比較相信超自然的事情，但我不方便到南部的安平做研究，便想辦法在我住的臺北市找找，可是臺北是個都市，我懷疑沒有乩童的存在。後來我碰巧把這件事情告訴我認識且在臺灣進行原野調查的美國人類學家葛伯納（Bernard Galin）教授，結果他告訴我，臺北市還是有許多乩童，在臺灣大學附近就有一位。結果，經由此美國來的人類學家的介紹，我居然找到大學臨近的乩童，跟這位乩童打招呼、說明我的來意後，只要有空，我就會在傍晚到乩童家，觀摩他如何替求醫者施行醫療工作。我特別感興趣的是，中國人來找乩童求醫，提出的是什麼樣的問題居多，而隨著提出的問題，乩童又提供什麼樣的應付辦法。我打算從中國文化與心理輔導的角度探討，準備作為論文的報告。例如：有一天，我發現一位婦人帶她的先生來找乩童，這位婦人開口就滔滔不斷地敘述她丈夫性格懦弱、沒有男子氣概，交友也不行，做生意也做不好，家裡的重大事情也無法做決定，總是很猶豫、不知如何是好。先生很安靜且害羞地坐在那裡聆聽妻子的抱怨，這時，乩童就對求醫的婦人說：「你的舌頭是老虎舌頭，要想辦法把嘴巴閉起來，不要露出老虎舌頭。」當時我聽了覺得很妙，原來乩童是經由間接、象徵性地提示這位婦女，建議她改正自己過分表現的傾向，少批評丈夫，丈夫就會變得比較有自信心與主動。換句話說，以民俗性的方式來解釋問題的癥結，勸導（文化上）不遵循被動角色的妻子。這樣比較含蓄的建議，算是提供女性求醫者（配合文化）改善途徑的適當（治療上）提議，也比較不傷她的面子，可說是很有趣的現象。

街旁問字，挑到「鯉」字，鼓勵再出國

雖然我跟徐靜都準備好研究的論文，可以到檀香山的東西中心進修半年，也可以參加預定當年要舉辦有關民俗醫療的學術會議，可以見到許多國際學者，我們也很期待，但心裡難免有點躊躇。因為這個時候，雖然政府已經比較開放，可以讓夫妻一起出國進修，但仍得把孩子留下，不能帶子女出國。也就是說，我們又得把孩子留在臺灣，然後離開半年，不能照顧與養育他們，所以心裡很不放心。但我心裡又想，回國後，受權威者的管制，無法發揮個人的特長，現在又有難得的學術機會可以進修、發展學術，不知是否要放棄這樣絕佳的機會。

就在這樣心裡有點矛盾的時候，有一天，徐靜跟我照樣到街上四處訪問寺廟，兩人累了，就在路旁一家咖啡館坐下，喝飲料休息。這時，忽然從街上走來一個男人，他手上捧個紙盒，問我們要不要算命。當然，這是徐靜跟我正在研究的課題，我們很有興趣，我就伸手到紙盒裡，隨便抓出一小團紙，打開一看，紙上有個字「鯉」，這個男人看了，就隨口說：「要像鯉魚一樣，跳出來，越過廣大的海洋，去求自己將來的前途。」我付了幾塊錢給這個男子，看著徐靜含笑的臉，我就說：「決定出國了！」結果，我們就決定到東西中心進修有關文化與心理衛生的專題科目，開啟我們新的學術途徑。

這時，發生了一點小問題，當我向科裡的主任提出，我以研究員身分被邀請到夏威夷東西中心進修半年，想請公假，但主任卻不准。因為過去在前主任林宗義教授的安排下，科裡幾位資深的教授們都先後到過夏威夷東西中心進修，只有他（當前的主任）還沒被邀請，聽說這是東西中心最後一次舉辦進修，他原本想自己去，所以就不讓我被邀請。但我告訴他，我跟徐靜早在三年前就已經被預先邀請，而且已經準備好要報告的論文，然而他還是堅持不肯。最後，我跟東西中心的列布拉教授聯繫，列布拉教授給我的主任一封語氣措辭強烈的信，一定要邀請我參加，主任才答應。

這又表現在領導者與注重權威階級的文化背景裡，年輕人難於適應的例子。

　　我跟徐靜趕緊做準備，把三個孩子都安頓好，請住在臺北的岳父母照顧我們三個孩子，好讓我們出國。我心裡想，反正只有六個月，很快就回來；豈知出國後，進修的時間延長，變成一年，而且事後決定留居夏威夷了。

日後回顧與評論

回歸文化的適應問題

　　雖然一個人離開自己的社會到另外的社會，在異地社會裡會面對各種生活上、實際適應上的困難，尤其是到異文化的社會，還得適應文化上的差異。但從異文化社會回到自己原本的文化社會，還是得面對回歸的適應問題，當然也不是很容易，不會因為回老家，就習慣自己原有的文化系統。這種回歸的適應得看在異文化社會裡停留了多久，受異文化的影響有多少、改變了什麼，而會有不同的回歸適應的情況與程度。然後，還得考慮原本文化社會與異文化社會的本質上有哪些差異，經由兩種文化的差距與差異的接觸或不符合面的存在，才會知道哪些方面需要特別去回歸適應。

對權威者的適應困難

　　以我的情況來說，我在美國居留只有三年，但無形中受了美國文化的影響，在許多方面有所改變。最顯著的是，對自己的表現感到有其需要，並且希望能自己創立開拓自己的前途，不喜歡被環境壓制或被權威者管制，跟權威者的關係產生變化，變得比較平行，不是只保持上下那麼絕對的關係。因此，只要是我認為很對的，就想盡力去做，達到自己的期待與目標。可是這樣鼓勵個人進取的「美國作風」，一回到比較保守且注重群體、強調權威與階級的「中國社會」，就容易產生這方面的困難。特別是上司如果是眼光不遠、不體貼與顧慮下屬的人，不放心栽培後學者，年輕人就會

受限制與困難，只好自己掙扎找出路。

爭取機會發展自己

　　雖然回國後（不如說回到自己原本的科裡後）面對許多困難，但我並不完全頹喪，還是想辦法發展自己的路，利用自己的興趣抓住面臨的機會，並擴充自己的視野，增加學習的機會，持續發展自己。雖然受到上級權威者的無理壓制，卻促成我再度出國，像鯉魚似地跳進大海，游過海洋開拓自己的人生。現在回想起來，只要自己能好好利用，事情可以從逆境變成順境的。這讓我想起「塞翁失馬」的典故，面對困難，不要灰心，要適當地去適應，從困難裡找到出路。我想，這也是我們中國文化裡有用的想法。

第五章

壯年成人期──
美國文化的長久經驗

被聘為「東西中心」研究員──研究與著寫論文

在一九七一年的夏天，為了以研究員的身分參加位於美國夏威夷檀香山「東西中心」的「亞太心理衛生研究計畫」（Asia and Pacific Mental Health Project），我跟徐靜再度出國，一起離開臺北，飛到夏威夷的檀香山。當時的（臺北的）政府已經比較開放，准許夫婦一起出國進修，雖然我們還是得把三個孩子留在臺灣，但我們兩人能一起出國，我們的心情就比較好，一路旅行愉快。

到了檀香山，我們向東西中心報到，並跟從日本、韓國來的幾位研究員們開始進行個別的研究工作。所謂研究工作，是指除了幾位研究員每週聚會、相互報告與討論外，就是讓我們每個研究員有整天的時間研讀書籍、書寫我們想寫的論文。在臺灣時，平時忙於為病人看診、教書，所以比較少有時間念書、專心寫論文，現在卻有充分的時間讓你翻閱大學圖書館裡的書，讓你閱

■ 我們雙雙獲邀到美國夏威夷東西中心參加文化與心理衛生研究班，在中心門口合照留念。

讀、思考，集中精神思索問題、書寫論文，是非常享受的一件事。我和徐靜
兩人就利用這個機會寫了許多論文。徐靜運用她早在臺灣蒐集有關求籤的
資料撰寫她的論文；至於我，就書寫與乩童有關的論文，準備在召開一年
一度的學術討論會時，我們可以分別做報告。另外我也書寫有關孔子思想
裡對人格的看法、中醫裡對精神醫學觀念的進展，都是從前沒想到的題目，
盡量針對與中國文化有關的角度去探討心理衛生。徐靜跟我還合寫了有關
中國兒童故事裡對親子關係的分析、京戲裡的人際關係的分析，以及跨文
化心理治療，這些都是我們共同喜歡的題材。在短短的時間裡，我們著寫
了不少跟文化有關的論文，符合研究計畫的目的，負責計畫的列布拉教授
尤其欣賞我們兩人的成就，還特別提議延長我們在中心停留的時間。

開會爭取講話與表現

在參加這個研究計畫時，最重要的高潮是參加在中心所召開一年一度
有關文化與心理衛生的國際學術討論會。這個國際學術討論會中，除了我
們幾位長駐研究員以及夏威夷大學當地的學者外，還從世界各地邀請資深
的學者，包括文化人類學家、社會學家、文化心理學家、文化精神醫學家
等，利用三天的時間讓每個學者就其專門題目做報告。在這個學術討論會
裡，我見到並認識許多過去曾鑽研過其著作的學者們，例如：加拿大的墨
菲教授（Dr. H. B. M. Murphy）、日本的土居健郎教授、澳大利亞的考特教
授（Dr. John Cawte）等，還有從臺灣來的、已經認識的李亦園教授。在這
樣的會議裡，能聽取各個學者的報告，並認識他們和他們一起討論，是很
難得的學習機會，對我日後的學術生涯非常有幫助。

在這個會議開始時，主持人列布拉教授特別費心，把我們東方學者與
西方學者穿插安排就座。他的用意是西方學者喜歡講話，尤其是美國的學
者，而相對地，東方學者比較不開口，因此不容易有東西交流。所以他特
地安排東西方學者穿插而坐，企圖減少這樣東西不平衡交流的現象，讓會
場不至於形成不太講話跟太常講話的兩組分別而坐。我想東方人在這樣的

■ 東西各地的學者參加 1972 年 3 月在夏威夷東西中心舉辦的「亞太地區文化與心
理衛生會議」（站在左邊第一位是主持人列布拉教授，站在右邊第六位是我，
第七位是加拿大的墨菲教授，第八位是日本的土居健郎教授；徐靜坐在前排左
三）。

國際會議裡，由於言語上的因素比較吃虧，再加上受文化習慣的束縛，所
以不習慣隨便開口談論、表達自己的意見。就我自己說來，我向來比較不
善於談吐，也不喜歡在群體面前開口講話，但在小學時，因為一直當班長，
被養成習慣非開口說話不可；在臺大醫院精神科當住院醫師時，也受主任
的影響與鼓勵，我常在討論會裡發言，不但發言，還注意如何說有用、適
當的意見，經由這樣的訓練，勉強可以表現自己的才能。到了美國以後，
在麻州精神衛生中心受住院醫師訓練時，在開始的一、兩年，受了英文能
力不佳因素的影響，所以比較吃虧，無法開口表達自己的意見，到了最後
一年，我的英文表達能力比較進步，我又比較能發言，而且注意如何發言、
提供好意見，可促進群體會議的進行。

　　經過這幾年來的訓練與經驗，我在國際會議中，就比較敢講話，也能
說些有用的話、提供適當的見解。我在東西中心開國際會議時，了解主持
人的心意，就特別爭取講話的機會，以表現我的見解。或許也因為如此，

■ 列布拉教授夫婦邀請加拿大的墨菲教授跟我們一起晚餐時合影。

雖然我還年輕，但在這些年歲比較長的資深學者心中多少留下好印象，也替東方人爭一口氣。在不知不覺中，我也表現了自己的才能，建立日後發展學術生涯的機會，稍後再讓我慢慢說明。

大膽決定留居夏威夷

在東西中心待了將近十個月，正準備回臺灣時，發生了意想不到的事，改變了我們的人生，那就是我們決定留居夏威夷。其中理由很多，但最重要的原因之一是局勢的改變。當時，中國大陸的中華人民共和國進入了聯合國，而臺灣的中華民國卻被迫脫離聯合國，這對臺灣的局勢有很大的影響，我們不知臺灣的社會是否會變得不穩定。我跟徐靜內心最擔心的是，會不會重演過去曾經發生過的本省人與外省人的衝突。由於我是本省人，

而徐靜則是從大陸來的外省人，假如衝突爆發，我們兩家會被夾在本省人與外省人的衝突之間；如果是這樣，真不知該如何是好。

有一天週末，我跟徐靜在一家百貨公司準備開始採購回臺灣可以送人的禮物時，這時碰巧遇到金吉教授（Dr. J. David Kinzie）夫婦。金吉教授是夏威夷大學醫學院精神科的年輕教授，由於他對文化精神醫學有興趣，常來東西中心參加我們研究員每週舉行的討論會，也參加一年一度的國際學術討論會，因此我們彼此都很熟悉，我們相互以名字稱呼，他叫大衛（Davie）。我們兩對夫婦在百貨公司裡碰面就聊天，大衛知道臺灣退出聯合國的局勢，也知道我們將回臺灣，在聊天時，他開口說：「不巧，你們還得回臺灣，假如能留在夏威夷多好。」我也順口回答：「是呀，假如能留下來，那多好，我們也希望能留下來！」這只不過是朋友間客套而隨意談的話題。

可是事後回想起來，這段話也表現出我內心的煩惱、徘徊與擔心的事。當時除了臺灣退出聯合國的局勢問題外，另外一件很重要且讓我煩惱的是，回臺灣以後，我要如何應付科裡的主任。當時，我接到通知，科裡的主任不讓我申請研究基金。我在夏威夷進修時，經由各種思想上的刺激，心裡一直在思索，回臺灣後一定要進行一些研究工作。因此，我向科裡要求寄給我研究基金的申請表。可是主任的祕書卻來信告訴我，主任不讓她寄申請表給我。我意識到主任還是很不高興我來東西中心，在他心裡，一定覺得我搶了他來此的機會，所以很不高興，想讓我回國後不能做研究、想繼續壓制我。我在夏威夷能充分發揮才能，在短短的期間書寫了許多有意義的論文，可是我還需要多做點研究工作，繼續發展我的學術生涯，但我面對的還是出國前的情況，得受上級的限制，甚至壓抑而無法發展，因此我有許多擔憂。這也就是我當時跟大衛偶然見面聊天時，無形中透露的心意。

跟大衛聊天過後沒幾天，忽然接到他的電話，他告訴我，他的精神科主任想請我到科裡演講。那是夏威夷大學建立的新醫學院，成立還沒幾年，聽說醫學院附屬的精神科並不大。由於我向來沒想過要留居夏威夷，只想回臺灣，也就從未有興趣訪問當地的醫學院精神科。但被這樣邀請，我當

然也就樂意去演講。科裡的主任聽了我的演講,似乎很欣賞,還叫我為幾個病人看診,叫我跟一位華裔病人會談,並探問我診斷上的意見。當時,我認為只不過是想利用我的華人背景,得到跨民族的臨床照會。

哪知兩天後,我又接到大衛的電話,告訴我他科裡的主任想聘請我為科裡的教授。對這突如其來的消息,我不知如何是好,趕緊跟徐靜討論。先前提過,我們原本沒有留在美國的意思,況且我們的三個孩子還留在臺灣,怎麼能留在美國呢?可是我們想到臺灣的局勢、主任對待我的情況以及將來的學術生涯,接著又想到眼前突如其來的機會,我們到底該如何抉擇?經過幾天的思考,我跟徐靜決定大膽嘗試——留居夏威夷。這是個很大的冒險,不但不知如何申請留居的許可,也不知如何獲准將三個孩子帶來,還得考慮我們及孩子們在異文化適應與生活上的各種問題。但我們決定冒險,爭取對將來有利的機會。

由於夏威夷大學醫學院的精神科主任知道我們是哈佛大學醫學院所屬精神科訓練出來的,而且我們在東西中心的表現極佳,到科裡的演講也不錯,所以很想聘請我們,便答應會幫我們解決申請居留美國的問題。再者,徐靜在波士頓當年的住院醫師訓練,為了配合跟我一起回臺灣,也只接受兩年,而美國規定要受訓三年才能申請執照,所以主任建議她在夏威夷接受兒童精神醫學的訓練一年後,就聘請她。還好,她原本就想學習兒童精神醫學,建立跟我有點不同性質的專業,所以就答應了。至於我,因為已經受了三年住院醫師的訓練,也就可以直接被聘任。由於我當時在東西中心當研究員時,曾努力著寫論文,已經有十篇左右的論文,所以資格足夠,在經由交涉後,主任答應以副教授的頭銜聘請我,讓我從臺灣的講師不需經過助理教授的階段,就跳級升為副教授,條件滿不錯。和我在臺灣的情況一比較,不但不用受上級主任的一再壓制,還受特別的賞識與照顧,相較之下,有著天壤之別,讓我感到有機會發展我的潛能,也就在這樣的條件與考慮下,我們決定應聘留居夏威夷。

不過事情還沒完全確定前,還有個小插曲。我得去見醫學院的院長,讓院長審核後,才能決定院方是否能聘請我。我不知道事情還需要經過這

麼審慎的程序，還要主任當保鏢帶我一起去見院長，於是我就自己打電話給院長祕書，訂好時間，自己一人直接跟院長見面。我還記得很清楚，院長一見到我，開頭第一句話就驚訝地說，我看來還那麼年輕（我當時才三十七歲）。可能他想，要聘請的是副教授，他期待年紀比較大一些的教授。我很機警地回答，西方人年輕時，看起來原本就比較大，而年紀大了，看起來就比較老、比較吃虧；東方人在年輕時，雖然看起來比較年輕、幼稚，但年紀大時，看起來還是很年輕，比較不吃虧。我提出東西方外表的不同，他聽了覺得很有道理，也很高興我談到民族與歲數和生理外觀的關係，注重文化與人生生涯不同的現象。原來他曾到過日本與琉球，希望將來能協助琉球開展醫學教育。院長還開口跟我解釋，他為了想多了解東方人的心理，上次到日本時還買了一本日本精神科教授所寫的英文書，書名是《依賴的剖析》，他看了很有心得，很想請這位作者來講學，進而學些東方人的心理。我告訴他，我認識這位教授，他叫土居健郎教授，是最近數個月前在東西中心開學術會議時認識的，我可以從中協助院長邀請他來當客座教授，他聽了很高興。就這樣，我跟院長有了很好的會面，當然他很高興，也通知精神科的主任可以聘請我了。

焦急等待，等家人團聚

就這樣，醫學院要聘請我的事情決定後，徐靜就趕回臺北，想辦法把三個孩子接來。至於我，還得努力按層層手續克服所需解決的各種手續上的困難。我們知道，在當時想離開本國辦理留居美國是很困難的事情。因此，我們先找了律師，請律師探討辦理申請留居美國的條件與手續。我得知，由於我們是獲得美國聯邦政府的支持來東西中心進修的，所以首先要獲得中心的許可。我就硬著頭皮、很大膽地直接找東西中心的所長申請特別許可。雖然我未曾見過中心的所長，但見面時，我發覺他曾經到過東南亞，對東方的文化很有興趣，也了解臺灣當時所處的政治局勢，跟他商談後，他居然馬上答應特別給我們許可。我也得知，由於我是公職留職留薪

出國進修，所以還得獲得臺北原單位的許可，於是我寫信給臺灣大學醫學院的院長，說明我的處境，並申請許可。因為院長曾教過我們藥理學的課，所以還記得我，答應我只要把進修期間的薪水退還給醫學院就可以。接著，律師還告訴我，我得找本國的領事館，獲得代表本國政府的領事給予許可，同意不用回國。律師還告訴我一項很重要的資訊：只要在本國公家機構服務公職十年，臺北的政府就會答應離國。我心裡一算，從我進臺大醫院當住院醫師四年，留職到波士頓受訓三年，回國後教學三年，按道理，也算在公職十年。根據這個消息，我滿懷信心地直接找當時在檀香山還存在的中華民國領事館的領事。我跟領事原本不認識，但領事對我很親切，請我到他的辦公室裡談話，詢問我們的情況。想不到他居然答應代表政府給予我同意不用回國的決定。經過層層的交涉與申請，總算有點曙光，可以辦理離國留居美國的事。現在回想起來，實在有點像京戲裡所描述的「過關斬將」的冒險經歷，處處都很緊張與冒險。我硬著頭皮、冒冷汗地努力找門路，現在想起來，仍能感受到當時的緊張與拚命闖關的情況，還很佩服自己當時的勇氣與精神，覺得大概是受了早期日本人「趕拔魯」（拚命苦幹）的作風與「神風特攻（自殺）隊」的勇敢精神的影響。再加上中國人的想法與態度：「盡人事，聽天命」，所以就盡力去做。小時候，我記得母親看我有所煩惱時，就會對我說一句成語「船到橋頭自然直」，就是不用太擔心困難，事情到時候總會在無形中解決的。

我在檀香山這樣拚命辦手續，徐靜也在臺北努力，想辦法通過許可，把我們三個孩子都接來。徐靜有自己的特長，她平時善與人交際、有人緣，靠她與人來往的關係找門路。後來，傳來了好消息，她居然有辦法奇蹟似地獲得政府的許可，三個孩子都可以跟她一起出國，而且已經買到機票準備來檀香山了。我非常興奮，趕緊找房子購屋（美國的情況是，只要有固定的工作與足夠的收入，就可以向銀行貸款，三十年分期付款償還，因此方便購買房子）。我看到一間合適的房子，當天就買下，準備家人來了就有地方可住。接著就按他們抵達的時間，很高興地到機場接他們。到現在，我腦海中還可以回想起幾個鏡頭：當徐靜還在裡面跟海關人員辦手續時，

我們最小的女孩（當時才兩歲半的詩文）居然自己一個人從國際旅客出口
處的門口出現，而且看到我還認得，自己走了過來，讓我把她抱起來，這
讓我高興不已。不用說，兩個比較大的孩子超文跟倩文，也接著出來，他
們幫母親推著行李，跟徐靜一起走出來。就這樣，我們一家人就在檀香山
重聚，真是謝天謝地！

■ 決定接受夏威夷大
學醫學院的聘請，
全家定居檀香山，
在家門口穿當地夏
威夷服合照。

■ 全家在夏威夷的海
灘，享受夏威夷的
海邊風光。

藍眼睛、黃頭髮的「中國人」

　　我們一家五口開始在夏威夷度過美國的長居生活。我們心裡早有準備，將需要有一段時間適應新環境與文化。由於我們三個孩子都不會講英文，因此我刻意買了一棟離學校很近的房子，走路不到十分鐘就可以到學校，而且這所學校還有個特點，為了適應不同水準的學生，還特別辦理一年級到三年級混合班的制度。即：每個學生可隨自己各門功課的水準，按上下課的時間分別找一、二、三年級的課上。也就是說，我們的兒子超文，當時八歲，照理應該上三年級，但根據這所學校的混合班制度，上算術課時，他上三年級的算術課，但到了上英文課的時間，他就去上一年級的英文課，隨著他的程度而調整他上的班，這對他的情況剛好合適。而我們的大女兒倩文，就全部上一年級的課。因為倩文剛好六歲，在臺灣時，剛學會中國話，又馬上要改學英文，剛開始有點吃力，但不到半年，也總算可以跟上。至於最小的女兒詩文，她只有兩歲半，這半年就由徐靜在家陪伴、養育她，等她到了三歲，可以上托兒所後，再送她到臨近的托兒所。我們三個小孩從小都很聰明，適應學習環境很快，但也有些值得一提的小插曲，是有關小孩對民族意識的發展問題。

　　我記得我們把最小的三歲女兒詩文送到托兒所時（當時她還不會講英文），我們很擔心她第一天如何適應托兒所。等我們接她回來以後，就問她在托兒所裡遇到什麼樣的小朋友，結果她回答：「都是中國小朋友。」可是我們心裡覺得很奇怪，因為夏威夷是多民族混合居住的，不可能全是中國人，她接著說：「可是有些中國小朋友有藍色眼睛、黃色頭髮。」我們聽了覺得很好玩，差點要捧腹大笑。可見在三歲小孩的腦海裡，可以觀察到外表的不同，進而感受到人的不同，這可說是小孩心裡最早的種族意識與認同的開始，但在認知上卻還沒有哪個民族的稱呼上的區別觀念。談到民族與外觀，其實我第一次剛到波士頓填身分證表時，在表上填我的頭髮顏色是「黑」的，且毫不思索地填我眼睛的顏色也是「黑」的，結果辦事小姐覺得很好奇，湊近我的臉來看我的眼睛，然後告訴我：「我從沒看

過眼睛是黑色的，你的眼睛是暗棕色的。」我們從小就跟同種族的華人一起長大，但從沒想過頭髮或眼睛會有不同的顏色，所以我毫不思索就認為我們的眼睛跟頭髮都一樣是黑色，所以填了黑色的眼睛。

其實，還有一件事情，當我們的孩子來檀香山不久，有一天，我們帶小孩上菜市場，碰到一位中國朋友，這位朋友用中文問我抱在身上兩歲半的小女兒（詩文）：「你是中國人或是美國人？」她毫不思索地回答：「美國人！」我們跟這位朋友都覺得很有趣，也覺得很奇怪，進而追問她：「你怎麼知道你是美國人呢？」小女兒就回答：「因為現在住的地方是美國，所以是美國人。」可見在小孩腦海裡，對國家與國民的觀念是如此具體而定的。

談到孩子們對民族意識感的事情，我們還記得另外一個插曲。事情是這樣的，身為家長的我們被邀請到學校參加家長會，並會見我們每個小孩的老師，詢問小孩在學校的情況。當我們見到大兒子（八歲的男孩）超文的老師時，老師笑著對我們說，你們進教室看一看，牆上貼著小孩自己畫的自畫像，你們一定可以很容易認出你們兒子的自畫像。我們有點好奇，進教室看到許多小學生們的自畫像，果然我們看到一幅自畫像，看起來很像是超文，而且最特別的是，自畫像裡的黑頭髮畫得特別多，強調他是黑頭髮的東方孩子。

談到民族感，我還得談談與我們三個孩子名字有關的故事。我已經（在第二章裡談我們生下第一個孩子時）說明過我們結婚後，心裡原想要生四個孩子，所以預先選定超文與偉文的男孩名，及倩文與詩文的女孩名，希望我們的孩子不分男女都能相互認同，維持好的手足關係，而這些名字都各有很好的意思，希望他們能有成就，並且美麗文雅。

可是現在我們的孩子到了美國，到底他們要不要改用西方的名字呢？這就是我們所關心的事。由於我們知道，雖然我跟徐靜兩人都決定保留中國的名字，只是按西式拼出我們的中文名字，但我們已經是大人，雖然有些外國人不習慣叫這些不熟悉的中國名字，並且感到有些困難，例如：只叫我「文」（Wen），把我整個「文星」（Wen-Shing）的名字簡化了，還

得靠我提醒他們，說明我名字的意義，不可以簡化，但我們畢竟是大人，還可以應付這樣東方名字的困難，也比較不在乎。可是小孩不同，他們的朋友或同學要稱呼他們，或許用大家比較熟悉的西方名字比較方便，不會被「奇怪」、「不同」、「不方便」的東方名字所困擾，或甚至被取笑。因此，我們考慮到小孩使用中文名字對將來的影響。當我們最大的兒子超文小學畢業，即將進入初中時，我認為或許隨學校的更改，是個改名的機會，因此我就問超文要不要改名字，但他毫不思索就回答：他不想改名字。兩年後，當第二個孩子倩文到了初一時，她曾向我訴苦，說她中文名字裡的「倩」，在法文是「狗」的意思，還被同學取笑，因此想改名字。當時我就向她解釋，「倩文」在中文裡是表示漂亮、文雅的女子，有很好的意思，不要更改放棄；何況哥哥沒有改，妹妹也不要改，維持同樣的好名字。經由我的解釋，她也就放棄更改為西方名字的念頭。再過四年，當我們的小女兒快進入初中時，情況又不同了。我們的小女兒詩文早就聽過兄姊關於更改名字的情況，但她根本還沒跟我們父母商量，就已經決定要改用西方名字，自己還到圖書館尋找西方名字的字典，找到一個她想要的名字「Stephanie」，是女孩名字，選了跟她中文名字詩文（Shih-Wen）發音相似的英文名字，然後她直截了當地告訴我們，她想改用這個西方名字，而且意志很堅定。假如是幾年前的話，我一定會像對她姊姊一樣勸說，說明她的中文名字很好、有雅意，不要更改。可是身為父母的我們，當時在夏威夷也已經住了快十年，對美國的生活比較有經驗，對名字的看法與態度也逐漸改變，再加上我們的年歲增長，對事情的看法也無形中在逐漸轉變，我居然允許小女兒正式更改她的名字，只要求還是要把她的中文名字保留，當中間的名字（middle name）使用。

可見身為父母的想法（對保持傳統名字的觀念與態度）也會隨著時間逐漸改變，而我們的小孩也隨著自己的年歲與在異文化適應時間長短的因素，再加上所處的年齡發展階段不同而有不同的反應。這跟我三位外祖母隨著時代對纏足的看法與要求的變遷，而有不同大小腳的故事有異曲同工之處，表示事情會隨著時間而變遷。

三個孩子的課外工作

談到我們三個小孩，還得說到要他們在初中時經歷課外工作的事。由於徐靜跟我兩人在小時候都經歷過苦難的生活，而這種困苦的生活經驗對我們日後應付實際生活很有幫助，所以我們不想讓孩子過太舒適的生活，缺乏生活上的實際困苦經驗，因此我們決定要他們有課外工作的經驗。同時，我們也發現美國社會講求實幹苦幹，欣賞從實際生活裡鍛鍊出來的人。我曾在第三章提過，哈佛大學醫學院精神科主任很得意地告訴我們：他在大學時曾當過餐廳的服務生，靠工作賺學費，就是很好的例子。後來我們也從學校指導老師那裡得知，在美國的教育系統中，考大學不專靠考試的成績，還得看老師們介紹信的評語、學生平時的求學態度與行為；此外，還要參考學生曾經參加哪些課外活動，包括體育、娛樂與實際的生活與工作經驗，綜合性的評審決定。因此，書呆子是沒有用的，必須有社會經驗。為此，我們鼓勵孩子要平衡發展，要有社會經驗，包括課外的工作。

有一天，我們初二的大女兒很興奮地回家，她說有位住在臨近的同學不想送報紙了，所以她立刻答應接手同學的工作，繼續送報紙。我曾經聽人家說過，孩子送報紙要早上很早起床，把報紙分好送到街上的每一戶人家，而且父母還得幫忙才行；特別是下雨的日子，父母還得開車幫孩子送報紙，是很辛苦的工作。可是當女兒說要送報紙時，我們就很鼓勵她，並答應會隨時幫忙她。由於她是女孩，我們很擔心安全的問題，一開始，我開車跟在後面，不但幫她載厚重的報紙，還觀察、注意鄰居對待她的態度是否安全；下雨的時候，不用說，還得幫她一起送報紙。所以女兒送報紙，父母也得奉陪，可是對她是個很好的經驗，因此我們也就早起幫她送報紙。由於她年紀還小，當她收報費時，人家還會多給她一點小費，這也不錯，讓她有自己的儲蓄。

一年後，她就不送報紙了，把送報的工作讓給哥哥接棒，兒子也送了一年。當然我們對兒子比較放心，而且他已經高二，所以我們就比較不用緊跟著看他送報。因為他是男孩，所以他所收到的小費不若妹妹那麼多。

　　至於大女兒送完一年的報紙後，就改到一家小餅店工作，從六點做到九點。這間餅店離我們家很遠，來回都要坐公車，回家時已經很晚，我們不放心她坐公車，我還特別開車接她回家，就這樣過了將近半年。我們很高興孩子願意做課外工作，實際體會生活，但我們身為父母的，也同樣辛苦，得幫他們經歷工作經驗。由於一個年輕女孩單獨在小餅店工作，我們覺得不太安全，就勸她不要做了；她不做以後，從報紙上得知，沒多久那間小餅店有一次果然就遭遇有人搶錢的事件。

　　至於我們的小女兒，她知道幾年後該輪到她送報紙，可是她很聰明，還沒等我們提醒她，她自己就已經在臨近一家專門讓小孩遊玩的店裡找到工作，在門口當接待員、收入場費，跟送報紙比較，算是輕鬆且容易的工作，而且收入也比較多。

　　為了三個孩子的課外工作，身為父母的我們還得特別費心與辛苦，但也讓我們的孩子得到很好的經驗，而且他們將來報考上大學時，不僅功課好，又有好的社會經驗，就容易被好學校錄取，這樣我們做父母的辛苦才沒有白費。可是我們三個孩子送報紙、課後打工，我們都沒告訴我們在臺灣的父母，不然他們不但不了解，還會認為我們虐待孫子，讓他們工作。

　　我們三個孩子的頭腦都很聰明，從不用我們擔心或督促功課，反而會叫他們少念書，盡量學習可以活用的事情，實際體驗生活。可是三個孩子的學校成績都很好，高中時，全都先後分別進入「全國成績優秀名單」（National Merit Scholarship Program）之內。該名單要在該年美國全國高中生的畢業考試裡得到高分，而且大概一千個學生裡才有一個能得到，可說是非常難得的。我們家不但老大得到，老二也得到，後來老三也得到，每個孩子都表現得很優秀。此外，大兒子還獲得「總統學術獎」（Presidential Scholarship）。所謂總統學術獎是每州前兩名最優秀的高中畢業學生，得獎人還會被邀請到華盛頓面會總統。我們的大兒子除了功課特優外，我想還有良好的課外活動與工作表現（包括送報紙），才會獲得這樣的殊榮。聽說臺灣的報紙還登了這則消息，我們的父母及岳父母看了都很高興。

　　談到這些，一定要談美國的教育制度跟臺灣有很大的不同。我們小時

候，在臺灣要接受填鴨式的教育，拚命死記書本，並不求自動自發學習。有關這點，我還得提一則小故事：當我們最小的女兒還在小學三年級時，有一天她從學校回來，問我第二天能不能到市警局見負責少年犯罪部的警員，我聽了嚇壞了，腦裡開始思索這個九歲的小女兒到底犯了什麼行為問題，還叫父親到警察局找警員。後來打聽才知道，原來他們在學校上社會學習（social learning）課，她選擇的題目是要學習檀香山當地少年犯罪的情況，她自己打電話向警員要資料，但她不知道警察局在哪裡，所以就拜託我開車去拿資料。翌日，我到警察局，見了負責少年犯罪部的警員向他要資料，結果那位警員說，他記得我女兒曾打電話給他，他還說：「你高中的女兒居然會對這樣的題目感興趣。」我回答他：「我女兒只有小學三年級。」警員聽了還不太相信。可是我提這則故事是在說明，美國的教育制度鼓勵學生自動學習，而不是呆板地死背書，跟我在小學三年級時，被日本老師要求雙眼盯著老師專心聽課（不然你的頭就小心挨打），或到了初中要背課文才能考高分的情況相較，有顯著的不同。

我們這個小女兒到了小學六年級，還為了社會學習課策劃一個研究，即：不同民族背景的人對笑話的了解與喜好是否有所不同。她自己選定了若干不同種類的笑話，分給不同民族背景的人看，並蒐集他們對各種笑話的反應與評論。這樣的研究在六年級的小學生都可以想、可以進行，但卻是臺灣大學生都不會想嘗試的研究課題，這讓我很驚訝與讚佩，也顯現美國學習方式的不同。

爭取機會的心得——擔任訓練主任

聊了孩子的事後，我接著要談談自己的情況。我進入美國醫學院精神科當副教授，表面上看來應該很神氣，但事實卻不然。為了能看診、做臨床教學，像我這樣在外國醫學院畢業的醫師，還必須先考過特殊的醫學考試，才能申請到醫師執照。這種考試當時稱ECFMG，是「外國醫學院畢業生執照考試」的簡稱，考試的科目包括各種學科，像基礎醫學的解剖、生

理、藥理，或臨床醫學的內科、外科等等。我曾說過，在臺灣時，我原本沒想出國，所以沒參加這個考試，如今從醫學院畢業十年多後，還要回頭考那些學科，事實上並不簡單。尤其是醫學的知識日新月異，現在還得從頭念起。談起這點，徐靜就比較厲害，她只稍微準備，第一次考試就考上；但我就不行了，因為醫學的學科要背很多資料，而我向來不善於背東西，所以很吃虧。花了一年的時間苦讀，才通過考試，等拿到執照後，才能為病人看診，擔任臨床上的教學。當我整天準備考試而沒執照為病人看診與教書的那一年，讓我感到英雄無用武之地，心裡很彆扭，覺得被人以「外國醫師」看待，很是難受。

還好我拚命念書後，總算考上。但問題並不是那麼簡單，我們科裡原本照例招收訓練六名住院醫師，因此在三年的訓練制度裡，一共有十八名住院醫師，但在我好不容易考到執照的那一年，科裡的住院醫師跟當時的訓練主任不合，幾乎全部都離開，只剩下兩名，因此主任很著急詢問大家怎麼辦。因為一個專門教臨床醫學的科裡竟沒有住院醫師可以訓練，就等於是不存在一樣。我只好向主任毛遂自薦擔任訓練主任，負責住院醫師的訓練，想辦法把科裡的問題解決。當時科裡其他幾位教授都認為我自願擔任這樣的職位，企圖挽救科裡的危機，是很困難且冒險的。可是對我來說，要以外國醫師的身分在美國生存，只好自願扛起這樣困苦且冒險的工作，況且我的職業生涯已經押注在美國了，又不容易到其他地方開拓，只能留在夏威夷發展，所以我幾乎是抱著日本神風特攻隊的精神自願肩負這樣艱鉅的差使。還好在我的努力之下，花費了兩年的時間，總算把科裡的住院醫師訓練制度挽救回來，恢復功能。經由這樣的表現，我也獲得科裡的讚賞，不用等到科裡規定的五年期限，就提早升等，在進來科裡四年後，就升級為堂堂正正的教授，我當時才四十一歲。

在這段期間，還有一則插曲，那就是一九七六年，我以海外學者的身分被臺北政府邀請，攜家帶眷一起回臺灣訪問一週。當時臺北的政府想拉攏海外僑胞，所以發起「海外學者回國訪問」的活動，利用暑假期間，邀請五十名左右在歐美各地大學執教的華人資深教授回臺，名義上是為政府

提供建議，並做有關國事的討論與交流意見。但不知為何，我竟也被邀請
回國訪問。我剛出國定居三、四年，就被以海外資深學者的身分邀請回國，
提供國事建議，讓我有搖身一變的感覺，有點不好意思，但無形中卻也提
供我們全家返臺見雙方父母的機會。在訪問活動中，我們回國的學者跟家
眷都被當時的嚴家淦總統邀請，參加在招待外賓的臺北賓館舉行的歡迎晚
會，在場碰巧遇到當時擔任行政院長的蔣經國先生，他跟我們全家打招呼，
結果被記者拍到了，翌日還登在報紙上。我們也利用這個機會，第一次在
臺北的照相館照全家福合照。

■ 1976 年以海外學者
身分被邀請回臺北，
在賓館招待會上全
家會見當時擔任行
政院長的蔣經國先
生。

■ 利用回臺北的機
會，全家在照相
館合照。

我們留居美國後，為了幫助孩子對美國社會及歷史的了解，我們趁孩子還小時，就帶他們到美國大陸遊覽、參觀美國的首都華盛頓、開國歷史地的費城或遊覽孩子喜歡的迪士尼遊樂園，好讓他們了解美國的生活情況，幫助他們的學習與社會知識的發展。過了幾年，等孩子長大些，為了方便

■ 孩子們長大些，帶他們到（左上）華盛頓參觀林肯紀念館；（左下）費城參觀自由鐘，一起學習美國歷史與文化；（右）迪士尼樂園遊玩。

孩子進中學，我們還搬了家，房間多了些，院子也大了些，我們很喜歡這個新家，可說已經開始過著像美國一般人的生活。

■ 我跟徐靜在家客廳一角
合照，準備外出參加宴會。

■ 我跟徐靜輕鬆地坐在後院裡的大
石頭上合照。

■ 孩子們都進中學與大學時，在家門口合照。

發揮自己的長處——樹立自己的專業領域

在科裡工作，除了繼續擔任訓練醫師主任的職責，並專心於心理治療有關的教學外，我開始運用在東西中心所學習的文化與心理衛生的知識，繼續有關文化精神醫學的研究，特別是利用夏威夷多元民族的特點，探討不同民族的家族行為。我想起在波士頓認識、當時還很年輕便以「哈佛研究」而出名的督導老師瓦利恩特教授的話。我問他為什麼想繼承「哈佛研究」，想花上幾十年的時間追蹤哈佛大學畢業生的心理健康情形，他回答我：一個人要能抓住好機會，做一點特殊的事，才能有你獨特的貢獻。我也想起臺大精神科主任恩師林宗義教授所提的話：一個人要做點特別的研究，發表一些論文，人家才能認識你，你才能建立起自己學術上的地位。因此我想我該利用自己是不同民族背景的美國教授，善用夏威夷多種族的社會環境而從事與文化有關的研究。

就在一九七七年，很碰巧的機會來臨了，這也改變了我的專業生涯。那年剛好在夏威夷舉辦第六屆世界精神醫學會的大會，世界各地的精神醫學家都來參加會議。在此大會期間，各個分學會都利用機會各自召開事務會議。我看到節目單上有跨文化精神醫學分會的事務會議，於是我就去參加，一窺究竟。世界精神醫學會每六年都會在世界不同地點開大會，六年前在墨西哥開第五屆大會時，那時是由加拿大的墨菲教授提議籌組跨文化精神醫學分會（Transcultural Psychiatry Section），並且被推選擔任分會會長。這次在夏威夷舉行大會，也是由他主持。當時在場有二十多名學者，我剛好坐在東西中心開學術會議時所認識、從澳大利亞來的考特教授身旁。墨菲教授說，他已經擔任分會的主席一屆（六年），希望由別人來繼任主席的職位。可是在場的學者們都說，分會才剛建立不久，勸他繼續留任。但他說，隔年開始他將到太平洋各地當顧問一年，無法從事分會的主席工作，除非有年輕的學者願意擔任祕書來協助他，否則他無法續任。這時，坐在我身旁的考特教授就推薦我，說我是年輕人，而且很優秀，可以擔任祕書的職務。墨菲教授跟我在東西中心開會時也見過面，知道我在開會時

常踴躍發言，所以就問我願不願意當祕書。我沒多加思考，就依本能回答願意。於是就在這樣偶然的機會，我擔任了六年世界精神醫學會的跨文化精神醫學分會的祕書。現在回想起來，那無疑是天上掉下來的難得機會，但也靠我機智且勇敢地接受它，並善用了這樣特殊的人生轉捩點。當然，參加東西中心的活動，並在國際會議裡有所表現，也都為我鋪下了基礎，才讓這些事情得以發生。

　　會後，我馬上跟墨菲教授在會議室外面院子裡的樹底下會談。他告訴我，他跟他的夫人兩人將花一年的時間到南太平洋各地島嶼訪問、擔任心理衛生的顧問。在這段時間，由於地區偏遠、沒有設備，所以無法取得聯繫，他要我獨自負責所有分會的工作。他把他認識的各國主要跨文化精神醫學學者們的名單給我，要我跟他們聯繫、招請會員，並建議開始發行分會的通訊，按期發行。就這樣，我一人擔起所有的工作，開始從事國際上的專業關係，也奠定我日後的國際性學術生涯。

人生的另一轉捩點──
擔任世界衛生組織顧問，訪問中國大陸

　　我的另一個學術轉捩點是發生在幾年後的一九八一年，我接到世界衛生組織位於菲律賓馬尼拉南太平洋辦公室的信，他們要聘請我到中國大陸及新加坡擔任顧問，進行訪問一個月。這對我而言，是個令人驚訝的消息，擔任世界衛生組織的顧問讓我感到榮幸與驚喜，另一方面，要到中國大陸更讓我覺得很不可思議。雖然我身在美國已經將近十年，但從臺灣過去所經歷的經驗來說，中國大陸在我的腦海裡還是共產黨國家（按當時在臺北的國民政府的觀點與稱呼），是跟臺灣敵對的「共匪」地區，我怎麼會被邀請到那裡當顧問？是不是出了什麼差錯，對方是否知道我原本是從臺灣來的？經由我跟馬尼拉辦公室負責人聯繫與探聽後，才知道沒有弄錯，我就放心接受這個很有意思的差使。當時，中國大陸文化革命剛結束沒幾年，

對外還未完全開放，能到中國大陸訪問是求也求不得的機會。但我從未擔任過世界衛生組織的顧問，不過聽說還有一位從瑞典的資深顧問利維教授（Dr. Leonard Levy）要一起參加，因為利維教授是國際知名的心身醫學學者，所以我也就比較放心了。

我按世界衛生組織的規矩，先到馬尼拉的南太平洋辦公室報到，然後再從馬尼拉飛到廣州，進入中國後轉飛北京。到現在，我閉起眼睛還可以馬上回想起當時我到達廣州機場的情景，除了看到簡體寫的「廣州機場」四個字，對第一次看到簡

■ 1981 年以世界衛生組織顧問身分，跟瑞典學者利維教授（右一）一起訪問中國，由衛生部隨從人員陪伴一起參觀故宮留影。

體字而感到好奇外，看到機場的建築物屋頂上掛著五星旗和頭戴五星軍帽的軍人也感到害怕，害怕自己進入「敵人」的國家！雖然腦子裡告訴自己，這是歡迎我來當顧問的國家，但在情感的層次裡，難免受到過去小學、中學，甚至到大學在臺灣被灌輸的「共匪」與「敵人」的觀念，而心裡感到有點害怕與擔憂。再者，中國一直保持閉戶政策，維持「黑幕」數十年，外國人很少知道大陸的情況，而連我這個中國人，由於政局的關係，很少知道中國近代發生的確實歷史，也不知道文化革命到底是怎麼一回事，隻身就闖進毫無所知的國家。

但幸好這樣的害怕、擔憂，到了北京見到當時北京醫科大學精神衛生研究所負責接待我們的沈漁邨所長的親切歡迎與招待後，我的心情就完全穩定與放心了。雖然我跟沈教授從未見過，但第一次見面，就覺得很親近，也很佩服她的能力，特別欣賞她的遠見。雖然她笑我的「國語」腔調與所

我跟徐靜訪問北
京醫科大學精神
衛生中心講學，
跟沈漁邨所長教
授（左三）在中
心門口合照留念。

用措辭有點不同（有點臺灣腔調），但畢竟我們很容易交流，就像是長年
的朋友一般。日後，徐靜也跟我一起到北京參加講課，我們跟沈教授更熟
如知己。就這樣，我跟沈教授建立了日後二十多年長期工作的職業關係。

中國大陸的次文化經驗

　　雖然和所接觸的中國人一開始便可以馬上感到很熟悉，就像「自己人」
般很容易進入話題，但也發現有許多不同的習俗、觀念與規矩，這讓我處
處感覺像是來到不同「次文化」（subculture）的社會。讓我舉例說明，同
樣是中國，卻有許多因為政治的背景與歷史的不同，再加上地理上的隔離，
讓我感覺有些生疏與不同的情形。

　　由於當時中國大陸文化革命結束沒多久，還保留從前的風氣，讓我這
個從外地來的人覺得很不同。例如：我剛到北京時是四月，天氣還涼，幾
乎街上所有的人都穿厚毛衣，整個人圓滾滾的，而且所穿的毛衣只有藍色、
綠色與卡其色三種，看不到別種的衣服，再加上女人和男人一樣都穿褲子，

而且留短髮（沒人燙頭髮），從後面看起來，幾乎無法分辨出男女；而且不論是北京、上海或西安各地所有旅館的點菜單都一樣，是全國統一的，但每個地方的餐廳所燒的菜，並未像點菜單上樣樣都有，因此點菜要點好幾樣，才會碰巧點到可提供的菜。而且當時沒有給服務生小費的習慣（因為不准），所以服務生並不熱心服務，可說到餐廳吃飯是很不容易的。

最妙的是，我雖然會講普通話，但從衛生部派來的隨從人員卻不許我獨自外出，隨意跟路旁的老百姓聊天，必須要有隨從人員跟隨在旁，說是要「保護」我。當時的中國人也不能隨便進出外國人住的旅館，而且旅館外有公安人員守衛。我請一些教授到我住的旅館會談，但我發現他們一定要帶另外一個人一起來，不能單獨前來，而且來了還得向旅館辦理登記，進我房間談話的時候，也要把房門打開，表示沒有任何密談之事。

雖然有這些因政治背景而來的次文化上的不同，但跟大家在私下談話時，只要不問有關政治的話題，我們彼此都很談得來，就像長年的朋友一般，有普遍共同的中華文化基礎。

舉辦歷史性的三地華人心理衛生會議

我到中國大陸的隔年，也就是一九八二年，我跟當時在東西中心工作的吳燕和教授（Dr. David Y. H. Wu）接洽與合作，計畫舉行一個劃時代的會議，邀請中國大陸、臺灣、香港與新加坡等地的華人學者在東西中心舉行與華人有關的心理衛生會議。我說劃時代一點也不誇張，因為當時的大陸才剛開放，美國的華人可以開始到中國，可是中國大陸的學者很少人可以到外國開會，所以此次可說是大陸與臺灣兩岸學者第一次利用此特殊機會相互見面。關於這個會還有許多小插曲：剛到檀香山的臺灣學者一下飛機，就要馬上到當時還在的當地的（中華民國）領事館報到，說明他們將跟人民共和國的學者見面、一起開會。有位臺灣的學者還很認真地問我，如果見到大陸的學者，要如何開口打招呼；我回答說，就像初次見到新朋友那樣打招呼就可以了。還好，大陸與臺灣兩岸的學者見面不到幾分鐘，

■ 1982 年在檀香山東西中心舉辦會議，邀請兩岸華人學者們參加，舉辦歷史性的「中國文化與心理衛生會議」。

■ 與我師林宗義教授（中）、葉英堃教授（左）共同編輯英文書《中國社會與心理衛生》，合影留念。

就會相互聊天，完全沒有任何隔閡；開完會後，還相約將來再找機會見面。這次會議所報告的論文，經由我跟吳燕和教授的共同編輯，還出版了英文書《中國文化與心理衛生》（*Chinese Culture and Mental Health*），這本書於一九八三年出版，為學術界提供了新的知識。後來，我跟吳燕和教授又繼續開了另一次有關華人兒童心理衛生的會議，日後也開了跟日本學者討論的會議，可說是對亞洲文化與心理衛生持續進行學術上的貢獻。

幾年後於一九八九年，許多臺灣的精神科學者們接受即將自臺灣療養院退休的葉英堃院長教授之邀，在臺北參加一次國際會議後，我跟林宗義教授及葉英堃教授就利用機會合作，共同編輯出版了另一本有關華人的心理衛生專書，稱為《中國社會與心理衛生》（*Chinese Society and Mental Health*），此書於一九九五年出版，可說是增補新資料而出版的書。

擔任客座教授──建立新的職業關係

自從我在一九八一年開始訪問中國大陸後，幾乎每年都會被邀請到中國訪問、講學。剛開始，我經常報告與文化及精神醫學相關的事。我記得一開始我就要先說明，我所指的「文化」是人類學家所用的文化觀念，與文明的觀念不同，也不是大陸上所指的「教育水平」，更不是跟文化革命

■ 從 1988 年開始，歷年到精神衛生研究中心正式舉辦心理治療講習班。（左）大家踴躍參加講習班；（右）三天講習班裡，連續跟某病人進行夫妻會談做示範，病人感謝送字卷。

有關的題目。一、兩年後，我發覺中國大陸的精神科並未提供心理治療的門診工作，也還未有心理輔導的觀念與操作，因此，我在北京醫科大學的精神衛生研究所講課時，我說明我另一項專長是心理治療，且提議講授心理治療。所裡的同事都說好，所以我就興致盎然地講解我比較熟悉、有關精神分析的學理。我還特別安排當地的病人，當場示範心理治療的施行，還頗有成效，也很受歡迎。我還記得講課結束後，我請所裡的同事帶我參觀他們所裡的圖書室，看看他們有哪些圖書與雜誌。我看到當時中國精神科最主要的醫學雜誌，知道在文革時期停刊將近十多年，然而我看到將停刊的最後一期時，嚇了一跳。讓我驚嚇的，並不是看到「如何運用毛主席的思想來治療精神疾患」這類的論文題目，而是一篇批評心理治療的論文。這篇論文認為精神分析是外國資本主義的產品，不但不適合社會主義的社會，還反對那種錯誤的西方學理。我趕緊問在一旁的同道，我授課主講心理治療，又說了精神分析的學理，是否會發生麻煩。結果那位同道向我解釋：「你報告得很好，我們很想學習心理治療；而你所講解的精神分析的道理跟我們當時所了解與反對的不一樣，我們很高興可以學到真正有用的心理治療的學理。」我聽了才比較放心。就這樣，我開始放心地年年來授課，講解心理治療。我發現在文革開始前，中國大陸就幾乎限制心理治療，也不可談論。可是有感於老百姓對心理輔導的需要，所以我先後著寫了三本有關心理治療的中文書，由北京醫科大學出版社出版。後來經由出版社

■ 我們也開始邀請華人學者來檀香山短期進修心理治療，呂秋雲（左）及崔玉華（右）教授來進修時，跟徐靜一起在我們家門口留影。

社長的提議，在二〇〇一年時又花了兩年的時間，寫了十本一套的「心理治療普及叢書」。後來該叢書還經由香港的中文大學出版社出版了繁體版，以提供香港與臺灣的讀者們閱讀。除了在北京舉辦講習班外，我也屢次想辦法邀請華人學者來檀香山接受短期心理治療的進修。

但最有趣的還是一九八七年，我被北京醫科大學精神衛生研究所聘任為客座教授的插曲。那年，我一到北京機場下飛機後，碰到來接機的同事，她告訴我，中心將聘請我擔任客座教授。當然這是很榮耀的事，理所當然我該樂意接受，但我卻有點顧慮，因為我時時還要回臺灣，假如我得到北京的正式聘請，不知是否會影響我跟臺灣同道們的往來。可是從機場到了中心，我發現中心已經布置好場地，而且校長也都已經在那裡等待要舉行聘任的典禮，我就只好很高興地接受聘書，擔任榮譽的客座教授，幫助我日後繼續來北京醫科大學講學的任務。可是我之所以提出此插曲是用來說明：我們中國人，包括其他東方人，對個人的尊重情況，與西方人（尤其是美國人）有所不同。假如在美國，一

■ 1987 年被北京醫科大學精神衛生中心聘任客座教授。（上）在中心舉行聘任典禮；（下）由彭瑞驄校長頒發聘任證書。

定會事先問你是否願意接受聘請，決定以後才舉行儀式；可是在東方，可能認為這是給予榮耀，所以不用事先探問，就直接安排好聘請之事。可見東西方對尊重個人意見的觀念有所不同。話雖如此，我還是很高興被聘請擔任客座教授，日後一有機會，我還經常使用此頭銜，而且我在臺灣出版的書中亦列下此榮耀的頭銜；但在臺灣的同事們可能對我開始另眼看待，認為我是中國大陸認同的學者。

不論如何，我還是繼續跟大陸同道們保持良好的關係，除了繼續講學外，還從事有用的文化精神醫學相關的研究工作。最值得一提的有三項研究，都跟文化有關，因而在此稍微說明這些突出的研究如下：

最重要的一項研究工作是：有關獨生子的心理發展之調查與研究。早在一九八二年，我們在檀香山主持並召開會議時，我就認識了南京兒童心理衛生研究中心的陶國泰主任教授，接著日後我訪問南京並被聘為中心顧問。我們彼此都很關心中國

■ 被南京兒童心理衛生研究中心聘為顧問，由陶國泰所長頒發聘書。

實行家庭計畫後，到底獨生子的心理與性格發展將會如何，也就同意合作，開始進行長期性的調查工作。我們在一九八三年年底，由中心有社會工作背景的邱景華女士帶頭，由一批研究人員參與工作，就在南京市跟郊區開始針對幼稚園裡總共七百多名孩童，經由他們的父母進行問卷調查，研究獨生子跟非獨生子的心理行為有何差異。由於孩子的心理與行為是發展性的，跟年齡有關，是隨階段而變化演進的，因此我們就計畫跟這一批孩童進行第三、五、八、十年等各個分期的追蹤研究。雖然後來由於南京市擴

■ 跟南京兒童心理衛生研究中心陶國泰教授等同道一起合作，進行獨生子的心理
發展追蹤研究十五年。（上）與科研組同道們合影；（下左）孩子五歲時開始
調查；（下右）孩子長大到十五歲時進行十年後追蹤調查。

建為市區，有許多居民移居，導致原先調查的孩童有些失去聯絡，接受調
查孩子的總數目減少，但我們總算進行了先後十五年的調查，從平均五歲
左右的孩童期開始，先後到二十歲左右的成人階段，按期進行有系統的追
蹤調查。我們從這樣長期、有系統的連續性調查中了解，雖然獨子跟非獨
子在早期年幼時有若干行為上的差異，但大部分的男孩子隨年紀的增長，
到了成人後，獨子跟非獨子並不明顯出現有性格上的差異，只有獨生女有

繼續保持內向的趨勢。這項研究工作花費了時間與研究人員的恆心，可說是學術上的一大貢獻。

　　我於一九八七年，跟廣州流行性縮陽症研究組合作，從事雷州半島與海南島集體縮陽症的調查研究。研究組是由廣州市精神醫院的莫淦明院長教授帶頭進行量表調查。所謂縮陽症是指：自認為陽具會過分收縮到腹部裡因而死亡的恐懼現象，這種現象可因個人的情況而發生，但有時也以群體經由（心理）感染的方式而以流行病的現象傳播。這種流行性的縮陽症，學術上所報告曾發生於新加坡、泰國、印度，但以中國廣東省及海南島居多。學者們推測，這跟心性發展及當地的民俗信仰有關。中國的民俗故事裡，尤其是《聊齋》一書中，常有男人被狐狸精變身的妖豔女人誘惑，在發生性關係以後，男的就會生病、嗚呼哀哉的故事。其背後的基本觀念就是，中國人認為一個人要保持陰與陽的適當平衡，假如隨意發洩精液，喪失過多的陽氣，就容易損害身體，這種觀念與迷信深植於海南島與廣州半島的居民心中。根據當地的歷史記

■ 跟廣東縮陽流行病研究組人員到廣州半島進行研究。（上）跟廣州市精神病院院長以及研究組組長莫淦明教授及陳國強副院長合影；（下）到當地跟個案會談。

載，從清朝末年，就經常發生流行性縮陽症，且隨著當地社會面對挫折或緊張時，就會發生這樣的情況。雖然沒有人因縮陽而真的死亡，但民眾還是很迷信，時而偶發流行性縮陽症。直到最近，因為心理衛生觀念的普及，再加上社會環境的進步後，就不再發生。研究這樣特殊且與文化有密切關係的精神病理，可以幫助學者了解文化對精神病理的影響情況。但為了從事這樣有趣的研究課題，徐靜跟我還得到研究組的協助，兩人跟研究組同事一起頂著炎熱的天氣，乘坐兩天的車程，共同到偏僻的廣州半島，住宿於學校的教室，與流行期間患過縮陽症的病人會談，辛苦從事研究工作。

翌年，即一九八八年，我接受日本東京精神醫學研究中心邀請，跟過去已經認識的日本文化精神醫學家井畑敬介醫師（Dr. Keisuke Ebata）所領導的研究組共同合作，從事日本戰爭孤兒與中國家屬回歸日本後適應的三年追蹤研究。原來在太平洋戰爭剛結束時，蘇聯軍隊突然進入中國當時被日本占領的東北（滿洲），迫使日本軍隊撤退，而許多在滿洲開疆闢土的日本老百姓得不到保護，造成許多日本人死亡，留下幼小的孤兒，或是無法在嚴寒的冬天逃難，就把年幼的孩子交給當地中國農夫。可是戰後，日本與中國斷交將近四十年，這些日本戰爭孤兒都被當地的中國人收養，也在中國家庭受中國教育、講中國話，長大後跟中國人結婚，生下了孩子。但等到他們都到了五十歲左右的中年，日本跟中國恢復邦交，日本政府就想辦法把這些當時遺留下來的日本戰爭孤兒接回本國。可是由於這些孤兒跟自己的親生父母長年分離，也沒有線索可以尋找，回到日本後，多半找不到親生的父母或同胞。而且這些有著日本血統的成人孤兒，已經接受中國的教育與文化，像是中國人一般，而跟他們的中國配偶「回歸」到日本，就好像遷移到異文化的社會，會產生文化適應上的困難。到底這些回歸的日本戰爭孤兒與其中國配偶如何適應不同的社會與文化環境，這是我們研究的課題。我們進行為期三年的追蹤研究，不但如此，從科學研究的立場來說，我們還跟決定不回歸日本而留居中國的日本孤兒及其中國家屬進行對照研究。結果發現，年輕的子女學習新言語（即日文）快、適應上還可以，三個月後，就沒有太多的心理問題；而中國的配偶在經過一兩年後，

■ 被日本東京都精神研究所邀請合作進行日本戰爭孤兒及中國家族回歸日本後適
　應情況的三年追蹤研究。（左上）跟日本研究組組長（井畑敬介醫師）一起訪
　問中國時合影；（右上）日本孤兒憑靠一絲線索想尋找自己的親生父母；（下）
　在東京訪問日本孤兒家族，當地進行會談時合照留念。

也逐漸恢復其原本的心理衛生狀態，但日本的孤兒還是顯示出心情上的不穩定。這可能是他們幼小時曾被親生父母遺棄，所以有心理上的創傷，再加上回歸日本本國後，想被日本人接受為日本人而有心理壓力所導致的結果。至於整個家庭而言，在經過三年後，家庭成員間的心理衛生狀態並未好轉，這可能是因為家族成員為了是否入日本國籍有不同的看法與意見，而產生矛盾的結果。顯示移居到異文化的社會，其適應並不是那麼簡單。我覺得這個研究課題很特殊而且有意義，為此當時還曾接受邀請，以顧問的身分獨自到日本居住一個月，策劃研究計畫，並學習如何使用電腦來寫日文；後來還到中國東北訪問定居（沒想回日本）的孤兒及其家庭，進行面談訪問，可說費盡千辛萬苦。而這項有趣的研究調查結果，也得到很有用的學術資料，並登載於國際與國內的學術雜誌，還獲得《中國心理衛生雜誌》的優秀論文獎。最後並將所有的研究報告彙整，以日文出版《移居與適應》的日文版。有關這個特別的研究，我會在下一章裡仔細說明附帶發現的一些有趣資料。

　　我之所以提起這些研究工作，除了其課題跟文化相關外，還想指出我的研究態度與行為，即：碰到特殊而有趣的課題，我就會乘機趕緊抓住要點進行研究，也因此累積許多重要的學術結果與貢獻。

對權威者的關係問題──痛苦經驗與適應

　　當我在國際學術活動方面頗有成就，且跟中國大陸學術交流順利進行之時，我在科裡卻遭遇了料想不到的痛苦經驗，我跟科裡的主任發生衝突，影響我日後學術上的發展方向。由於這件事關係到跟權威者相處的關係，從文化的立場來看，值得談談。

　　我已經說過，我進來夏威夷大學醫學院精神科以後，頗有表現且小有成就，因此很快就升等為教授，主任與院長也都很欣賞我，主任還間接暗示我是將來的接班人。可是時間經過十多年後，情況卻有所轉變。經由當時在科裡一起教學的徐靜提議，我們跟幾位同事一起合作，組織科研組，

開始進行有關不同民族的家庭成員行為與關係的觀察與分析研究，並利用錄影帶記錄家庭成員的行為方式以進行有系統且仔細的分析與評比，可說是很有意思的研究。主任知道我們從事這樣有趣的研究，也表示要參加。如此，我們經歷了一年的時光，好不容易把研究資料蒐集好。可是這時，有一回我剛好到中國大陸講學不在科裡，主任卻獨自把所有的研究資料拿走，並自己撰寫論文，準備發表。我回到科裡發現這樣的情況，便向他提出沒有經過科研組的同意，他自己把研究資料拿去發表是不對的。可是主任向來沒有發表過有關實際研究的論文，他不理會我的反對，終究自己發表了論文。這在美國是很不道德的行為，即使是主任也不可以這樣做。更何況我們科研組的成員事先有合約，要大家商討後，才能決定如何使用研究資料來發表論文。可是當時我跟徐靜不太敢正面跟他衝突，也沒想到要依法打官司，我只到院長那裡報告，請院長幫忙。院長知道主任的做法不對，就勸告他日後要尊敬我們是學者，要平等對待。可是從這件事發生後，我跟主任的關係就沒再改善，而主任也處處為難我。還好，我在大學已經有終身職（tenure）的資格與保障，主任沒有辦法叫我走，可是就轉而對徐靜特別不好。結果，徐靜經過考慮，就決定離開科裡，按自己的興趣自行開診所，不亦樂乎。至於我，就把所有的不滿「昇華」到研究工作，寫論文，著寫許多書，包括我跟徐靜一起合著有關文化與家庭的研究心得的書。

雖然我跟主任發生不愉快的事，但我在科裡依然繼續從事我喜歡的教學與著述的工作，包括醫學生的教學、住院醫師的訓練。由於我教學認真，善用資料來

■ 我在科裡的辦公室愉快且勤勉地工作。

啟發他們的思考，受到學生跟住院醫師所歡迎及尊敬，我跟科裡的同事也相處得很好，幫助科裡年輕教授撰寫論文或文章，並編輯出版成書。我跟一位特別要好的史特列哲教授（Dr. Jon Streltzer）一起編著四本英文書，包括文化與心理治療的書。我跟徐靜也常一起被邀請到北京舉辦心理治療的講習班。二〇〇一年舉辦講習班之際，徐靜被北京醫科大學精神衛生研究

■ 我跟負責教導的一組年輕醫學生們合照。

■ 我跟長年要好的同事史特列哲教授（跟我同坐者）編輯出版一本書，贈書給資深住院醫師們，一起慶祝新書出版。

国际高级心理治疗师培训班（第二期）2001.4.2－6 北京

■ 我跟徐靜常一起被邀請到北京舉辦心理治療的講習班，2001 年舉辦講習班後，跟學員們合照紀念。

所聘請為名譽顧問,可說是她的光榮,我也很為她高興。

　　我這一生裡,就各種研究結果書寫了不少論文,並發表於有學術水準的雜誌;但我從沒想到我還可以寫書。至今,我總共書寫或編輯了將近二十本英文書、四十本中文書,發展我寫書的專長。最值得一提的是,我花了將近五年的時間,於二○○一年出版英文書《文化精神醫學大全》（*Handbook of Cultural Psychiatry*）,該書參考了將近兩千篇的外國文獻,是一部一共有八百多頁的大全書。由於這本書被文化精神醫學界的同道們

■ 趁舉辦講習班之際,（上）徐靜教授被北京醫科大學精神衛生研究所聘為名譽顧問;（右）徐靜教授在聘請典禮中接受聘書。

認為是學術上的特別貢獻，是文化精神醫學的推展基石，獲美國文化精神醫學協會頒發「學術創作獎」。日後，我內心慶幸自己能經由昇華作用，把對不講理的主任的氣憤很成功地轉向發展，不但發洩了我的不滿，還能積極創造有意義的成就。至於徐靜自己開診所後，也很滿意且樂在其中，也感謝她自己能乘機開拓自己專業的方向。

我在此提出這件事，主要是想說明我一生裡跟權威者的關係。我很幸運從開始得到臺大醫學院精神科林宗義教授的栽培後，還很幸運地得到哈佛大學精神科主任埃瓦爾特教授的賞識與鼓勵，接著也獲得東西中心主任列布拉教授的喜愛與贊助，並且得到北京醫科大學精神衛生研究所所長沈漁邨教授的長年合作與好意支持，讓我的專業生涯能一帆風順，都是因為這些貴人才有今天的我。只有很例外的，像在離開臺灣前，我曾遭遇臺大精神科接任主任的壓抑，但這種權威者的壓抑，在當時的臺灣社會是可能發生的；可是在主張民主、平等、合理的美國社會，居然也遇到這樣不尊重人權、不遵守合約的主任，倒是很令我意外。這件事讓我提醒自己，在各種社會中，有各種不同的人，不能刻板地認定每個人都會按文化上的理想來對待你。

談到權威者，從文化上，我還要提在美國經歷越戰期間，年輕人對權威者的心理反應。由於大家反對美國在越南的戰爭，許多人（特別是大學生）舉行反戰示威運動，還跟鎮壓的員警發生衝突，但最重要的是，美國政府和老百姓保持同等的文化態度，認為在民主社會中，人人都有發言表達自己意見的權利，甚至也可以公開表達對權威者的反對，是社會與文化所尊重的。只要不採取犯法的行為攻擊員警或行政機構，在適當的場合，以和平且理智的方式表達對權威者的不滿或不同意的意見是被鼓勵與接受的。這是我體會到的一點，值得一提。

可是從社會心理學的角度來說，受了越戰的影響，美國年輕人受到許多心理上的影響，除了面臨戰死的可能性外，也對戰爭的意義與目的產生懷疑，對政府不信任的態度影響他們對人生的看法，產生哲學上的疑惑。因此，曾有一段時間產生所謂「嬉皮」的現象，許多年輕人（也包括成人），

放棄他們原本傳統的生活方式，離開學校，不念書、不注重就業及做事，回復到最原始的生活方式。不注重整齊的服裝，而會穿得破爛、抽菸或濫用藥物；也時時表現出反國家、反政府的行為，包括公開燒自己國家的國旗。如此經歷了十年左右，可說是整個社會對權威者失望與不滿而發生的頹喪現象。

至於我後來受到科主任的歧視與不公平的對待，我推想一方面是主任的個人問題，另一方面是他以白人的立場看不起我們（亞洲）少數民族或移民，認為可以任意欺負或占便宜。至於我，從性格上來說，我當時仍受到小時候日本教育的影響，覺得需要尊敬權威，也受到中國文化的左右，存著不要得罪權威的心理，也相信並遵守「大事化小，小事化無」的文化觀念。假如是現在的話，我就會學美國人的方式，以比較積極的態度反對、對抗，尋適當的途徑爭取公平的對待。

最近在兒子的安排下，我在美國華盛頓觀看《國會大廈踏級》（*Capitol Steps*）的戲劇表演。《國會大廈踏級》是專門表演諷刺總統或議員們的笑劇，由過去曾實際在國會大廈工作的職員們來演，已有近三十年的歷史。因為排演的地方離（美國）國會大廈很近，就像走過門前的階梯就可到達國會大廈，所以以此取名。笑劇的內容隨時在更改，也就是根據當時有新聞價值的醜聞事件時時編排並表演，其內容可以取笑總統、副總統或任何鬧醜聞的政客們。我在觀賞後，有了一個心得，覺得美國的確是很民主的社會，連普通人都可以公開批評並嘲笑總統，只要不犯法就可以；這跟我們東方社會有很大的差異，因為東方社會只要有侮辱領袖的言語，就會遭受嚴重的處罰。美國人很習慣依靠口頭表達不同的意見，包括在議會裡的相互爭論，只要有禮貌並尊重規矩就可以。最近有個議員在議會裡一時失控而開口罵總統說謊，結果不但事後得向總統道歉，還被議員們要求要向整個議會道歉，表示沒尊重議會的尊嚴。這跟我們東方的許多社會（包括臺灣），議員們在開會中破口大罵並常動手打人的情況有所差異。看了《國會大廈踏級》的戲劇表演，讓我體會美國人如何以文明的態度與作風而被允許批判他人與領導的風氣，著實領悟到美國精神的特點。

善用壯年的特點，發揮自我功能

仔細回想起來，到了這個壯年階段，我不但個性變得比較成熟，自我的判斷力也比較敏銳，決斷力也比較強，不但能看清楚環境的客觀因素與情況，做適當的適應，還能果斷地做出適應機會的決定，擇善而固執，是人格上富於伸縮性而同時有剛毅性的成熟階段。不用說，處於講究自由、獨立、發揮自我的（美國）社會與文化環境裡，讓我能發揮個人在這個壯年時期的特點，是重要的一點。換句話說，我身處的社會與文化環境，容許我、也鼓勵我盡量發揮我的性格特點與長處。假如處於不同的社會與文化環境，需要時時考慮條件，加上被上級壓制，必須墨守成規，恐怕就會有不同的結果。時間與環境提供了良好的背景，讓我自由發揮自我功能的發展階段。

抓緊難得機會，接受人生的轉捩點

在這個階段，我面臨了許多意想不到的機會，有了許多重大的變化，也接受了人生過程裡的重要轉換。大膽決定留居美國，自願擔任吃重的訓練主任，又把握機會答應擔任國際性學術組織的祕書，從事很特殊且又重要的學術研究課題，接受世界衛生組織的邀請擔任顧問，勇敢地訪問中國大陸，這些都是事先沒想到的事情。但機會一來，我居然就抓住難得的機會，去接受、嘗試，並盡力去做，可說是善用我個性裡富於彈性、靈活、忍耐、懂得運用機會的特點，不呆板、不膽怯、不保守的關係。可是這些機會的來臨，可以說是從天上掉下來的，超出我的計畫或爭取，只是我願意一看到機會，就大膽抓住並善用罷了。

冒困苦，求成就

可是除了機會來臨時懂得把握以外，還得依靠自己的加倍努力才行。有機會書寫論文，我就絞盡腦汁、拚命寫作，不到十個月，就寫了十篇論文，後來還發現這些論文成了可以申請升等的依據。想留居美國，我跟徐靜就分頭找門路，硬著頭皮求見人，尋找微乎其微的可能性，求得奇蹟似的結果。為了從事研究，我還得辛苦學習如何使用電腦來寫日文，完成以日文書寫的研究計畫稿；為了調查流行性縮陽症，還得冒著炎熱的天氣、長途旅行、把教室當臥室睡，從事當地的訪問與會談。擔任顧問、祕書、主席，都得時時辛苦、負責地從事工作，求得基本的成就。而正當壯年的我，身體與腦力都容許我這樣苦幹、實幹，追尋自我的目標，符合自己的期待。

適應文化變化，發揮自己長處

不用說，決定長期留居美國，還要認真適應新的社會與文化；這跟初次到美國定期進修時，有所不同。為了定居、為了將來，我們還得很認真地適應美國的文化，做適合美國的人；這不僅是我們自己，還牽涉到我們的孩子，是我們全家的文化適應。由於一家人成員的年齡不同，每個人所面對的適應課題有所不同，也遭遇了不同的經驗，因此，往往會有不同的適應速度與程度。有時一家人還會產生不同步的困難，尤其是親子間的關係，經常會面對溝通、價值觀上的差距問題。還好，我們家並未遭遇嚴重的困難，每個人都能順利地面對文化上的適應，讓我們體會從小孩到大人間如何適應文化變化的過程。

終生伴侶的重要

談到家人，我不能不提終生伴侶的重要性。我跟徐靜從醫學院念書時就認識，結為朋友、談戀愛、結婚、成家，總共經歷了五十多年的光陰，徐靜可說真的是我人生的長年伴侶。徐靜跟我有許多相同的地方，我們兩

人都是學醫的，也都是精神科醫師，且在同一所醫學院就學，在同一個科裡受訓，一起到波士頓、檀香山進修，後來也在同一個科裡工作將近十年，可以說我們是長年的同學、同事，學術上有幾乎相同的背景與經驗。後來我從事文化精神醫學，而徐靜則注重婚姻與家庭治療，有不同的專業。在性格上，我們也有許多共同點，不喜歡誇張與過分修飾，喜歡樸實，不那麼喜歡社交，只跟要好的朋友們來往。可是我們在性格上也有很明顯的差異，例如：我比較喜歡講道理，靠認知與邏輯行事，習於固定；而徐靜則比較富於情感，喜歡嘗試新經驗，容易接受變化。我們就靠這些不同的性格互補與協助。徐靜常有一些新想法，對人的來往比較有經驗，以此補足我過分呆板、拘謹，不善與人交往的地方。經過這樣長年的相處，她變成是我腦子裡的一部分，幫助我在性格上的完整與成熟。

最重要的，當我們面臨困難時，她可以冷靜地思考，安慰與勉勵我，並提議如何面對、建議嘗試不同方式的適應辦法。更重要的是，她會時時提醒我如何對待他人與朋友，如何善用我的特點、發揮我的優點，幫助我人格上的成熟與完整。反過來，我也運用我的長處向她提供建議與協助，時時幫助她。所以，從心理的立場來說，我們是彼此的「另一半」，時時互補，相互支持、督促彼此的成長、成熟與適應。因此，我的個人成就，一半要歸功於我有這樣的一生伴侶。

第六章

中年（初期）——
對日本文化的繼續經驗

雖然我已經定居在美國，但還是時時到亞洲各地講學、研究或當顧問，跟日本文化有關的事情也繼續有所接觸與經驗，而這些與日本文化有關的經驗也仍舊直接或間接地左右我日後的心思與人格。因此，我想將這些事情與經驗在此分別敘述。

到塞班島與琉球訪問戰爭遺跡的衝擊性印象

我在夏威夷醫學院精神科當教授期間，曾屢次到分散於太平洋上夏威夷與臺灣中間的小島洲（Micronesia）當顧問，或到琉球講學，經由這樣的旅行，讓我有機會參觀太平洋戰爭時所遺留下的戰爭遺跡。其中讓我印象最深刻，且影響我的心理與對日本文化的了解的，莫過於塞班島與琉球這兩個地方。首先我想談談塞班島的事。

塞班島（Saipan Island）位於關島（Guam）北方，是太平洋戰爭末期日軍跟美軍激戰最激烈的地方。由於太平洋戰爭後期，日軍所占領的南太平洋各地都節節失利，被美軍奪回，而美軍繼續北上，預備攻擊並登陸塞班島。這時，守在塞班島的日軍將領命令所有的軍民都要死守塞班島，準備「玉碎」到底。其主要原因是，一旦美軍占領塞班島，就可利用美軍當時所有的轟炸機航線開始轟炸日本本土，包括首都東京在內。因此，日本知道得拚命死守塞班島。當時除了日本皇軍以外，在塞班島上還有數千名日本市民，聽說是被日本政府強制安排從琉球移民過來的琉球人，平時在塞班島耕種、生產，維持軍人所需的糧食。可是當美軍登陸塞班島，經由

激戰逐漸得到優勢時，日本皇軍不得已就叫這些老百姓跑到山上，並且從山崖跳下去，集體自殺。聽說，這些市民（大都是婦女、小孩或老人）一個一個排隊喊著「萬歲」，然後跳下山崖自盡。當時，美軍看到這樣群體自殺的情形，還用日語向市民廣播，叫他們不要自殺，說明戰爭快結束了，美軍會好好對待他們，不用這樣自殺。可是這些老百姓在日軍督促（或嚴令）下，還是一個接一個跳下山崖，結果山崖底下堆滿了許多屍體。事後，這座山崖就被稱為「萬歲山崖」，戰後還規劃為戰爭紀念地。由於我聽過這樣的事情，因此到了關島以後，我就特地租了車子，依照地圖開車到山崖頂觀看。當時已經快黃昏了，結果我看到在山崖邊還擺放著一塊木頭製作的跳板，是當時用來讓人跳下山崖的跳板。雖然事過將近四十年，那塊跳板已經腐朽了，但依然還留在那裡。我看了，耳朵裡彷彿仍可聽到當時一個接一個排隊，從跳板上往下跳的小孩或婦女所喊的「萬歲」的聲音，是我小時候戰爭期

■ 位於太平洋塞班島的萬歲崖。

■ 跳下山崖集體自殺用的木跳板。

間習慣於喊的「萬歲」、「天皇陛下萬歲」的聲音。我想像著假如當時美軍在臺灣登陸，我們大概會按照體育課時所學習的操練，拿著長竹竿，在竿頭綁著炸藥，大喊「萬歲」，然後衝向美軍坦克車的情景。我忽然全身發抖，趕緊趁天還沒黑之前，離開萬歲山崖。

　　幾年後，我又有機會到琉球訪問、教學一週。除了每天到醫院教學以外，週末的空閒時間，我決定利用機會乘遊覽巴士參觀戰爭遺跡。我們從太平洋戰爭史知道，在塞班島之役後，緊接著琉球也是美軍與日軍激烈戰爭的戰地，而且聽說日本皇軍將領最後知道將戰敗時，還在戰場上切腹自殺。因此，我想去看看。但沒想到，週末乘遊覽巴士遊覽戰爭遺跡的人並不多，上車後，發現只有我一個人。到了下一站，也沒有人上車，就這樣，整部大型遊覽巴士上只有司機、導遊小姐和我三人。巴士離開都市後，就開始往鄉下開去，就這樣開始幾個小時的環島戰爭遺跡遊覽。巴士上路後，導遊小姐就正經地站在司機後面，朝我開始講述導覽：「戰爭快到結尾的階段，戰事逐漸激烈，但對日軍不利，日本皇軍已經準備最後的玉碎，打算戰到最後一兵一卒……」巴士到了一處小山洞前，導遊小姐就讓我下車，指著那個小山洞解釋：「當時有十幾名初中女學生自願當護士，但因戰爭激烈，所以就躲在這個山洞裡，可是日本軍人來了，就對她們說：『你們女學生活著沒用，只會被美軍侮辱。』就朝山洞丟進一顆手榴彈，讓她們全死了。」在參觀這個山洞以後，巴士又繼續往前開，而導遊小姐又照本宣科地說著故事：「戰事愈來愈激烈，許多日本軍人都受傷或喪亡，但……」

　　我聽這位導遊小姐又開始這樣邊唱邊講，就打斷她的講解，我說：「客人只有我一個，你不用站著，是不是坐下來隨便聊聊，讓我問你我想知道的問題，不用唱歌導遊。」可是導遊小姐邊看司機，邊回答這是遊覽公司的「規定」，她不能隨便更改，否則會被公司處罰。我聽了，也就放棄勸她隨意導遊的建議，只好讓她繼續正式地邊唱邊講，進行她被公司交代的呆板方式，唱歌、講背下來的講詞，如此進行幾個小時的導遊。我也只能很呆板地坐在只有我唯一一位客人的大型巴士裡，完成遊覽的工作，實在

有些乏味。

　　可是我的無聊並未維持太久，就被我眼前所看的情景吸引了。導遊小姐帶我下車參觀一個又一個的山洞，繼續解釋當時有多少日軍躲在那些山洞裡。最後還帶我參觀一條人工挖的長形地洞，僅有一個人可以站的寬度，但卻很長、很深。這條地洞的最深處是一個小房間，只容得下一張小桌子，聽說是日軍總將領的指揮室。在這個地下指揮室的牆壁上，還可看到一些當時刻下的字體，如「玉碎報國」等。導遊小姐說：為了躲避美軍的砲火，當時在這條地洞裡，擠滿數百名日本軍人，整天整夜站在只有一人肩膀寬的狹窄地洞裡，擠得完全無法坐下，只能站著不能翻身，無法上廁所，也沒水喝，就這樣躲了好幾天。最後忍無可忍，大家就乾脆乘夜衝出地洞，像敢死隊似地衝到外面殺敵，最後還是全軍覆沒。而在地洞指揮室的總指揮將領看到衝出去的兵一個都沒回來，知道戰事已盡，就在天亮時，在地洞口擺好姿勢，面向北方日本天皇的方向切腹自盡。

　　從這次的戰爭遺跡旅遊，讓我以目前大人的眼光再度體會到日本軍人為了戰爭所表現的行為，以及他們如何對待老百姓、如何為了盡忠報國而表現的玉碎行為、如何為了天皇而拚死的信念與態度，也因而覺得可怕，是個具衝擊性的經驗。同時由於導遊小姐那樣墨守公司命令，所展現呆板、毫不通融的導遊方式，也讓我感到：雖然戰爭結束了，但是那種要求絕對服從的精神還在，讓我再度深思，也讓我重新思考小時候被日本所教導的絕對服從、盡忠報國的想法，值得重新評估。這提醒了我，要以比較客觀的態度審視上級的命令，要能適當地了解、選擇性地「擇善而固執」，而非盲目地服從權威者的決定。

　　我想起當時那些喊著「萬歲」、「天皇萬歲」而從山崖跳下去的日本老百姓，假如他們當時沒有死，活到四十年後的現在，是否還會想當時是該跳下自殺，又或者會覺得那是愚蠢的集體行為，應該要愛惜自己的生命，不要盲目地服從上級的命令。

訪問靖國神社──念神風特攻隊隊員的遺書集

　　由於這樣屢次參觀各地的戰爭遺跡，讓我對太平洋戰爭所發生的事情有所再度認識，特別是以目前大人的眼光來看、評審與了解，跟我小時候所經驗、所記得、受影響的，做了對照與重新整合，對我很有幫助。因此，我在訪問日本東京時，又乘機訪問靖國神社。靖國神社是日本供奉日本軍人的神社，供奉從明治維新以來戰死的軍人神社。奉祠的軍人包括早期的日俄戰爭、中日甲午戰爭（1895），以及後來的中日戰爭（1937-1945）與太平洋戰爭（1941-1945）所戰亡的軍人。

　　我之所以想訪問靖國神社的另一原因是，由於近年來亞洲各國對日本總理拜訪靖國神社而屢有激烈反對的風波，因此，我也想看個究竟，幫助我有更進一步的了解。亞洲各國對日本宰相拜訪靖國神社而有激烈反對的，包括中國大陸、香港、韓國、新加坡等地人，而情緒最激烈的，要算是韓國（朝鮮）人。有一次，一批年輕人為了表示抗議，還在公眾場所用刀子切斷自己的小指頭，表示強烈抗日。這些人之所以這麼強烈抗議，是基於過去在太平洋戰爭中，曾受到日本政府與軍人的欺負、虐待的關係。中國人在南京被日本皇軍攻陷時，曾遭遇過大屠殺，而韓國在早期的中日戰爭（甲午戰爭）後，被日本侵占，並被毀滅傳統的朝代，而在太平洋戰爭中，更受到日本政府的欺壓與虐待。

　　在歐洲引起第二次世界大戰的德國，戰後其領袖馬上向各國表達其過錯，包括對猶人人的集體虐待與殘殺的行為；但兩相比較，引發太平洋戰爭的日本政府，戰後一直都未率直地對引起侵略亞洲的戰爭行為表達歉意，只偶爾由日本天皇表達因為戰爭而讓許多人受難的歉意。有些日本人還理所當然地解釋，日本政府當時引發戰爭的意圖是建立「大東亞共榮圈」，企圖驅趕把亞洲各地占為殖民地的歐美勢力，是為亞洲人好，是為了建立新的亞洲秩序的戰爭。但在許多受難的亞洲人的心裡，特別被日本軍人虐待過的，都認為這只不過是當時日本軍閥想擴充其勢力的野心行為，並不是為亞洲人好，因此仍很仇恨日本軍閥。所以，當他們聽到當時被審判為

第六章｜中年（初期）──對日本文化的繼續經驗

戰犯的軍閥領袖，如軍事宰相東條英機（Tojio Hideki）等還被祭奉於靖國神社，而代表日本政府的宰相居然還帶閣員參拜，也就激烈的反對，表示抗議。因此，也可說是對日本軍閥的反抗及對其侵略野心再發的恐懼心理的表現。

臺灣原住民在太平洋戰爭期間跟臺灣人一樣被徵調當兵，擔任勞動兵而死亡的，也被當成日本軍人祭奉於靖國神社。幾年前，這些原住民還特別組隊到日本靖國神社，要求把他們祖先從靖國神社祭奉名單中除去，因為他們不是日本人，他們的祖先也不會願意被當成日本軍人而祭奉，可見這座靖國神社還牽涉到許多無法解決的歷史問題。因此，站在文化的立場，我覺得有需要去看看。

我心裡原以為靖國神社會像美國華盛頓附近的阿靈頓軍人埋葬紀念地（Arlington Memorial）一樣，會有一個個的墓碑立牌，或是越戰紀念碑（Vietnam War Memorial）一樣的，至少會在紀念碑上刻有每位殉難軍人的名單，讓大家可以認出。可是我發現的卻是全然不同，只是一個神道的神社。雖然我未被允許進入祭堂，但聽說祭堂裡只掛著神道所祭奉代表太陽的鏡子。可能在神社的後面保管著被祭奉的殉難軍人名冊，但外觀看來，神社就是很單純的神道式神社。只有神社的院子裡種些樹，院子裡有座本殿，按神道的方式以素色木材蓋得很樸素，別無其他了。

我想靖國神社之所以引發爭論，其關鍵是祭奉的受難軍人裡包括負責引起太平洋戰爭的戰犯問題。在亞洲人的心裡認為，這些有罪的軍閥戰犯既然有罪就不該被祭奉，就像德國人不祭奉引發大戰的希特勒（Hitler）一樣；祭奉東條英機等當時的日本軍閥領袖，就猶如認為太平洋戰爭是沒有錯的戰爭。可是從日本人的角度來說，尤其從日本的文化思想來看，這其中又有不同的意義。依日本文化習俗來看，日本多少受佛教思想的影響，認為所有死去的人，不論是什麼背景，包括土匪或壞人，死後就被認為變成「菩薩」，不再是罪人，可被人祭奉。

關於這一點，值得參考的最好例子是，日本人的家族自殺的臨床現象。所謂家族自殺是見於日本人的特殊心理因素，當父母的在面對無法解決的

問題時，就決定雙雙自殺，卻又覺得把孩子留下變成孤兒不好，所以就把孩子殺死後，大人才自殺。這些大人所面對的困難，除了經濟上的負擔外，還包括他們犯了某些過錯，包括貪汙被發現等。但他們認為只要自殺後變成菩薩，所有生前所犯的過錯就不再被世人追究。所以，從這樣民俗的觀點來說，日本的軍事領袖雖被國際軍事法庭判罪，但死後變成菩薩，也是可以被祭奉的。可是關鍵是，亞洲各地曾受日本軍閥殺害的人，把日本首相訪問靖國神社看成是日本軍國主義的復萌，因而特別敏感。

有一點我想提的是，我訪問靖國神社時，沒想到發現幾件意外的事情。我發現近年來在靖國神社裡新築了一棟現代建築物「遊就館」，除了設有賣紀念品的地方，館裡還擺著一架零式戰鬥機。零式戰鬥機是日本在太平洋戰爭初期的產品，性能很好，是很出色的戰鬥機，也是我小時候很嚮往的戰鬥機。可是我發現在祭奉歷代死難軍人的神社裡，擺放這樣一架太平洋戰爭期間逞兇的戰鬥機，的確難免會讓人聯想到，日本人的腦海裡還是留戀著當時戰爭的偉大成就似的。我小時候對零式戰鬥機嚮往的心情與記憶，也就此從我的腦中消失，不再嚮往了。

在買紀念品的地方，我意外發現有一套文集，是日本軍人在太平洋戰爭中，一些軍人在戰死前所寫的文筆集，包括神風特攻隊的隊員在奉命執行敢死攻擊前書寫下來的絕筆。這本文集的內容多半是寫給家人的信，讓我們體會到當時這些年輕軍人在面對死亡時，是以何種心情赴死的。大部分的軍人都是在表達他們盡忠報國的心理，比喻他們將如謝掉的櫻花花瓣，為日本、為日本天皇而死，是公式化的寫法；但也有因為想念家人而寫給妻子或子女，內容富於情感的訣別信。從這些書信裡可以知道，在從事敢死攻擊的前一夜，有些隊員是幾個人一起喝酒，度過最後一夜的歡樂；但也有人卻希望利用最後一夜，自己一人靜靜地思考，不跟別人一起去歡樂。這也讓我們體會這些二十歲左右的年輕人，在當時的環境中，接受從事敢死隊命令而赴死的心情。

在遊就館裡的書店裡，我還偶然翻到幾本有關南京大屠殺的小書，我翻看了幾本，也買了兩、三本準備帶回家讀，一窺究竟，到底當年在南京

發生了什麼事，而從日本人的眼中，又是如何解釋這件事。

訪問南京大屠殺紀念館

　　我小的時候，正當太平洋戰爭期間，我除了知道在臺灣發生的戰爭情況外，對中國大陸所發生的中日戰爭有關的事情毫不知情。由於當時年紀小，加上新聞封鎖，我們只聽到日本所提供的新聞消息，無法知道在中國到底發生了什麼事情。都是戰後，等我長大了，偶爾且片段地獲得消息，才逐漸知道一些戰爭的事情，但我一直都沒聽過有關南京大屠殺的事。後來，有一次我跟一位日本精神科醫師被邀請到南京訪問參加會議時，才偶然知道相關的內容。因為這位日本醫師問我，他到南京會不會有危險，我覺得很奇怪，問他為什麼有這樣的顧慮，他才告訴我戰爭期間在南京發生日本皇軍屠殺中國人的事件。

　　由於聽說當時的大屠殺，被殺害的中國人將近三十萬，是在首都南京陷落後短短數星期內發生，因此是很重大的事情，跟德國納粹集體且大量殺害猶太人有相同的嚴重性，但卻很少為人所知。因此我到南京時，就想特別訪問南京大屠殺紀念館。

　　針對南京大屠殺一事，在日本人跟中國人眼中有不同的看法與爭論。對一些日本人來說，根本沒有這一回事，認為是中國人捏造的；也有些人認為並沒有那麼多人被屠殺，認為那是不可能的事情。因此，我訪問紀念館時，就事先閱讀了相關的書籍，包括日本人跟中國人所寫的書籍。同時我也跟住在南京年紀較大的人談論，了解他們所記得的事情。結果，就我所知，大屠殺的背景是這樣的：

　　日本除了利用他們所操控的傀儡滿洲國，侵占我國東北外，還想更進一步占領中國本土，乃於一九三七年七月七日，利用盧溝橋事變為藉口，向中國宣戰，開始侵略中國本土，派遣當時最厲害的軍隊在上海登陸，準備直攻當時的首都南京。而且日本還誇下豪語，要在幾個月內攻陷首都，讓中國政府投降。但日軍在上海登陸後，卻沒想到遭遇中國軍隊的強烈抵

抗，花了幾個月的時間才奪取上海，進而進攻首都南京。在南京又受到頑強抵抗，耗費了不少時間才攻入。因此，當時的軍隊將領很生氣，覺得顏面無光，就容許軍人進城後恣意妄為、強姦婦女、殺害小孩，更大肆抓男子去滅殺。當時的國民政府已經決定要長期抗戰，就命令鎮守南京的軍隊撤退到內地，只留下若干軍人繼續抵抗。這些軍人為了隱藏身分，後來也就脫下軍服改穿便服，讓日本軍隊無法認出是不是放棄抵抗的軍人。因此，日本軍隊乾脆把所有年輕的男子都抓起來，集體殺害，並把他們的屍體丟進地溝埋沒或丟入南京城旁的長江裡。聽老一輩的南京人回憶，當時長江的江水都變紅，紅了好幾天。

當時日本有名的新聞還刊載兩位少尉軍官用軍刀砍殺被俘虜的中國人，比賽一天裡誰砍的人頭多，還表示第二天還要繼續比賽的消息。事後有人訪問寫這則消息的記者，才發現這是他捏造出來的新聞消息，而照片是特別請人設計拍成的。可是問題不在這件事是否真的發生，而是記者居然會想製造這樣戲劇性、慘無人道的消息，還認為這是多光榮且值得驕傲的事，而且當時日本有名的新聞社居然還用頭條新聞刊載。這些都反映日本人當時對戰爭的看法，以及對中國人的態度。換言之，好比是獵人提著幾隻被獵到的鴨子，比賽獵到幾隻鴨子似的，毫無人道的觀念。因此，被殘酷虐待的亞洲人，至今還無法原諒日本軍人在戰爭期間所表現的野性行為。

我之所以在這裡談了許多有關戰爭的事情，並不是喜歡談論戰爭，也不是想藉戰爭來談日本文化，畢竟日本文化還得從許多方面探索與說明。我之所以談與日本有關的戰爭行為，是由於我小時候所經歷的日本文化，在時間上剛好是這些戰爭事件發生之時，那些事件對當時年幼的我而言，曾經有不同的經驗與看法，心裡受到不同的影響，而長大後又聽到不同的說法、看到不同的層次，必須要重新調整、改變我內心的想法，調整我對日本文化的了解與態度，包括民族意識的問題之故。

日本戰爭孤兒回歸日本的研究心得

在談到日本文化這段時期，我還進行了一項研究工作，是有關日本戰爭孤兒回歸日本後的適應問題，我在第五章已經大致提過。我得先說明這個研究的歷史背景。在日本跟中國發生中日戰爭之前，早就進行有系統地侵略中國的行為，除了扶植滿清皇帝、建立傀儡的滿洲國外，還從日本大量移民到中國東北，進行所謂的「開拓工作」。到了太平洋戰爭末期，日本決定無條件投降之前，當時的蘇聯知道情況，就乘機派遣大批軍隊攻占東北。當時防守東北的日軍無法抵抗，就趕緊撤退，讓許多當時被移民過來開拓的日本老百姓遺留在東北各地。由於日本人為了「開拓」，曾經從中國農夫手上搶奪土地，而且用兇狠的方式壓抑反抗日本的中國人，因此讓中國人懷恨日本人。當戰爭失敗，這些日本老百姓在沒有日軍保護之下，一方面受到蘇聯軍隊的威脅，另一方面也受到當地中國老百姓的不友善對待。而且在嚴寒的冬天撤退，這些日本老百姓無法帶著幼小的孩子，只好把孩子留給當地的中國農夫。再加上有些父母死亡，遺留下孤兒，這些被遺留下來的小孩，估計至少也有三千人以上。

由於戰後，日本跟中國斷交，彼此沒有來往，這些被遺留下來的日本戰爭孤兒，都沒有機會跟戰後回日本的父母、兄弟姊妹或親戚聯繫。如此經過四十多年的光陰，等到他們快到五十歲左右，中日恢復往來，日本政府就想把這些過去被遺留下來的孤兒接回日本本國。當時這些被中國人收養的日本孤兒都接受了中國的教育、講中國話，也跟中國配偶結婚，而且都有十多歲大的孩子，儼然是中國人。現在忽然有機會可以回到他們的祖國日本，可是從文化的角度來說，他們卻是到異文化的日本去適應，因此問題並不簡單。

日本政府預料到這種跨文化的適應問題，就設立專門的「歸國適應訓練所」，規定歸國的日本戰爭孤兒和他們的中國配偶及子女住在訓練所三個月，接受包括言語與生活習慣上的訓練。他們接受訓練後，就按政府的分配，住到政府厚生省所分配給他們的公寓，開始他們在日本的生活。由

於這樣的安排，容許研究者有計畫地做系統性的前瞻性追蹤調查，研究移民者在新文化社會裡如何隨年月的經過而適應，是很有意思的課題。因此，當我長年認識的日本同事與朋友井畑敬介醫師邀請我跟他們合作、發展這樣的研究時，我欣然答應。除了共同策畫如何在孤兒及家屬們剛入境時的初步調查外，還分成入境以後第三個月早期、第六個月中期與一年、兩年及三年的長期階段的研究，進行共三年的追蹤計畫。研究結果還寫成日文書《移居與適應》在日本發表，有很豐富的學術收穫。可是我在此要談的，只牽涉到跟文化與行為或人格發展有關的事情。

　　當我跟日本同事開始嘗試進行日本孤兒及其中國配偶剛入境時的初步調查，我跟他們一對對地會面。我們特意不事先知道他們一對夫婦中哪個是日本孤兒、哪個是中國配偶，但在我們見面會談開始不到一分鐘時，就去推測哪位是日本孤兒、哪位是中國配偶。就這樣嘗試了十對，我們猜測以後再跟資料比對，結果我發現我猜對了十對，而日本同事也猜對了九對，成績還不錯。我早就說明過，這些日本戰爭孤兒在他們五、六歲左右被日本父母遺棄後，就被中國人收養並當成中國小孩來養育，也很少讓人家知道是日本的孤兒。因為當時的中國人還懷恨侵占並壓迫他們的日本人，怕收養的孤兒被認為是「日本小鬼子」而受人欺負。因此時間一久，這些日本孤兒就開始講中國話，完全忘記日文，閱讀中國書、穿中國的衣服、過中國人的生活，成人後還跟中國人結婚。有不少孤兒都不記得自己是日本人的後裔，連中國配偶在婚前或婚後都不知道自己的配偶竟是日本人。由於這些日本戰爭孤兒生長在中國，接受中國的文化，其言行與穿著都跟中國人一模一樣，假如在街上碰到他們，幾乎不可能會知道他們是日本孤兒。可是當我們面對一對夫婦，心裡知道其中一位是中國人，而另一個是日本後裔時，其情況也就有所不同，可以猜得到誰是日本後裔。

　　我猜測與判斷的根據是依照我的觀察，看他們的姿勢（包括他們如何向我鞠躬，鞠躬低頭與彎腰的程度如何）、如何坐（姿勢是否端正或隨便）、表情如何（是否比較嚴肅或放鬆）、如何回答問題（只點頭或開口大聲回答）等。根據這些觀察，可以看出哪一位是日本人、哪一位是中國

人。也就是說，同樣是東方人，但日本人跟中國人對表情、姿勢及行為表現有顯著的微妙差異。至於我的日本同事則依靠其他依據，根據臉型的不同而猜測，他可以看出哪些人的臉型比較屬於日本人，而不是中國人。

更有趣的是，大部分的中國配偶跟他們的（日裔）配偶結婚時，並不知道配偶是日本人。可是我們詢問他們，當時是否發現（日裔）配偶有什麼比較特殊的地方，結果得到一些很有趣的回答。有不少中國配偶描述其（日裔）配偶較喜歡吃甜的東西；比較喜歡洗澡，幾乎天天都要洗澡；喜歡乾淨；容易發脾氣；對人比較有禮貌等。有一位中國太太還說，當她跟先生結婚時，注意到先生鞠躬時，常把頭鞠得很低，而她曾推想是因為先生個子高、頭重，所以頭鞠得很低，而不知自己的先生是日本孤兒，有低頭鞠躬的習慣。根據我們的分析，在三、四歲前跟父母分離的孤兒，只留下喜歡吃甜的、喜歡洗澡、容易發脾氣的習慣，保留著較年幼時就銘印下來、屬於生理性質的早期經驗。可是在五、六歲以後才跟父母分離的，除了這些比較原本的人格外，還保留比較客氣、有禮貌等屬於社會性的人格成分；也就是說，跟年齡很有關係。

這件事情讓我想起自己的經驗，我走進夏威夷商店時，店裡的服務生常會把我當成日本旅客而以日語向我打招呼，以為我是日本人，不過因為來夏威夷的旅客以日本居多，被誤認倒沒話說。可是當我到北京、上海或香港等中國的機場商店買東西，連店裡的服務生也常對我講日本話，把我當成日本人接待。我總是很好奇，問他們為什麼把我當成日本顧客，沒想到我是中國顧客，他們常回答我的姿勢與舉動很像日本人。可見我小時候被訓練而留下來的習慣，包括如何維持端正的姿勢及走路的方式，都還保留著日本人的樣子，沒有改變。

另外要提的是，日本的心理學家在「歸國適應訓練所」裡所提供的生活訓練教材（如下頁圖），是根據他們在社會上所獲悉的經驗，以此編製了一套生活習慣的教材，用來訓練這些歸國的日本戰爭孤兒及其中國家屬，如何習慣日本的生活，進行文化上的適應。例如：他們所編的教材卡通漫畫裡，說明吃飯時，不能把筷子插在飯碗裡，是很忌諱的習慣（日本人只

日本戰爭孤兒回歸日本後，接受短期訓練，使用卡通漫畫講課，訓練如何學習日本人的行為與習慣：(a)吃飯不要為人夾菜；(b)筷子不可插在飯碗裡；(c)在菜市場買菜，不可挑菜，以免糟蹋很貴的青菜；(d)不要向人敬菸。

有祭拜死人時，才這樣做）；不要拿筷子夾菜給別人（日本人喜歡吃自己盤子裡的菜，用筷子夾菜給別人是很不衛生的）；不要向朋友敬菸（日本人認為抽菸不衛生，所以不喜歡被人敬菸、勸抽菸），這些都是日本人跟中國人習慣上的不同。另外的例子是：買青菜時，不能自己動手挑選（日本的菜很貴，店主不喜歡客人動手挑選，怕把青菜弄壞了）；抹布要分種類使用（日本人把抹布分為幾類，有用來擦桌子、擦乾碗筷、擦地板或擦廁所的，不能混著使用）；卡車司機除了開車也得搬東西（不能像中國司機被認為是有技術的師傅，只開車駕駛，不幫忙工人搬貨物）。

　　但我要說的並不是這些日本跟中國在生活習慣與觀念上的不同而已，

而是在於國家對變成日本「公民」的要求。你想變成日本人、入籍歸化為日本人，必須要有肯定改變國籍的意願。不僅要放棄原本的國籍，還得懂得講日語，遵循日本的生活習慣與禮貌，並表現出日本人的行為。但最關鍵的就是要改變名字，改用日本式的名字。這跟美國人對希望入籍為美國公民的要求截然不同，有著天差地別的條件與要求。在美國，只要會說些英文，通過口試與筆試，並宣誓效忠美國，願意遵守法律、繳稅即可。至於名字，只要求把你的本國名字按音拼成羅馬字。美國政府只要求你遵守美國法律，但根本不要求要按美國白人的行為模式而改變你的日常行為。也就是說，各個社會對入籍為本國人有不同程度的條件與要求，而日本的條件比較多，將本國人與外國人區分得很清楚。

日本的好朋友

我對日本文化有關的事情談了許多，包括對於日本人在打仗時所表現的情形，以及跟戰爭有關的行為，包括敢死隊自殺行為或沒人性、殘酷地殺害自己或敵人的老百姓的情況，而讓我對日本人的看法有所改變。特別是在南京看了大屠殺的紀念地，目睹從地下挖出一排一排當時被殺害而掩埋的骨骸，或是從岳母那裡聽到她小弟（徐靜的小舅舅）被日本人抓去殺害的故事，我難免害怕、也仇恨日本人，尤其是軍閥。原來在中日戰爭初期，徐靜的小舅當時是二十多歲的年輕人，他在家鄉哈爾濱參加抗日活動，在街上貼抗日標語被日本憲兵抓到，從此就一去不回，家人推測可能被關起來或殺害了。因為當時日本軍閥在東北祕密舉行生化戰爭的研究，需要人體當實驗，常把俘虜的華人當成實驗對象，聽說殺害了三千多人，而徐靜的小舅有可能也是這樣被當成實驗對象而被殺害了。

不過日本有各式各樣的人，不能一概而論。我在東京跟日本精神科醫師一起為病人看診時，碰巧看診過一位老病人，他說他是戰後從東北撤退回國的。他敘述在戰爭快結束時，他聽到蘇聯軍隊將進駐他們的地區，結果上級命令他們全村開拓團的村民集體服用平時貯備的毒藥自殺。但湊巧

大家服用的氰化物（cyanide poison）變質或毒性不夠強，因此有些人沒死，而他就是沒死的一個，後來終於成功脫逃。現在的他還怨恨日本政府不但不能保護當時被徵調的開拓團移民，更不該命令老百姓這樣集體自殺。

最近從電影裡我又看到另一種日本人，是日本外交官救起將被迫害的猶太人的故事。這個故事是實際發生的事情，即二次大戰前有位日本低階的外交官杉原千畝（Sugihara Chiune）被派駐在歐洲東部的小國立陶宛（Lithuania），當時他看到許多即將被迫害的猶太人來日本領事館，要求發給簽證，讓他們可以逃亡到其他國家。雖然杉原千畝向日本外交部屢次申請許可，但始終沒有得到批准，最後杉原千畝站在人道立場，雖未得到外交部的許可，就憑自己想保護人命的心理發給求救的數千猶太家屬簽證，讓他們可以逃難。戰後，這位外交官回日本後就被處分了，因為他未得到上級的許可，且站在國家立場，猶太人跟當時是與日本結盟為軸心國的德國敵對，他未協助納粹政權殺害猶太人的政策，因此被日本外交部辭去外交官的職位。一直等到三十多年後，當時已經八十多歲的杉原千畝，在經由當時被救的猶太人及猶太政府的影響下，日本政府才發給被迫辭職的杉原千畝一座特殊的獎項「勇氣人道獎」，回頭嘉賞他當時冒不服從上級命令而採取救猶太難民的人道行為，可說是表揚了比較有人性的日本人。

至於我所親身接觸過的日本人不見得都是好鬥、會殺害他人的劊子手，或是令人覺得很殘酷的人們。相反地，大部分都是很有人性，其中有些人還因日本軍閥的罪行向我表達歉意，認為日本軍閥不該在中國東北或南京虐待與殺害中國人，並希望能做些事情彌補日本人所犯的過錯。在南京大屠殺紀念館裡，我曾看到許多日本訪客留下來的紙條，安慰被殺害的中國人。在檀香山，我曾帶一位從日本來訪的精神科同事訪問珍珠港的亞歷桑那軍艦紀念館（Arizona Memorial），參觀當年太平洋戰爭開始時，日本偷襲珍珠港而擊沉的軍艦。聽說當時軍艦被炸沉時，有數千名水兵沒能來得及逃出而被困死，其屍體還存在軍艦裡。我的日本同事看了被擊沉在海港裡的軍艦，一面流眼淚，一面說：「很對不起！」表示日本不戰而偷襲美國海軍的罪意。

數十年來，我曾結交過一些日本的好朋友。我說過，邀請我一起做日本戰爭孤兒回國適應研究的井畑敬介醫師就是最好的例子。他來檀香山接受精神科住院醫師訓練時，我當時是住院醫師訓練主任，他可說是我訓練的下一代醫師，但他回日本後，一直努力發展他的職業生涯，曾將我第一本出版的文化精神醫學的英文書翻譯為日文而在日本發行。後來我們還共同從事日本戰爭孤兒的研究工作而持續有密切的職業關係。他歷年來的工作表現優秀，最後還當上復健醫院的院長，也擔任日本精神醫學復健協會的會長，而我們也變成長年相處的終生良友。另外，東京都精神研究所的石井毅所長，因為他知道日本軍閥對中國的暴行，所以戰後對華人很好，也支持我們的研究，並支持華人來參加在東京召開的國際會議，可說是企圖彌補日本軍人的暴虐行為。

■ 跟東京都精神研究所合作，在東京舉辦「亞洲家庭與心理衛生學會」，邀請許多中國同事們參加。石井毅所長坐在前排中間，我站在其後。

對日後持續的影響

建立客觀性判斷權威者的習慣

從上述這些跟戰爭有關的事情，讓我再度體驗日本文化有關領導者的權威及絕對服從的故事，也讓我深深感到，我們需要建立客觀評判權威者與上級命令的能力與習慣，千萬不可盲從。這是我在小時候接受日本教育時，未曾有過的想法，到了成人的現在，看了許多日本軍人的殘酷行為，才產生不同的看法與態度。

幾年前，我們還從報上看到：在菲律賓的小島裡還出現躲在山上將近數十年，一直未投降的日本軍人，一直為了效忠天皇、遵守軍方持續戰到最後一兵一卒命令的「忠心」軍人的故事。現在我讀了必須遵守命令從事自殺攻擊的少年空軍隊員的死前日記，讓我覺得這樣毫無選擇而必得遵守上級命令的可悲性。另外在看到日本的年輕外交官為了人道而救猶太人，卻被上級認為是不服從命令而被處罰，及至半個世紀以後，經由外國人的壓力，日本政府才勉強發給「勇氣人道獎」的真實故事，讓我體會到生活在注重民主的美國社會，可以適當地表達自己的意見，可以依靠自己的判斷做該做的事，不用全盤（盲目）服從權威者的好處。

究竟南京大屠殺有多少中國人被殘殺、強暴，這不是關鍵，重要的是為中國人留下何種印象。而日本軍閥又是如何在韓國虐待韓國人，讓半個世紀後的現在，還有年輕人要憤怒地集體砍掉自己的小指頭公開表示反抗的心理，才是值得注意的。我所讀到的日本書中，有些作者還很理所當然地解釋，在戰爭期間，被殺害、被虐待、被強暴的事情會發生是無可避免的，這跟美國政府要審核、處罰在戰場上無辜殺害老百姓的美國軍人有顯著的差異。我相信在越戰，美軍殺害了不少無辜的越南老百姓，但沒有美國人出面說：這是戰爭，是無法避免的事。可見這是文化價值觀念裡對人道觀念的不同見解與態度。

避免片段性判斷民族或文化的態度

談了許多有關戰爭的事情，也讓我提醒自己，對任何事情都不要做片段的解釋、持有刻板印象的習慣。每個民族都有好或壞的人，不能就某個層次而做全體性的結論，千萬不能單以戰爭中所發生的事情或行為來判斷任何整體的民族性，還得看在其他場合一般人的行為與思考模式而定。

我在夏威夷住了將近三十多年，跟當地的日裔美國人有許多接觸，特別是跟我長年接觸的工作人員、朋友或甚至是病人。我發覺跟其他民族相較，日裔美國人的確很負責、守秩序，是可靠、可交的朋友。因此，我常提醒自己，要全盤看待事物，不可做片段的結論。

對日本文化、心理與行為的再認識

我最近常看日本的電影故事，包括過去的傳統故事或現代的故事，讓我再度研究、體會日本的文化。結果處處讓我覺得日本是很強調「縱的關係」的社會，注重「忠」與「孝」的文化，也強調「義理」的社會。跟中國文化相比，日本文化較缺少「忠孝、仁愛、信義、和平」八德裡的其他道德觀念，至少比較沒有很主觀性地強調「仁愛」、「和平」的道德觀念，而比較過分忠於上級權威者、孝於父母的道德觀念，以及對他人要保持「義理」的觀念。

這讓我提醒自己，要互補地發揮（中國的）「仁愛」與「和平」的道德觀念，也要善用（美國的）「橫的關係」的社會特點，注重自己跟配偶、朋友、同事們的橫向來往關係，保持相互尊敬、相互平等對待的態度，企求自己的心理、性格、行為的完整性。

第七章

中年（後期）到現在── 多種文化的接觸

雖然我把跟日本、中國與美國三個文化有關的接觸經歷先後描述與說明，但必須提醒的是，我們全家日後長年生活在多民族社會的夏威夷將近三十多年，並不單只是跟美國文化發生長久性的接觸與經驗，還有跟當地許多不同民族接觸的經驗。此外，由於我日後的職業關係，我也透過各種機會與各種特異的社會與文化接觸，而這些也都特別影響我對文化的廣泛經驗與了解，也間接左右我自己的想法與行為，更幫助我心理上的成熟，建立我多文化性的人格。因此在此稍微敘述這些多文化接觸的經驗，說明我在職業上如何繼續開展我的國際性角色，接觸世界性的多文化，這樣可結束我一生跟文化有關的發展的描述與分析。

多民族社會的夏威夷生活經驗

夏威夷位於太平洋中心，地理上來說，介於亞洲與北美洲之間的一群島嶼，是東西文化交接的地方。夏威夷的人口不多，不到百萬人，可是其特殊性是多民族的匯合居住。除了三分之一的人口是歐裔白人外，另外將近三分之一是一百多年前從日本移民過來，而目前大半都是第三、四代的日裔，他們多少都還維持著日本的傳統文化，但也吸收美國文化，多半都不會講日本話，只會說英文；其餘的三分之一則包含當地的夏威夷人、華人、菲律賓人及撒摩亞人等。當地的原住民，也就是夏威夷人，經過數百年來跟其他民族通婚的結果，生下的子女多半都成了「部分夏威夷人」（Part-Hawaiian），而華人的總數不多，不到百分之四，有部分是一百多

年前從廣東移民過來，已經是第三、四代的華裔，或是數十年前從臺灣或香港移民過來，也有些是最近幾年從中國大陸來的，有不同背景的華裔。

夏威夷最大的特點就是民族的混合性，容許各個民族文化的保存，但同時又接受美國的文化，形成特殊的夏威夷文化。各個民族都盡量保持彼此融洽的關係，維持協調。最顯著的是平時大家會講有關各個民族的笑話，友善地諷刺彼此，維持良好的民族關係。不過話雖如此，表面上和諧外，各自還是有小摩擦與競爭。最顯著的是，當地部分夏威夷人因為仇恨當時的王室系統被美國人毀滅，至今還在要求恢復建立夏威夷的國家，因此有部分夏威夷人對歐裔白人總保持一些不太友善的關係，但很少有正面的衝突，只偶爾舉行主張夏威夷獨立的遊行。至於占有三分之一人口的日裔很團結，在選舉時，經常心照不宣地支持日裔候選人，可說是民族意識表現在政治上的力量。

但在同樣的各個民族群體裡，又可區別不同背景的次民族而相互認同。例如，一般日本人對同屬於日本的琉球人有不同的看法，過去彼此也不太通婚；而同樣的華人過去還保持「本地人」與「客家人」的區別，在四十年前彼此也是不通婚。所謂「本地人」與「客家人」的區別起源於廣東，過去有一批華人由於內戰而從中原地區逃難移居到南方的廣東，就被當地廣東人稱呼為「客家人」，而相對地，則稱呼原來就住在廣東的人為「本地人」。但這些「本地人」與「客家人」都雙雙移居到美國的夏威夷，照理大家同樣都是移民到夏威夷的「客人」，但他們仍維持從廣東移民過來前原就樹立的「本地人」與「客家人」的區別，甚至彼此相互看不起對方，並維持不友善的關係，直到將近四十年前才開始通婚。

談起異民族間的通婚，過去日裔很少跟日裔以外的民族通婚，頂多跟華人通婚，九成以上都是跟日裔結婚，而跟歐裔的白人幾乎很少跨民族通婚。尤其是在太平洋戰爭初期，珍珠港被偷襲以後，美國白人害怕日裔會暗地幫助美國的敵人，也就是日裔的祖國日本，所以就強迫所有的日裔集體移住到美國西部加州的集體營中，以便監視與管理。因此，日裔跟美國白人之間不那麼友善、親近，也不通婚。之後戰爭結束，不到三、四十年，

年輕的下一代卻有不少日裔年輕人跟白人交往、通婚的，目前的日裔幾乎一半以上都是跟非日裔者通婚。

至於華人，在早期一百年前，是從廣東移民過來，被當成勞動者使用，用以協助甘蔗事業的發展。當時這些第一批移民過來的年輕男人是勞動者所以很辛苦，又沒有經濟能力，無法花錢從家鄉娶華人新娘，也就跟當地的夏威夷人結婚，形成民族混合的下一代。而夏威夷人也跟白人或其他民族通婚，就這樣純粹維持夏威夷人血統的不到一成，幾乎大多數都是「部分夏威夷人」。經過這樣跨民族的通婚，有許多夏威夷人變成是多民族血統的「本地人」，這表示只要時間一過，個別民族年輕人開始相互交往、戀愛、通婚，民族的隔閡就逐漸減少，至少減少了民族間的仇恨或不良關係。

到小島洲的訪問——新異文化的接觸與體會

雖然長年居住在夏威夷，讓我跟歐裔白人、日裔、韓裔或菲律賓後裔有多民族的接觸與經驗，逐漸建立我泛文化的心理與經驗，可是真正讓我體會到文化上特殊差異的，莫過於到小島洲訪問的經驗，讓我大開眼界，從人類學的眼光來了解文化可以有多大的差異。麥克羅尼亞（Micronesia，即小島洲之意），從地理上來說，是在西太平洋介於夏威夷與菲律賓中間的數千小島，將近三千座小島分布在跟美國大陸差不多大的地域裡，但每座小島都很小，所以也就被稱為小島洲。有些小島只住了幾百人，而比較大的也只有幾千人左右，又因海洋的隔離，所以很少相互來往。

為了幫助小島洲各島嶼的醫護人員如何施予精神醫療，由我負責在夏威夷大學醫學院的精神科舉辦小島洲醫師的精神醫學短期訓練班，而我也就因此屢次到小島洲的各島嶼訪問當顧問與考察，並了解當地的社會習俗與文化。結果學習到許多新異的文化系統。

以人類學的角度來說，小島洲屬於母系家族系統的社會。所謂「母系家族系統」（materlineal family system）跟「父系家族系統」（paterlineal

■ 舉辦小島洲醫師的訓練班。

■ 當顧問訪問小島洲，在村民聚會所附近，跟地上擺放的幾個大型石幣一起照相。

■ 跟當地醫師在路旁約一公尺高的石幣前合照。

family system）不同，是遵循母女而傳遞家系。也就是說，一個家庭的家戶、權勢、職位、頭銜或家產是經由母親傳給女兒，再從女兒傳給孫女兒，跟我們中國社會裡所遵循的，父親傳給兒子，兒子再傳給孫子的情況不同。例如：最顯著的是酋長的頭銜，該頭銜由母親傳給女兒後，就由該女兒委託丈夫，再由丈夫執行酋長的職責；但酋長去世後，該頭銜卻由女兒收回，然後傳給孫女兒，再由孫女兒的丈夫接替執行酋長的職責。因此，酋長的職位雖是由男人擔任，但不能傳給兒子，只能歸還給原本具有酋長頭銜的妻子，再由妻子傳給女兒。在這樣的母系家庭系統裡，女人有基本上的權利與保障，而男人卻沒有。

我還學到，在這樣施行母系家庭系統裡，家族裡最重要的人際關係是兄弟與姊妹的同胞關係（而不是親子或配偶關係）。也就是說，重大事情並不是由父親決定，而是由母親的兄弟（即舅父）來做決定性的指示。但兄弟與姊妹的關係雖然親近、相互依靠，可是在實際生活裡，他們要遵守某些規矩或禁忌，不得隨便接近。例如：假如只有兄妹兩人單獨在家裡，其中一個就得離開房子，不可兩人單獨在一起。

小島洲的居民過去還遵守某種特殊的「懷孕禁忌」（pregnancy taboo），也就是說，妻子一旦發覺懷孕了，丈夫就不可跟懷孕的妻子有親暱的軀體關係，包括房事，以便保護孕婦及胎兒的健康與安全。所以通常懷孕的妻子會回娘家，住在娘家生活與保養，而丈夫則時時送來魚或其他營養食物，用以提供懷孕的妻子食用。但最妙的是，妻子生產後還不能馬上回丈夫家，還得等孩子一歲後，可以憋氣把頭放進海水裡且學會游泳，能保護自己的安全，妻子才能跟孩子一起回丈夫家。可是如果妻子又懷孕了，就得再重複其回娘家保養的習慣，遵循懷孕禁忌，因此妻子經常長期不在丈夫身邊。妻子不在身邊的期間，丈夫的姊妹會替他煮飯、洗衣，而丈夫也會在這段妻子不在家的期間，到外面尋歡、偷偷找女人。因此在這個階段，妻子的兄弟會好好監視丈夫的行為，避免丈夫在外面亂來。所謂的懷孕禁忌，原本的用意與目的是要保護懷孕的女人與胎兒，以及剛出生的幼小孩子，可是卻帶來一連串麻煩與複雜的家庭人際關係，也間接引發丈夫

婦女生下嬰兒後，當眾舉行儀式，表示順利生產，並展示健康的身體及豐滿的乳房，證實可以養育嬰兒（照片由當地醫師提供，蒙允使用）。

的不規矩行為。還好，這樣的懷孕禁忌目前已經逐漸放鬆，妻子生產後，不用等生下來的孩子一歲多才回丈夫家，可以早點回家，避免丈夫發生越軌行為。

我們中國人過去也會遵循滿月的習慣，要求生產後的母親要在屋裡守滿月，不可外出；也不可洗澡、洗頭，怕著涼；也不能吃水果，怕受寒等。這些習慣在過去原本有其作用，是用來保護產後婦女的健康，避免產後容易發生的產褥熱，但現今的生活已經比較衛生，又有抗生素可避免產褥熱的發生，照理不用守「滿月」的習俗，但有些母親還是會提醒生產後的女兒不可洗澡、不可吃水果，這跟現代的衛生觀念不太符合，其實並不需要遵循這樣過時而無用的民俗習慣。

談到小島洲的過去習俗，還得談當地人對月經的看法與禁忌。他們認為女人的月經是髒的，因此月經的期間，不能住在自己的家，得在自家旁蓋一間小屋，月經期間就住在那間小小的月經小屋，等到月經過了、「乾淨」了，才能回家住。此外，在某些特別講究男女關係區別的島嶼上，會有兩間廚房，一間是用來燒飯給男人吃，而另一間則是燒給女人吃；連家旁邊種的芋頭田，也要分成種給男人吃跟種給女人吃的兩種芋頭田。換句話說，燒飯時，要從男人的芋頭田挖芋頭，然後在煮給男人吃的廚房裡煮，才能給男人吃；而煮給女人吃的，就得從女人的芋頭田挖芋頭，然後在煮給女人吃的廚房裡煮，才能給女人吃。而且最重要的是，夫妻不一起吃飯，

要等丈夫吃完飯，妻子才可以吃飯，男女不共食。雖然聽來很麻煩，但按習俗就得這樣區別男女。我在那座島嶼跟一位四十多歲的婦女會談，她說她在小時候就是這樣被訓練長大的，雖然她的丈夫比較現代化，要她跟他一起吃飯，但她仍覺得很尷尬，還是等丈夫吃完飯後，才肯吃飯。

　　關於小島洲，我還有個小插曲要說。由於天氣熱的關係，小島洲居民的穿著都很簡單，甚至在某些島嶼，婦女還會裸露上身，不遮蓋乳房，只在底下穿草裙。有一次，我想帶徐靜跟我一起訪問小島洲裡一些女人們還裸露上身的島嶼，因此，很好奇地問當地的醫師，當我的妻子來訪問時，應該注意哪些穿著。結果當地的醫師（很認真地）提醒我，要注意從腹部的肚臍到膝蓋都要遮蓋，不可露出下腹部與大腿。可見隨各地社會的習慣，有暴露與不能暴露哪些身體部位的規矩，在小島洲那些小島嶼上的女人可以裸露上身，不用遮蓋乳房，但要很注意遮蓋肚臍到膝蓋的部位，不可露出大腿。

　　藉著這樣到小島洲的訪問與見識，讓我體會到許多新異的風俗習慣，更提醒我不能毫無評判地墨守過去傳統的習慣與觀念，要能時時批判性地了解，並決定哪些習慣值得並需要保留，而哪些是沒有意義、必須放棄，不可呆板、固執墨守，必須要有通融性。

■ 外島的居民，裸露上半身，只遮蓋肚臍到膝蓋部位（照片由當地醫師提供，蒙允使用）。

到亞洲及世界各地──擴大文化上的了解

　　除了到小島洲以外，因為工作或旅遊的關係，我也到過世界各地許多地方，學習到各地社會的不同習俗與文化，擴展我對文化上的廣泛了解。在此讓我慢慢描述我接觸過的一些異國文化，以及所見和所得到的心理影響。

　　我曾經到過中國西部的新疆，跟當地的少數民族有接觸。除了參觀尊奉香妃的寺廟外，還經驗到當地維吾爾族的生活習慣。維吾爾族在中國算是少數民族，可是其人口卻將近一千多萬，是中國少數民族裡，僅次於壯族的大群族。維吾爾族都是回教徒，許多鄉下的女人還會用布遮蓋她們的臉，只露出眼睛。在新疆除了維吾爾族外，還有移民的漢族，因此在都市裡，可說是漢族跟維吾爾族混居生活的地方。由於信奉回教的維吾爾族忌

■ 到新疆訪問維吾爾族的居民。

諱不吃豬肉，而漢族卻以豬肉為主要肉食，所以在烏魯木齊的醫院裡，還設有兩種廚房，分別準備供給漢族病人與維吾爾族病人的食物，以符合彼此的信仰與飲食習慣的不同。

談到回教信仰，我跟徐靜也到過信奉回教而人口最多的印尼。當時是為了開會，我們下榻在首都雅加達的一家大旅館。我還記得第一天早晨還在睡覺時，四點鐘左右就聽到經由廣播器而向全市廣播的祈禱文，親身體會到回教徒每天要念經四次的習慣。

同屬於印尼，但卻遠離印尼本島而位於東方的峇里島（Bali）也很特殊。這座島上的居民並不是回教徒，仍是信奉印尼人早期信奉的印度教，是很誠信的信徒，他們在島上各地建有寺廟，且常在頭上放著一大籃將要奉獻的水果或食物，排隊到寺廟祭奉。家裡也有小的祭奉神的祭壇，每天吃飯前，都要把食物拿去祭奉，然後才食用，連小孩要吃點心也是一樣。最有趣的事情是：峇里島北方有座大火山，而當地人都相信神居住在火山裡，因此他們很喜歡火山，還有些人在火山口蓋村莊居住；相對地，他們不喜歡海，更害怕到遠洋從事漁業。這跟小島洲的人剛好相反，

■ 1980 年受邀參加印尼的會議，順便遊覽峇里島，當地婦女在頭上放著一大籃的水果，排隊到寺廟祭奉。

小島洲的人喜歡海，都在海邊蓋房屋居住，而不喜歡到深山裡。

　　由於峇里島認為神居住在北方的火山，對北方的火山很尊敬，家裡也都分為三段，朝向北方的一段是供奉神壇的地方，中間一段是臥室，臥室裡的床要把枕頭朝北方擺放，頭朝向北方而睡覺，至於朝向南方的一段是廚房與廁所。因此，假如你走在街上，你會發覺路旁一邊的房子全是擺放祭奉神用的小神壇，而另外一邊則全是廚房，是很有規矩地按方向蓋房子，並分配為三段而使用。最妙的是，他們的現代醫院是早期由荷蘭人蓋的，當時荷蘭人並未注意當地人對方向的信仰，就按現代醫院的醫療需要與護理的方便來擺放病床，但後來由當地人接收後，就重新擺放病床的方向，讓病人的頭全都朝向北方而睡，滿足大家的心理需要。

　　馬來西亞也是信奉回教的國家，從文化精神醫學的立場來說，比較出

■　參觀當地居民如何把自己的家裡分段區分，以尊敬北方的火山。

名的是關於「拉塔」（latah）與「阿魔酷」（amok）的現象。所謂「拉塔」（驚神症）是指一個人突然受驚後，其意識狀態轉變，變得恍惚，而在這樣精神恍惚狀態下出現一些特殊的行為，包括亂罵、講富於性的髒話，也學旁人所說的話或動作，猶如失掉自己的人格，如此經過一段時間後才恢復原本的意識，並聲稱不記得發生了什麼事或說了什麼社會不允許的髒話。有關「拉塔」，我還有一則小故事。

　　由於我早就從文獻上聽過這種在馬來西亞盛行的特殊行為現象，因此，當我被馬來西亞大學醫學院的精神科邀請到吉隆坡（Kuala Lumpur）當顧問時，我的心裡非常高興，認為可以乘機研究「拉塔」的特殊現象。因此，到了吉隆坡後，我還特別問精神科主任，是否有辦法見到有這種現象的人。可是主任卻回答，這樣的現象已經很少，要到很偏僻的鄉下才找得到，可是要花兩、三天的時間才能到。因此，主任就叫我打消想見患有拉塔的人的念頭，我也就放棄了我的想法，但請求主任幫我安排見當地馬來西亞的醫學生，讓我跟他們談話，以便了解他們對拉塔所知道的事情。當我跟當地醫學生在大學校區一邊散步一邊聊天時，我們走到大學餐廳的附近，碰到一名在餐廳工作的女工人。我建議醫學生和我一起去跟這位女工人談談，了解她對拉塔的想法。哪知經由醫學生的翻譯，這位女工人說她自己患有這個現象，而且餐廳裡還有另外一位也是。就當我們在跟這位女工人談話時，旁邊有幾位女工人也來聽，聽到我們在談拉塔的事情，結果其中一位就突然乘機向正和我們用心談話的女工人的背後猛然拍打了一下，讓她受驚。結果當場那位女工人就在我的面前產生精神恍惚的現象，呈現「拉塔」的發作。經由這樣的意外發現，我請她跟另外一位也患有拉塔的女工人兩人一起到精神科，由主任幫忙錄影，記錄她們發作的情況，製造很難得的教學材料。精神科主任見我不用花兩三天的時間到偏僻的鄉下，居然就在大學的校區裡找到兩位患有「拉塔」現象的病人，非常敬佩我隨機找研究對象的精神與能力。

　　馬來西亞另一項出名的是「阿魔酷」（amok，狂殺症）現象，就是當一個人當眾被侮辱而變得憂鬱時，就會拿大刀到街上逢人就砍，如此毫無

■ 1982年受邀訪問馬來西亞大學擔任顧問。（上）與精神科同事們合照；（左下）
碰巧發現在大學廚房裡工作而患有拉塔現象的兩位馬來西亞婦女；（右下）她
們在拉塔發作時呈現精神恍惚，並作猴子抓頭的模樣。

目標地砍殺許多人的瘋狂行為。「阿魔酷」現象跟「拉塔」一樣,都被學者解釋是跟馬來西亞的文化有關,也就是平時大家都很平靜,不會隨便發洩攻擊性的情感,一旦忍無可忍時,就會突然爆發,出現無法收拾、亂砍殺他人的兇暴行為。另外一說是,由於他們信奉回教,因回教不允許自殺,所以當他們因怨恨而憂鬱時,只好砍殺別人,經由殺害他人的行為而被人處死。無論如何,在馬來西亞常見的「拉塔」、「阿魔酷」跟中國南方所見的「縮陽症」與日本的「家族自殺」,都被文化精神醫學家認為是跟文化有密切關係的精神現象,學術上被稱為「文化相關特殊綜合症」。我很幸運可以到馬來西亞訪問,居然也親眼目睹到「拉塔」現象,這對我學術上的學習很有幫助。

我跟徐靜也到過印度參加會議,順便遊覽。雖然我們有機會遊覽名勝古蹟,像是由大理石建造,是皇帝蓋來追念喜愛的皇后的「泰姬瑪哈陵」(Taj Mahal),但相對地,我們對印度人生活的苦,以及生活的苦所帶來的行為有些驚訝。例如,我們住在五星級的國家大旅館裡,但住進去才發現,浴室裡沒有毛巾、肥皂和衛生紙,所以我就打電話到櫃檯,請他們派人送來這些缺少的東西。幾分鐘後,有人來敲門,兩位服務生送來毛巾,並且伸手要零錢。我知道他們的習慣,早就準備了零錢分別給他們兩位,但提醒他們還缺少肥皂與衛生紙,他們點頭說知道,會馬上送來。幾分鐘後,果然又有人敲門,打開一看,又是另外兩名服務生送來肥皂,但沒有衛生紙,他們又伸手,我又給了小費。再等幾分鐘後,又有另外兩位服務生敲門送來衛生紙,他們又伸

■ 1989 年到印度參加國際會議,順便訪問郊區一家居民。

手，我又給小費，如此經過三次、六個服務生的敲門，好不容易才送來我們所需要的毛巾、肥皂與衛生紙等五星旅館裡必有的物品。還好，我們事先就得到旅行社的提醒，身邊帶了許多小零錢，否則真無法適應他們的習慣。

到印度以後，我們還順路到印度北方的尼泊爾遊覽。尼泊爾是佛教發源地，也是佛教國家，是個可以看到世界最高峰喜馬拉雅山的地方。我們還順便訪問當地的居民，談談他們過去的兒婚習俗：就是趁孩子還小，男孩大概在五至六歲左右，就被父母做主安排娶三至四歲左右的女孩。他們會穿漂亮的衣服，正式舉辦婚禮。女孩嫁來男孩家後，就跟婆婆睡，並學習做家務，以小媳婦的角色長大；青春期發育後，才跟自己的丈夫一起睡，開始夫妻的親密關係。我們見到的一家人，母親大約五十歲，她說自己就是這樣經由兒婚嫁給丈夫的，而她現在二十多歲的女兒，是等到十二歲青春期發育後，才被許配給先生的。女兒自己目前已經有兩個小孩，但她說女兒自己的孩子，要等他們長大成人後，讓他們自己找對象結婚。可見在短短五十年、經過三代的光陰裡，婚姻的習俗就已經有基本上的變化，不再讓孩子從小就被安排結婚了。

為了參加世界精神醫學會大會，我還遠飛到南美的巴西首都，由於我從未到過南美的國家，所以懷著特別興奮的心情，搭乘將近二十多小時的飛機到達目的地。但我被幾件事嚇到了，當地的錢幣因受到物價高漲的關係，都是幾萬、幾十萬的價錢，害得我不敢隨便花錢買東西，後來才知道十萬元只不過是美金一元，才敢買十萬元的果汁來喝。巴西的原住民大多有黑人的血統，生活很困苦，住在山坡上蓋得很擁擠的小屋，而相對地，許多歐洲移民的白人卻過著很富裕的生活，住在很豪華的大房子裡，貧富懸殊非常明顯。聽說，我們開大會前幾個月，當地一萬多的原住民集體到海灘來搶劫遊客，因此當我到那裡時，看到很漂亮的海灘及優美的山景，卻看不到幾個在海灘的遊客，只看到警察帶著警犬在海灘巡邏。事實上，我們舉行大會的場所也是一樣，除了警察們帶著警犬在大會場所外面巡邏，連大會場裡的每間廁所都分配有兩名警察坐在廁所裡警戒，以保護與會的

到尼泊爾遊覽：（左）參觀到處建蓋的寺廟；（下）並跟當地一家居民談過去「兒婚」的習慣。

學者不會遭遇當地黑人搶劫，可說是一次最奇特的國際學術性大會的經驗。這讓我親身體驗到，一個社會若貧富很懸殊，再加上種族區別與歧視很嚴重，而會發生的社會問題。

　　我曾經以世界衛生組織（WHO）顧問的身分被派到南太平洋的斐濟（Fiji）一個月，主要是協助當地醫學院教精神醫學，也協助為醫院的病人看診。當地的原住民（也就是斐濟人）占三分之二，而早年從印度移民的印度人則約占三分之一。我在醫院為不少印度籍的女病人看診，我發現有不少的中年婦女因丈夫去世變成寡婦後，就罹患抑鬱症而來看診。經由印度醫師的解釋，主要是因為當地的印度人還是很保守，丈夫去世後，變成寡婦的妻子必須一輩子守寡，不能再嫁。不僅如此，她們也不能參加社會活動，不能跟不熟悉的男人來往，必須守在家裡，專心侍奉公公及丈夫的兄弟、照顧自己的孩子，過著沒有樂趣與希望的寡婦生活，以此度過餘生。不知何故，當地的印度人有不少男人在中年就去世，而且就算丈夫很年輕就去世，年輕的寡婦也得守寡，不能再嫁，得如此度過寂寞的餘生。可說是文化習俗製造出抑鬱的心理問題的明顯例子。

　　當時我還發現當地的斐濟原住民跟印度人有不平與不和善的關係。政府的要職都由原住民的斐濟人擔任，印度人比較沒有機會參政，只能當醫師、工程師等高技能的工作。雖然斐濟人的人口較多，但大家的教育水平低；相對地，印度人的人口少，但受高等教育的比較多。因此，兩種民族住在一起，就有各種矛盾與摩擦。例如：醫學院的畢業生會被政府送到英國進修，但一定要斐濟人跟印度

■ 擔任 WHO 顧問，到南太平洋的斐濟島。

人平均且相互交替安排。也就是說，一位印度學生被送去進修後，下一個就得送斐濟學生，但是斐濟學生一般來說成績都較差，無法送到國外進修，只能等到有適當的斐濟學生；而在這個等待期間，就算有許多成績優秀的印度學生，也不能被安排出國，只能等有斐濟學生出國後，才能輪到印度學生出國進修。也就是說，表面上為了保持種族的平等，而製造出不合理的現實；為了假平等，無形中製造了不滿的氣氛。事實上，我離開以後不到數年，從報紙上看到消息，斐濟人跟印度人發生正面衝突的流血社會事件。

為了了解世界各地的社會與文化，特別是有開會的機會，我跟徐靜就順便到各地遊覽並參觀當地的生活習慣與風俗，以增廣文化知識，這對我有相當的幫助。

二〇〇六年，我跟徐靜曾到土耳其旅行，因為是純粹旅遊，並不是為了開會，所以心情上比較享受。原本我對土耳其毫不熟悉，也沒想到要去這麼遠的地方旅行，但這次是我們小女兒安排的，因為她說我們一輩子都很辛苦地工作、養育並栽培他們念書、上大學，所以現在該由他們報答養育之恩，安排我們每年慶祝結婚紀念日而到各地遊覽。二〇〇五年，她安排我們搭乘遊輪到阿拉斯加（Alaska）看冰河，翌年就安排我們到土耳其旅遊。除了讓我們住最好的旅館、到幾個特殊地方遊覽，甚至還搭乘氣球升空遊覽，我們還參觀了一些在伊斯坦堡（Istanbul）的歷史性寺廟。這些寺廟早期是被基督教徒蓋來當教堂的，但後來回教徒來了以後，就塗改裡面有關基督的壁畫，改成回教的寺廟。參觀這些寺廟時，讓我親身體會到基督教與回教歷史上曾經發生過的關係。我們在中部也參觀了地下室，是當時基督教徒怕來襲的回教徒而挖的地下洞，這些洞不但很深且大，還分幾層而挖，而且各個房間還可以相通，也分別有臥室或廚房可供日常生活之用。一旦回教徒來襲，成千上百的居民就趕緊躲進這些地下室，有時得躲藏數週、甚至數個月，避免被回教徒殺害，這些古蹟也顯示為了宗教跟民族的矛盾而遺留下來的歷史。

一個人生，三種文化——中國、日本、美國文化對人格形成的自我分析

■ 利用開會的機會到各地參觀與遊覽，包括：(a)埃及開羅；(b)法國巴黎；(c)墨西哥；(d)義大利比薩斜塔；(e)俄羅斯的莫斯科等地，增廣文化知識。

伊斯坦堡在地理上剛好介於亞洲與歐洲的交界，靠橫跨在黑海海峽上的橋連接兩洲。我跟徐靜特別到那座橋上，從一頭走到另外一頭，同時我還向徐靜開玩笑：「你知道嗎？我們僅花了十分鐘的時間，就從亞洲走到歐洲了。」我們訪問了土耳其，也體會到兩洲在地理上的連接關係，以及他們彼此相互影響文化的情況。間接地，也讓我們體會到世界雖大，相距很遠，但隨著交通的發達，實際上距離也逐漸拉近，因此，我們需要學習如何與不同種族、不同民族與不同文化背景的人相處，相互尊敬並共同生存。

我之所以提這些到世界各地旅行的經驗，並不在想說遊覽有多好玩，而在說明世界各地社會有許多不同的文化、不同的信仰、習俗與價值觀，讓我們體會到人類的生活方式與文化系統有許多變異，並不相同，是很廣泛的。這些多文化的接觸，讓我脫離過去從日本、中國與美國三個文化系統的經驗與影響，開放出來，讓我有更廣泛的觀念與選擇，以比較不同的層次檢討自己的生活方式、思考模式、人生的哲學觀念等，對我人格的成熟很有助益。

我曾經說過，早在八〇年代，我就幾乎每年都到中國大陸講學，並順道到大陸各地遊覽。每次到中國訪問，就發覺社會與經濟的變化，而且變化快速。例如：從前大家都騎自行車上下班，滿街看到的都是騎自行車的人，很少有汽車，但現在馬路拓寬了，高速公路也築了很多，路上往來的都是汽車。當然，大都市裡到處都蓋了高樓大廈，顯現經濟的快速發展。我曾經被邀請參加在北京舉行的慶祝四十年建國的慶祝典禮，親身體會一個大國家的形成，最近也透過電視看奧運在北京舉行，讓全世界感到中國的強大，讓我們身為中華民族感到高興與欣慰。可是看到中國在這短短的數十年中快速變化與進步，也發覺有許多習慣與觀念還得跟著改善。例如：如何注重環境的保護、如何注重社會秩序、養成守法的習慣，不要只靠人際關係上的講情來辦事，必須能依法律行事等，都是必須持續改進的現代文化。從健康方面來說，要想辦法鼓勵大家戒菸、不要隨地吐痰，都是很重要的衛生習慣。不僅要有口號，還要實際執行，這都是很重要的事情。

■ 2004 年應邀參加中國心理治療與心理諮詢學術年會，（上）由主任委員呂秋雲教授頒發顧問證書，並分別由我（左下）及徐靜（右下）進行專題演講。

■ 2008 年在北京大學精神衛生研究中心舉辦心理治療督導講習班，（上）跟參加
的學員們一起合影；（中）跟沈漁邨榮譽院長合影；（下）跟我們一起合作的
華夏同道們合影留念。

雖然我成為華裔美國人已經數十年，但在心裡還是很關心中國的發展與華人的心理衛生。歷年來，只要有機會我就會到中國講學、參加會議、特別推展心理治療的工作。配合中國目前的需要，最近還舉辦心理治療有關督導的講習班，而且還跟數十年來交往的長輩見面，並且與新近一起工作的年輕同道們聯繫，有始有終地維持我們長久友好的關係，共同為華人盡點貢獻，這也是我心裡感到很欣慰與愉快的事情。

擔任世界文化精神醫學跨文化精神醫學分會會長——世界性的拓展

從職業生涯的角度來說，我已經說明過，在一九七七年，經由很碰巧的機會，我被推舉擔任了六年世界精神醫學會跨文化精神醫學分會的祕書。到了一九八三年，當世界精神醫學會在奧地利維也納召開大會時，原本的分會長墨菲教授因任期屆滿而卸任，由於擔任祕書的我向來表現不錯，就被先輩們推薦，很榮幸地接任為分會長，而加拿大的吉列克教授擔任祕書。就這樣我正式開始世界性的開拓，跟國際文化精神醫學家們接觸與來往。

■ 1983 年在維也納開會期間，跟加拿大的吉列克教授會談，中立者是德國的資深文化精神醫學學者菲法教授，他們都熱心支持我擔任分會會長。

■ 在維也納開會結果，被選任世界精神醫學會跨文化精神醫學分會會長，跟分會祕書吉列克教授合影。

■ 世界精神醫學會跨文化精神醫學分會於 1985 年在北京和南京舉辦文化精神醫學
　會議，參加會議的國際學者們全體合照。

　　我們分會於一九八五年在中國北京與南京開文化精神醫學會。當時在
中國召開文化精神醫學有關的國際性會議算是頭一次。因為當時的中國距
離文化革命的結束還沒多久，而且也還沒有旅行社，我們的會議是由衛生
部的工作人員負責安排住宿與旅行事宜。更重要的是，當時受文化革命的
影響，對「文化」這兩個字還很敏感，我們參加文化精神醫學會的國際學
者們要報告的題目，還得經由中國負責單位審核是否合適在中國報告。

　　之後，世界精神醫學會於一九八九年在希臘雅典（Athens）召開跨文
化精神醫學分會的事務會議。到了一九九一年，分會也在匈牙利的布達佩
斯（Budapest）召開地區性的文化精神醫學會，當時世界有名的資深文化
精神醫學家都來參加，共同討論將來的發展。我一共擔任了兩屆跨文化精
神醫學分會的會長，任期共十年，於一九九三年在巴西里約熱內盧（Rio de
Janeiro）舉辦世界精神醫學時，我剛好任期屆滿而卸任，保留了該分會的
榮譽顧問頭銜。

一個人生，三種文化──中國、日本、美國文化對人格形成的自我分析

■ 於 1989 年連任世界精神醫學會跨文化精神醫學分會會長，在雅典主持該分會的
　事務會議。

■ 1991 年在匈牙利布達佩斯舉辦文化精神醫學地域會議，會後跟德國菲法教授
　（中）及加拿大普林斯教授（右）兩位文化精神醫學資深學者合影。

1993 年在巴西的里約熱內盧舉辦世界精神醫學，（上）跟祕書吉列克教授一起主持跨文化精神醫學分會的事務會議；（下）由各國會員參加會議。

著述《文化精神醫學大全》——獲得學界的肯定

我從分會的會長卸任後，就乘機編輯或著寫中英著作。我特別要提的是，在二〇〇一年，我前後共花費了五年的時間準備，並書寫了八百多頁的英文書《文化精神醫學大全》（*Handbook of Cultural Psychiatry*）。我已經提過，該書共參考了將近兩千篇的外國文獻，把所有關於文化精神醫學的知識都廣泛、有系統、有結構地囊括在內所完成的參考書大全。由於這本書被文化精神醫學界的同道們認為是學術上的特別貢獻，是文化精神醫學的推展基石，也獲美國文化精神醫學協會頒發「學術創作獎」，可說是一件令人高興與驕傲的事情。在先後五年期間，我本著小時候被日本訓練出來的精神，發揮日本人口頭上常講的「趕拔魯」精神，埋頭苦幹所寫的一本大全。就像我年輕時準備考大學一樣，有時每天晚上工作到半夜，早上很早就起床，辛苦地寫作，完成了總共八百多頁的大全書籍。

我出版這本書，還有個小故事。我在考慮書寫這本大全之前，曾經向歐美十家出版社寫信探詢他們是否有興趣出版，結果十家出版社都回信說沒有興趣，讓我原本有些灰心。可是徐靜卻安慰、鼓勵我，她告訴我，假如這本書是那麼重要，就應該開始著寫，如果到時候還找不到出版社，至少可用影印機複印發送給文化精神醫學界的同道們。經由這樣的鼓勵，我真的開始提筆。首先我花了三年的時間蒐集與閱讀文獻，接著就把所得資料分類、準備全書的結構，然後利用後面兩年的時間寫作。全書共有五十多章，因此平均每個月要寫兩章，也就是說每兩星期就完成一章的文稿，就這樣繼續埋頭書寫了兩年共二十四個月。

等到快完成八成的文稿時，我開始向五家出版社寫信，探問他們是否有興趣出版。由於這五家出版社是五年前寫信探問過而被拒絕的，我本來也沒抱多大的希望，誰知這次卻得到三家出版社的回信，表示有興趣出版。我既高興又興奮，開始研究這三家出版社的差異與特點，也分別跟出版社的各個編輯聯繫。結果我發現跟「學術出版社」（Academic Press）當時的

■ 於 2001 年出版得獎的《文化精神醫學大全》，在出版社廣告攤前，手拿著剛出版的書，跟徐靜合照的快樂鏡頭。

負責編輯比較談得來，也就決定由學術出版社出版。這位編輯是齊默博士（Dr. George Zimmer），他只看過我所提案的目錄與書寫大綱，跟我見面談談後，根本沒看八百多頁的文稿，就答應簽合約，可說是很有遠見並且很相信我，更可說是有緣分的事情。後來我們就變成了好朋友，一直保持聯繫。現在想來，最有趣的是，五年前十家出版社沒有任何一家願意出版，可是五年後，五家出版社裡居然有三家都有意出版，可見經過五年的時間，大家對文化精神醫學都有了認識。

被推薦擔任「世界文化精神醫學協會」首任會長──一生的榮耀

我出版了一生所願的書，並得到學術界同道們的欣賞，獲頒「學術創作獎」，也被義大利同事巴特齊教授（Dr. Goffredo Bartocci）經手翻譯為義大利文出版，我心裡很滿意，認為我這一輩子想做的事情大多已經做到，也沒想再做什麼特別的大事。可是有一天，二〇〇五年末，當時還擔任世

界精神醫學會的跨文化精神醫學分會會長的巴特齊教授找我，他告訴我跨文化精神醫學分會受世界精神醫學會本會的行政限制，無法發揮其功能，希望我以首任會長的身分籌畫新組織「世界文化精神醫學協會」（World Association of Cultural Psychiatry），並且他建議利用我跟東西方學者們聯繫的能力與背景，在中國召開第一次世界文化精神醫學大會。我對這突如其來的建議與推薦有些躊躇，可是當我跟徐靜商量時，她鼓勵我接受國際同道的推薦，接受這個很重大的責任。她說，大家認為你有這樣的能力才推薦你，這是個光榮，也是個機會。我終於答應，也跟過去一起工作的國際同道們一一聯繫，並獲得大家的支持，之後便成立了「世界文化精神醫學協會」，並花費將近兩年的時間籌畫，於二〇〇六年九月在北京召開第一次世界文化精神醫學大會，且圓滿成功地舉行了歷史性的大會，完成了籌組世界性學術組織的活動，向世界推展文化精神醫學。這樣也算是我對這方面的重要國際性貢獻，我心裡也感到很欣慰。

到現在，我還記得當天大會的開幕典禮，我以會長身分站在臺上致詞，並做專題演講，我看著會場裡三百多位來自三十六個國家的國際學者們，心裡忽然想起小時候，我脫掉破靴，光著腳站在臺上演講的情景；也想起我臨時得到電報，知道要到美國波士頓進修，趕緊上街買新皮鞋的情況；還想起參加跨文化精神醫學會分會的事務會議，偶然被坐在旁邊的學者推薦擔任學會分會的祕書，像命運註定般地開始國際活動；也想起很意外地被世界衛生組織邀請擔任顧問、訪問北京，開始日後跟中國同事們快三十年的工作關係，而今天居然能在北京召開這樣歷史性的國際會議……我想起我的人生經過了許多意外的好機會、許多轉捩點，也承蒙許多貴人的支持，而有今天的我，我的心裡很感謝這些貴人的提拔，以及好同事、好朋友們的支持。

■ 2005 年被推薦擔任世界文化精神醫學協會的首任會長，（上）以大會會長身分，
於 2006 年在北京舉辦第一次世界文化精神醫學大會：（中）大會開幕，擔任大
會主席，跟委員們在臺上主持開幕典禮；（下）進行專題演講。

對自己的影響的評論

拓廣對文化的見解與經驗

回想我從中年到現在這個初老階段裡，除了持續有機會接觸並體會與日本文化有關的事情外，幾乎年年都到中國大陸講學，不但接觸中國的社會，也時時觀察到中國大陸隨著經濟的發展而呈現的快速進展與文化變遷，更經由長期定居於夏威夷而對美國文化及多民族、多文化的夏威夷有深度的體會，還擴展我跟其他社會與文化的接觸面，從比較原始的小島洲到東南亞的各個社會，以及其他歐洲、地中海等地方的文化有初步的了解。因此，我能從日本、中國與美國三個文化系統之外，還能更廣泛地體會、了解不同的文化。這種多文化接觸的結果，幫助我心理上能更上一層地了解我們的文化對我們的思考、行為、情感的各種影響，同時也不拘泥、不用墨守某種文化系統，而時時提醒自己，要隨時判斷哪些想法對自己有何種好處或缺點，哪些習俗是否有流傳的必要，哪些價值觀是值得保留的。換句話說，對文化能採取比較批判性的看法與態度，可以比較解脫而隨自己的意願去選擇並調整自己的行為。

自我的信心與成熟

從整個人生的過程來看，特別是從心理發展與人格的成長角度來看，我發覺對自己的信心比較肯定，也達到比較成熟、穩定的階段。過去跟外國人，特別是跟西方人接觸時，由於言語的不足，我無法表達自己的想法，再加上經濟能力一向比較差，對於自己是黃種人而惟恐被西方人看不起，所以常常提醒自己，要表現良好，不能被人看不起、被人恥笑。例如：穿著要整齊像樣、談吐要有禮貌；到餐廳給小費要大方，不要被人說是吝嗇的中國人；開口講話要大聲，笑口常開，給人好印象。

可是隨著自己在學業上的表現與經濟上的穩定，子女們的教育表現良好，他們在西方的社會裡居然各自都有好成就，這些客觀的現實，無形中

逐漸幫助我建立自我的信心，跟外國人接觸時，不再有黃種人的自卑心理。可見是經歷數十年來累積的結果，是針對華裔美國人的民族性的正向認同，變得堅強與穩定。

利用機會，充分發展自己的潛能

　　跟我青年期或壯年期一樣，我能繼續抓住好機會，利用天上掉下來的機會或客觀的條件從事我認為有意思、有用的事情，包括從事寫作我喜歡的書、擴充我的知識、增加我對社會與文化的廣泛經驗，並且大膽地接受與擔當重要的職責，令我自己感到很滿意，增加自我的信心，並且為能發展自己的潛力而感到高興。我會擔任世界文化精神醫學協會的會長，是作夢也不敢幻想的事，可是居然還被國際學者們推薦而擔任了會長，這並不是奇蹟，而是過去一步步的踏實努力，有所實在的表現而得來的結果，並不是冒險投注，而是善用來臨的好機會。

人生觀的演變

　　可能是與年歲有關的生理與精神方面逐漸改變，我的心理也無形中緩慢地更改，不再像年輕時那麼計較表現與成就，漸漸感到只要能做些自己喜歡的、對社會有貢獻的事就好。對事情的好壞、成功與否，也看得比較淡，開始體會佛教所說的「四海皆空」的想法，也比較了解道學所說的「歸順自然」的道理。我開始注意每日的運動，調節飲食，注重健康，運用腦力，希望能繼續保持好的身體與精神，繼續從事喜歡的事情，過著平淡的老年。我們的父母一過五十歲，就考慮退休，免得被別人說老了命不好，還在做事。可是到了我們這一代，就把退休的年歲推遠到六十或六十五歲，最遲到了六十五歲就該退休，可是我發覺，這樣硬性規定退休的年紀不是很妥當，應該考慮每個人的身體與精神狀況而決定是否繼續工作。到目前為止，我覺得只要身體許可，就可以繼續工作，保持工作不亦樂乎的看法與態度。目前我將近七十五歲，於二〇〇九年年底從大學退休了，但我希

望退休後，還是繼續從事自己喜歡的工作。這並不是日本、中國或美國文化上的看法，而是我自己的人生觀。

一個人生，三種文化── 中國、日本、美國文化對人格形成的自我分析

第二部

整體分析與總結

第八章

文化影響人格的自我分析與評論

　　從第一章到第七章，我把一生裡所經歷的經過分別敘述，說明我如何先後接受日本、中國與美國文化的影響，日後也接觸多樣文化，而形成與建立我的人格。在本章裡，我將就自己的情況分別探討文化如何影響我的人格；或者說，評論到底我的人格隨著文化背景的不同而如何形成、變化與發展。所謂「人格」（personality）包含很多，包括自我的功能、情感與認知、對現實的處理方法、人際來往的方式、道德與價值觀、群體的認同、適應困難的模式、對人生的看法等等。讓我逐一說明與分析。

自我的觀念、認識與信心

　　所謂「自我」（ego），指的是一個人對自己的感覺、看法與觀念，包括自己跟他人間所建立與維持的人際關係與心理界限、對外在現實的處理能力，以及對自己的表現的感觸與信心。「自我」這名詞與觀念源自於精神分析，用來跟「超我」（superego）及「原我」（id）相對而稱呼，是執行自己能力的精神功能，對上要接受超我的道德性批判與管理，對下要滿足與處理原我的慾望與本能，對外則要處理與應付現實的「我」的功能。自我的觀念是隨年歲而發展，同時也就環境的不同而產生不同的自我觀念。

自我的界限

　　自我的界限，指的是「自己」跟外人之間所建立並維持的關係上的心理界限。這是觀念上的隔閡，是跟自己的家屬、親人、朋友、同事或陌生

人之間所保持的各個心理上的距離與界限。這種自我的界限隨著兒童的心理發展而有所變遷，即：從跟自己的主要養育者（如母親）保持密不可分關係的嬰兒時期，逐漸長大而慢慢建立「自己」的觀念與維持跟他人有界限的孩童階段，然後到達要求自己獨立，跟他人保持明顯距離，要求自我界限，保有隱私權利的青春期，是普遍的心理發展過程與現象。可是隨著社會與文化背景的不同，會形成不同的自我界限的狀態。一般來說，注重群體關係取向的社會與文化系統（例如：亞洲傳統社會），常常保持自己跟周遭的家人、親友們比較含糊層次的自我界限，不講究明顯的劃分；可是在強調個人獨立的社會與文化系統（例如：西方的美國），就主張自我跟周圍的人，包括家人有明顯的界限，不受他人隨便的侵入或干擾。

例如：父母隨便打開孩子的信，或大人不太在意地打開鄰居的信箱看看（或擺放廣告的東西），或同事不在時，進入同事的房間看檔案或借用東西，這都是不講究自我界限的行為與習慣。我小時在主張群體為上的日本文化環境裡，或在喜歡家人或親友很親近的中國文化環境裡長大，就不太注意個人的獨立性，也不強調要建立自我與他人間的明顯界限。跟自己要好的朋友可以隨便伸手去拍一拍，也可以牽著手或把手擺在朋友的肩膀上，很親近地在馬路上一起走，並不覺得有什麼問題。家長翻看孩子的日記或拿孩子房裡的東西，也沒有什麼不對。可是長大成人後，長年生活在注重個人獨立的美國文化環境裡，就要很注意並更改這些觀念與習慣。身為父母的要知道：假如孩子已經長大為青少年，就再也不能向診治子女的兒科醫師探聽有關自己青少年子女的身體情況與問題，因為兒科醫師必須向父母保持青少年個人隱私的規定。父母未徵得子女的同意，也不能隨便進入他們的臥室或打開抽屜看私人的東西，這是尊重子女個人的表現與習慣，是自我界限要隨文化系統而變更與調整的例子。

自我的表現

除了自我的界限外，還要隨著文化系統而調整自我的表現。在注重群體關係的社會裡，並不鼓勵你多表達自己的「個人」意見，要多聽從大家

的意思。假如一個人過分表達自己的意見，就會面臨「出頭釘，被挨打」的結果。假如在強調重男輕女的社會裡，女的話說得多，就會被罵是「母雞學公雞叫」。可是在主張個人獨立的社會裡，假如你閉嘴不敢表達意見，就會被人批評是「被動」、「消極」、「不參與大家的討論」、「沒有自己主張的懦弱者」，還得練習開口講話，才會被大家尊敬。在美國的社會裡要盡量表達自己的意見，參加群體的討論，可是要學習如何適當而有要領地表達，提出對大家有用的意見，而不要只為了說話而說話，否則會被人批評是稻田裡的青蛙在叫，吵鬧不停而沒意思。

如何使用言語來表達自己的意見，如何溝通來說服對方，並尊重大眾的意見，是民主社會的基本要求。假如還要動手攻擊對方、傷害別人，就猶如小孩的幼稚行為，會被文明社會的人看不起，是不成熟性格的表現，也是不懂民主的社會行為。

裡與外的不同表現與轉換

自我的表現在文化上還得考慮對裡與對外是否保持一致的情況來表達的事情。在講究客氣與禮貌的日本社會，一個人從小就學會在公眾場合如何在他人面前說客套話，如何有禮貌的回答；一旦回到家裡或在私人場合，就可以比較隨便吐露自己的本意、說實在的感覺，很明顯有裡與外的兩套方式。例如：日本人白天上班時跟上司或同事要恭敬有禮地對待，但夜晚到酒店一起喝酒，就可以很隨便，翌日早晨回到辦公室，又得恢復很恭敬的談話態度，是裡與外的兩套表現的例子。因此，要懂得如何隨裡與外的場合與情況隨時適當地轉換行為。中國人也多少有類似的情況，例如：對外講客套話、家醜不可外揚，這些都是我小時候需要學習的自我表現方式。可是長大成人到美國後，才發現這種裡與外不一致的行為，容易被美國人批評講話「虛偽」、「不實在」、「太做作」、「不老實」，因此就得練習如何盡量能裡外一致，在任何場合都說一樣的話，不會隨四周環境或處境而改變自己的意見或說法。

自我的獨立與依賴

隨著如何表達自己，在文化上需要逐漸調整自我的獨立、如何適當地依賴他人等。小時候，我在強調權威的日本文化下，無形中養成要絕對遵從權威、依賴群體、被領導者照顧的心理；但到了青少年時期，在中國文化環境裡，則要小心學習跟權威者如何保持關係，練習跟別人保持適當的依賴，而且得懂得隨情況做恰當的調整，隨機而處；可是到了青年期、成人期以後，就開始在美國文化環境裡，經常被提醒要注重自己的立場，強調獨立，盡量避免依賴他人的習慣。可說是一百八十度的轉變，跟他人過分親近、太依賴，就會被批評是懦弱、沒出息。

自我的信心

談到自我，還得提自我的信心，這在注重個人的社會裡，是很重要的。可是對移居到異文化的移民者來說，很容易遭受自我信心的挫折。對我來說，剛到美國社會時，我看到美國人都開車，連掃地的工人都自己開車，而我卻連破車都沒有，想到哪裡都只能徒步或坐電車；一想到美國同事一個晚上就可以念三、四篇被指定的文獻論文，並在討論會裡可以侃侃而談，輕易地發表自己的意見，而我要拚命翻字典，一個晚上頂多能念半篇文獻，而在討論會時，自己常躊躇不敢發言。因為這些情況，我總覺得自己是用「左手」（非強勢的手）跟別人競爭比賽，無法充分發揮自己的強勢能力，因而覺得自己很吃虧，也影響自我的信心。這種自我的信心要等到後來逐漸有所成就以後，才逐漸培養起來。

這種自我的信心跟民族的信心有密切的連帶關係。假如自己的民族很弱小，經常被大民族欺負，就無法建立對自己民族的信心；自己的國家或民族強大，就會有充分的民族信心，間接也增加對自己的個人信心。

情感的經驗與表現

早期的情感與感覺的銘印

　　情緒常是在早期經驗就銘印下的一些切身反應，會遺留很久，不會很快消失。例如：我小時候聽到日本當時很雄偉的「零式」戰鬥機的引擎聲音，就會感到很興奮，而現在假如在電視上看到日本的「零式」戰鬥機，特別是聽到它的引擎聲（不管腦子裡如何提醒自己這是侵略亞洲與我們祖國的日本飛機），心裡還是會想起當時我們喜歡且嚮往的情況，難免會感到興奮。相反地，小時候看到美國 B-24 轟炸機，聽到其引擎的聲音，曾經感到很害怕，而現在假如在電視上看到 B-24 轟炸機（即使腦子裡提醒這是美國友邦的飛機），馬上還是會回想到在小學上音樂課時，被練習辨聽低調的轟轟聲音，或是轟炸過我們的飛機聲音，而感到害怕。換句話說，這種早期被銘印下的情緒反應，到了數十年後的成人，仍是如此，無法輕易更改或減少。

　　可是有些情感的反應是我們成人後，還可以繼續烙印下來。特別是創傷性事件連帶發生的情感反應，仍可以被烙印下來，日後持續很久。譬如，我在美國一人過耶誕節，而感到孤單與寂寞的情緒，到日後數十年都還不容易消失，每到耶誕節的季節，聽到耶誕節的歌聲，（條件反應似的）我就不知不覺地產生寂寞的感情反應。

　　談到知覺的回憶，我到美國以後，在一開始的數年裡，經常想念小時候吃慣且喜歡吃的中國小吃，而且時時很想回臺灣。例如：小時候在（臺南）家鄉吃過的粽子、擔仔麵、魚丸湯或在大學時喜歡吃的牛肉麵，都會讓我很想念。可是來美國四、五年後，也就逐漸不那麼想念了。另外，我小時候未曾吃過餃子，跟徐靜認識後，才學會包餃子、吃（北方人常吃的）餃子，但還是比較喜歡吃（南方人的主食）米飯，可是經過十幾年後，也就漸漸喜歡吃餃子了。同樣地，（在臺灣）當兵受訓期間，早餐不是很習慣吃饅頭，可是時間一久，也就逐漸習慣，不會那麼吞不下了。

　　目前，我比較喜歡到日本餐廳吃飯，並不只是我小時候常吃日式飯菜，而是由於日本的飯菜比較不油膩，對我這個年紀的人，是比較健康也合口味的飯菜，自然而然地，也就比較喜歡吃，表示口味可以逐漸變化。

　　談到情感的表現，倒是會受文化的左右與影響。我們小時候在日本老師的訓練下，練習面對困難時，要咬緊牙根，緊握雙拳，不表現出（痛苦或害怕的）情感。日本人還說，厲害的武士即使是空腹，也要咬著牙籤裝成剛吃飽飯，不讓敵人知道自己空腹的弱點；可是中國人並未要求這樣控制自己的感情或隱藏自己的感覺。至於美國人，則會鼓勵你率直地表露自己的感覺，想哭就哭，覺得受欺負，就表現出不滿意，甚至發脾氣，要能把自己的內在情緒表露才是好漢的表現。

　　日本人不但不鼓勵表露情感，還不贊成向他人表示讚許的感情，尤其是對配偶或孩子，不輕易表露喜愛的感情，也不表示感謝，認為向配偶開口表示感謝或表露親近，便像是在對待「他人」，感覺很肉麻，而不是對「自己」親近人的情感反應。中國人多少也有這樣的傾向，可是比較沒那麼嚴重。至於美國則很講究要向配偶或子女表露自己的感情，也要時時誇獎他們，包括在他人面前也一樣。這是文化對感情表露所持有的不同看法與態度。我在美國生活，也就逐漸養成要樂意誇獎他人的習慣，這對我的人際關係有很大的幫助。

　　最後要說的是，姿勢與談吐的習慣。在不同的社會與文化背景，會訓練並養成你對姿勢與談吐的特殊習慣，跟言語、溝通方式及跟人來往的模式一起配合，而形成與表現一套行為模式。認識我的朋友曾經注意到，當我用日語跟日本人談話時，其語調與姿勢就變得很像日本人（不像中國人），聲音變得很大，講話很清楚，表現出我小時候被日本老師訓練跟別人談吐時必須大聲講話的要領。可是當我用中國話跟中國人講話時，又是另外一套模式，講話比較柔和，不再像日本人講話那麼大聲。而最近我用英文講話時，發現自己比較喜歡隨時開玩笑，不知是我年齡的關係，或是學了美國人講話時要開玩笑的習慣。

　　最近，有一次我見到一位長年認識的歐洲同事，我遞給他名片時，只

用單手遞給他名片，這位歐洲同事是國際有名的學者，常到日本和中國開會，當他看到我遞名片的動作時，開玩笑地說，我沒有像日本人那樣恭恭敬敬地用雙手遞給他名片，認為我已經不像有禮貌的東方人。我被這樣一指點，就發覺自己的社交行為方式，的確在無形中脫離了比較客套而遵守禮貌的（東方人的）習慣，變得（美國人似的）比較隨便了。

認知與知識的成長

所謂「認知」，指的是我們的思考、認識、了解與所得知識的綜合稱呼，是用來跟情感或行為相對指稱的人格的一部分。為了討論文化如何影響我的認知發展，首先讓我說明我所接受的教育方式。

認知與教育方式

日本教育：我在小學一年級到四年級所接受的日本教育裡，記得課本上的內容常談到日常生活的事情，也牽涉到情操的層次，例如：看到鄉下農田的稻草如何被風吹得搖擺，農夫如何辛苦收割稻米等，讓你從文章中體會生活的細節，也體驗生活上的情節與情操，對心理上的發展有幫助。

可是有些故事是用來強調忠義的道德感。我在第一章已經提過，小學的教科書裡也講「忠犬」的故事，說明一條狗的主人去世後，那條狗仍照樣天天到車站等主人，被表揚是忠義的狗。另外一個故事是「君之代（國歌）少年」，內容描述某地方發生地震，有個男孩被壓在房子底下，臨死前，這個男孩還唱日本的國歌，表揚忠心於國家與天皇的少年。另外還有「桃太郎」的故事，桃太郎長大後，就率領他的隨從（狗、猴子、鳥），一起划船到海外的鬼島攻打島上的鬼，並把島上的寶藏帶回家。用這樣民俗性的童話故事配合當時日本軍閥所主張的戰略，即南下攻打南太平洋諸國，用以爭取日本所需的物品及工業材料。

中國教育：跟日本的教材相比，我記得在中學時所讀的教材，多半是需要記憶的。國文課本裡的課文，除了一些是名人所寫的抒情文，例如：

（徐志摩所著的）〈我所知道的康橋〉或（朱自清所寫的）〈背影〉外，大部分是四書五經裡所挑選出來的八股文，而我們念的目的就是學習如何翻譯成為白話，並了解意義及背誦，可說是填鴨式、灌輸既有的（傳統）知識的教育，不太要求動腦筋思考。在中學念國文時，老師有時會出題目讓學生寫文章，可是題目卻很呆板，例如：「如何孝敬父母」、「如何反攻大陸」、「我的將來」等等，還好我到了大學一年級後，上國文課時，我們的教授叫我們寫文章，雖然仍有指定題目，但讓我們可就自己喜歡的任意題目而寫。很慶幸我大一的國文教授（當時任文學院院長的臺靜農教授）很欣賞我自由發揮而書寫的文章，常給我打很高的分數。這是我意想不到的事，這樣讓我自由選題目書寫作文的事，倒是訓練我日後發揮自己的思考而書寫的習慣。

談到當時的中國教育，還得提三民主義的課程。為了提高我們對政治思想的培養，我們在高中第三年及大學一年級都要上三民主義這堂課，要了解到底三民主義是什麼。要提高我們年輕人的政治觀念與思想原本是好的想法，可是問題是如何教，如果只叫大家填鴨式地背，考完就忘記的教學方法，可說沒有達到其功效。假如要強調民主，從小就宜訓練如何進行競選，開會要如何討論並做決定，並且如何遵守法規，聽從眾多的意見。美國的學生到了當地社會進行選舉時，也會在學校裡叫小學生舉行模仿式的選舉，讓學生們自行推舉候選人，進行競選，學習民主。假如議會將討論並議決重要的問題，學校也舉行模仿式的小型議會，練習把全班學生分為兩組而相互討論、議決，練習議會的開會過程，熟習討論與表決意見的方式。這樣長大後，就不用在議會裡開口罵人或動手打架，表現粗野不懂民主的行為。

美國教育：我沒在美國上過中學或大學，包括醫學院的博士教育，只接受博士後的住院醫師的專業訓練，因此我對美國的小學、中學或大學的教學課程或方法並不熟悉。但我倒是從小孩上小學時所經歷的事情而有所感觸，先前（在第五章）已經提過兩件事：一件是小女兒還是小學三年級時，有一天從學校回來，問我隔天能不能到市警局見負責少年犯罪部的員

警，讓我聽了嚇了一大跳，腦裡還以為小女兒犯了什麼行為問題，居然還叫父親到警察局找員警。後來才知道，原來學校在上「社會學習」的課，她選擇的題目是了解檀香山當地少年犯罪的情況，她自己打電話向員警要資料，可是她不知道警察局在哪裡，所以拜託我開車去拿資料。另一件是當我們這個小女兒到了小學六年級時，為了社會學習還策畫一項研究，即：不同的民族背景的人對笑話的了解與喜好是否有所不同。她自己選定了若干不同種類的笑話，分給不同民族背景的人看，並蒐集他們對各種笑話的反應與評論。由於她不容易找到大人接受這樣的問卷調查，所以請身為父母的我們幫忙，找我們大人的朋友參加這樣的問卷研究。經由這兩件事讓我體會到，美國的教育很注重實際，鼓勵學生從現實生活裡探討所需學習的知識與經驗，也鼓勵個人能自我發揮。

等到我接受美國住院醫師的博士後專業訓練時，我體會到兩樣特點。我們被指定閱讀一些論文，然後在討論會裡，由大家彼此提供閱讀論文後的見解與感想，而教授只做簡單的指點，並提供其看法。這是很能發揮個人能力的做法，主要目的在啟發自己閱讀、思考、消化，並發展自己的見解與想法的習慣。我從這樣的學習方法中得到不少益處，對我日後學習學問也很有幫助。另外一個特點是關於個案的督導。精神科裡被訓練的住院醫師要向督導的教授報告所治療的個案的會談與治療過程，再由督導教授給予切實的批評與意見，討論如何改善會談的要領與治療的過程。這跟過去日本或中國的醫師們拚命閱讀翻譯的書或論文而談論學理的情況不同，是注重現實與實際經驗的教學方法。

認知的成長與存留

談到認知，還得提經由認知而學習到的知識如何在腦裡留存，如何累積與運用的問題。經由與言語有關的認知資料，我可以說明我們認知上銘印下來的智慧是如何運作。例如：我們小時候經由日語而背下與算術有關的乘法心算，如三乘三是九（sa zhang ga ku）、五乘五是二十五（go go ni-jiugo）或八乘九是七十二（hachi ku nanajiu ni），都是經由日語以歌詞似的

方式所背下的心算乘法。我一直使用這樣經由日語而背下的乘法心算，結果我發覺到了大學（臺灣光復後十年多），我要使用乘法心算時，在我腦子裡還是用「日語」來進行心算比較熟練，按日語的發音與當時被教而背下的歌詞似的演算法而說「sa zhang ga ku」（三乘三是九），或「hachi ku nanajiu ni」（八乘九是七十二），很熟悉且快速。假如改用中文說「三三得九」或「八九七十二」就比較遲緩。到了後來，長大成人後，習慣講中文二十年後，才無形中有時轉換用中文做心算。雖然日後長居美國，卻一直都沒改用英文來做這樣的乘法心算，還是用日語或中文背下的心算歌文來做乘法計算。

言語與措辭的使用

言語的學習與使用

我這一生裡，學會使用三種全然不同系統的言語，即日文、中文與英文。這三種言語不但所使用的言詞、字句與發音不同，且基本的文法結構也不相同，是全然不同的言語系統。（同樣的中文，我通國語，即北京話以及臺灣話，也就是閩南話。但這兩種話只是發音不同，文法結構大致相同，是屬於同一類的中文言語。）

日文是我小時候使用的言語，到十歲為止，我都使用日文交談，但畢竟是使用孩童所用的措辭來交流。由於我從小喜歡念書，戰後，到了青少年，還繼續念大人的日文小說或書本，因此，對大人使用的日文措辭也多少能了解與使用。可是日文的會話，在大戰一結束，就沒再繼續使用，只是日後必要時，偶爾使用。雖然我可以用基本的日文交談與會話，但我從未住過日本，對日本的生活習慣不很熟悉與知曉。換句話說，懂言語但不等於懂文化與習慣。因此，也曾經鬧了笑話。

當我三十一歲在美國第二年的時候，有一次我跟徐靜以及美國朋友一起從波士頓開車到紐約，到紐約時，天色已經很晚，接近八點多。我們到

一個人生，三種文化——中國、日本、美國文化對人格形成的自我分析

一家日本餐廳吃晚飯，由於美國朋友知道我會講日本話，就叫我點菜。老實說，到那時為止，我實際上都沒上過日本餐廳，也沒有點過日本菜的經驗與知識。我看了菜單，就像點中國菜一樣，從菜單裡點了好幾道菜。我是用日文向服務員點菜的，哪知我還沒點完，那位穿著日本和服的服務員卻板著臉，用很兇的日本話罵我，說我是日本人但一點都沒替日本人著想。她說已經是晚上八點半，再過半個小時餐廳就要打烊了，還點了那麼多小菜，會給廚師添麻煩（事後我才了解，菜單上還分主菜、前菜、小菜，而我沒簡單地點幾樣主菜，反而點了許多小菜，害得廚師不容易趕時間準備）。我被服務生用日文罵了以後，我就趕緊改用英文表明我不是日本人，不懂如何點日本菜，不要罵我。

另一個故事是我在四十歲左右，有一次被日本東京大學邀請去演講。我原先所準備的是要用英文來演講，可是快上臺前，介紹我的日本教授（沒有事先向我說明與取得我的同意）就向數百名聽眾說我會講日文，今天將用日文演講。結果，我很不好意思，只好用日文演講。哪知講不到半小時，我的舌頭就開始轉不過來，好不容易講完一個小時的演講。其困難的理由很簡單，因為會話跟正式的演講有所不同，必須使用很多專用詞句，而我不懂，只好用英文的專用名詞演講。另外一個困難就是正式演講的講法要很正式，所使用的詞句與字句的結構要不同。最糟糕的是日本的言語裡，常要使用客套話，也就是所謂的敬語，而我不習慣，也不會用大人的客套話來演講。事後，我還獲得一個教訓，普通會話跟正式的演講要使用幾乎不同的言語，而我從小沒學過如何以大人的講話方式進行正式的日文演講。同樣是日文，但我所學習的是孩童階段所使用的會話，而不是大人所用的演講言語。

到了五十歲，我跟日本同事合作，從事日本戰爭孤兒與中國家屬回歸日本後適應的追蹤研究時，我被邀請在日本住了一個月籌畫研究的方法，而我利用時間還學習如何使用日本的電腦來書寫日文的研究計畫與方案，然後再請日本同事給予文辭上的修改。可是時間一過，就沒機會再使用電腦書寫日文，其能力也就衰退了。目前，要使用日文跟日本人交談，也覺

得很吃力，更談不上書寫日文了。

　　至於中文，是中學、大學時代所學的，而且跟徐靜生活在一起，天天講中文，因此我的中文還不錯，只是書寫文章時，只能用通常的話來書寫，不會使用古文的措辭來表達，可是學習著寫中文的書以後，慢慢也就愈來愈進步，特別是學會用電腦來書寫後，就更容易且快速了。

　　至於英文，在初中三年、高中三年、大學一年，總共念了七年的英文。可是根據當時在臺灣的英文教學方法，都是在學習閱讀、翻譯、分析文法，很少學習英文的普通會話。因此來美國後，起先我覺得很吃力，再者，我一直保留有中國腔調的英文發音，文法也不完整，寫報告或論文時，總要靠美國人替我修訂文法。可是因為這樣，我就盡量學習使用基本的措辭、簡單的字句來表達與書寫，結果被批評說我的英文書寫得很容易了解，這也算有其好處。

言語的選擇與交換使用

　　言語不但是用來溝通，還是知識與思考表達的工具，也代表我們的思潮與想法。我在不同的年歲學習並使用不同的言語，也就藉不同的言語表現不同的思考系統。換句話說，可以經由不同的言語來追蹤到底我使用哪個思考系統來處理情況。

　　我可以自己觀察我的腦子裡，到底是用什麼言語在思考、做推想，也可以觀察到言語的選擇與轉換的精神現象。例如：幾乎在同一個時間裡，我的腦子可以向自己用日文說：這件事情要「ganbate yaru」（要努力去做），但也可以接著說：假如事情很困難，只好（用中文說）「聽天由命」，或用英文說：「Do my best」（盡自己能力而做）。也就是說，在短短的一剎那間，我可以用日文、中文與英文表達三種思想，而每個思想也都會隨著言語的不同，表達了三種不同處理問題的方式，表現不同的價值觀念，讓我自由地徘徊、選擇與轉換。可見在我的腦子裡，建立並存有三種系統的言語，以及跟言語有連帶關係的思想、觀念與價值系統，讓我可以適當地選擇使用。也可說我的腦子裡變得比較豐富，存有比較多的思考

上的資料與方式，可以隨意去選擇使用。猶如一部電腦中隨著程式的選擇，而可以啟動不同言語的程式來書寫文章似的，是多功能的電腦。

有趣的問題是，我如何從這些不同的言語與思考系統裡選擇與轉換的問題。換句話說，是哪個系統會被選擇而使用，發揮其作用。根據我的推測與分析，可能要看我的哪個言語與思考系統比較經常被使用，或比較有作用，而被選擇出來使用，是根據「使用與不使用」的使用原則，以及「有效或沒有效」的效果原則。

例如，我最近將到日本開會，我看電視時，就盡量看日本的電視節目以溫習我的日文，結果，我隨著日文而來的思考與情感反應也就逐漸明顯恢復。可是假如我將書寫有關中國的事情，而念中文的書、書寫中文的文稿，我的思想也就被刺激依靠中文來思想。英文也是如此，多念英文書或看英文的電視節目，我的英文及伴隨的英文思潮也就鮮明起來。如此一來，不僅是言語，還會同時表現跟言語有關的思考方式、想法、連帶的情緒與價值觀念。

我已經說明過，言語不但表達思想，還連帶地表現慾望、感情、姿勢與行動，是一連串的系統表現。我用日文演講時，不但是我所說的言語，連我演講時的姿勢與動作，就表現得很像日本人在講話；可是假如我改用英文演講，我所用的措辭、觀念、語氣與姿勢，就變得比較像美國人在講話，會全盤而轉換。

最有趣的是，當你作夢的時候會使用哪個言語。事實上，當你在深睡而作的夢，照理沒有言語，只有衝動、感覺與動作；而要在淺睡幾乎快清醒時，所作的夢才會有言語。

我小時候是否作過使用日語的夢，我毫無記憶，我只記得夢過小時候經驗過的一些創傷事件，例如：我小時候（可能是三歲左右）在馬路上迷路而哭，被人發現而帶回家；或是自己掉到溝裡踩到玻璃破片，把腳割傷的事情等等。到了青少年以後，我常夢到小學或初中階段的故事，我特別記得的是，當我還是醫學院三年級時，念了精神分析家佛洛伊德（Sigmond Freud）所著的《夢的解析》，可能是受了念書的刺激，當時我就作了許多

夢，而我還特別練習如何去分析。我特別記得的是夢到鐘的指針指著六點，而旁邊有竹子開著花，我就憑自己的想法進行分析，進而考慮到底是代表什麼事情。假如我所作的夢有言語的話，一定是使用中文，但最近我很好奇並關心我目前所作的夢是使用何種言語，在經由我的注意後，我發現我所作的夢偶爾是使用英文，表示在我的深層精神活動裡，已經有英文的活動與存在。可是這是經由天天使用英文思考數十年後才發生的現象與結果。

措辭與表達系統

由於不同的言語系統使用不同的詞句，經由不同言語系統所使用的不同詞句，而可以了解不同的思考與價值觀念，是個很方便的研究與探討方法。最好的例子是可以就不同社會，經由不同成語所表達的不同思考與價值觀念進行比較。

例如，關於人際關係，日本有些成語說：「在地獄碰到阿彌陀佛」（意指困難的時候，有緣碰到救星），表示平時要結交好朋友，到時候才有朋友或貴人相助；可是也說「抹佛像，抹三次」，表示不能總求人幫忙，即使阿彌陀佛也只能求救三次，不能總是麻煩他。這代表尊重人際關係的社會與依靠朋友與人情來維持關係的社會裡的警語。

中國人關於人與人關係的成語裡說「千人口水可淹死人」，表示要注意別人對你的想法，別人的評論會嚴重影響你的處境；但中國人也說「千尺深崖可到底，一寸肚皮難猜透」，表示人與人的關係很微妙，不能全然相信他人。

至於美國或英國有句諺語說：「不要查人家送的馬的牙齒」，說明別人既然送了馬，就不要再查看馬的牙齒，看馬是否老了，只能信任朋友、樂意接受禮物；他們也說：「不要彈奏誠實的樂曲，否則會被人用樂器打你的頭」，表示誠實雖然是很重要，但過分標榜或講求誠實，就會惹別人討厭，需要適當而止。這些成語的不同，表示隨著言語而表達不同的價值觀念、想法與待人接物的人生態度。

人與人的關係

私人間的人際關係

從私人的人際關係上來說，我們可以結交不同的朋友，例如：終生有義理的朋友、知己與捧場的朋友，或隨機結交的短期朋友。我在小時候，被日本老師教導要懂義理，要能忠誠地結交終生的好朋友，維持一生的朋友關係。可是等到長大後，中國的社會逐漸告訴我，要交些比較知己的朋友，必要時可以幫助你、捧你的場，但不要太認真，因為朋友也是會變的。到了壯年階段，在美國長居以後，我才領會到，在以個人為取向的社會裡，並不那麼講究結交終生的知己，只要隨機會認識並結交一些臨時的捧場朋友，不要求是長期而是短期的朋友，隨時因時間與處境而更換。

社會性的人際關係

我已經說過，在注重群體與權威的日本社會，我從小就被訓練要跟群體合作、尊敬權威者；群體合作是最重要的事情。太注重自己、表達個人意見，就不被群體欣賞，容易被驅除；一生要在一個公司或單位做事，很少想換到其他公司或單位做事，是終身的契約。中國人雖然也注意群體關係，但同時也多少容許個人的存在，在跟他人的關係裡，合則來，不合則離，並不嚴格要求。孔子說：「君子和而不同。」看情形，必要時一個人可以換單位或工作的機構。至於美國社會，就以個人為基礎，但要求要適當地尊敬他人，也期待別人尊重你。合得來，就在同一個單位做事；但合不來，可以隨時改單位或換機構做事。

跟權威者的關係

針對日本、中國、美國的三個文化系統來說，最顯著的差異就是對權威者所要保持的關係，分別影響我人格上的性質。我已經先後敘述過，在此再綜括性地說明。

絕對服從（日本）：這是我在孩童時代被教養的觀念，要聽從上級的命令，不得有所反對。我們在小學三年級時，在學校冒雨挖防空溝，老師叫我們全班學生脫光衣服去挖，我們就全體脫光衣服，光著身子去挖。雖然老師並沒有脫光衣服來跟我們一起挖，但我們不許有任何意見，只能絕對服從。戰爭末期，在我國東北的日本市民被命令集體服用毒藥自殺，以免被入侵的蘇聯軍隊羞辱；或者在太平洋塞班島的市民被命令從萬歲山崖跳下集體自殺，都是這樣被訓練絕對服從才會發生的特殊行為與極端的群體現象。即使你的想法或行為是對的，例如：在歐洲發給逃難的猶太人簽證逃出德國的日本外交官，他的決定與所採取的行為是很富於人性的，但以當時的時局來說，是違反日本政府與德國政府的反叛行為，是不遵守權威的壞行為，得不到政府與國人的諒解。

上有政策，下有對策（中國）：中國也很強調要尊敬權威，特別是對自己的家長，要聽從地方長官的命令等等，但俗語說：即使是皇帝，假如不遵從天意來照顧老百姓，老百姓也可以造反推翻不好的皇帝。也就是說，上位者跟下面的人是相互的關係，下面的要聽從且尊敬上位者，可是上位者也得照顧與愛惜下面的人；並不是單方面的關係。假如權威者發出的政策是不合實際或太嚴厲，底下的人可以斟酌情況而應對其政策，因此，可有其彈性。我在青年成人階段（在第四章裡曾說明），當時受到科裡主任的強制且無理的規定，壓制年輕人不許出版教科書時，我就想辦法以徐靜的名義出版書，使需要中文教科書的學生們受益，是「上有政策，下有對策」的適應辦法的好例子。

對上輩可建議與批評（美國）：到了美國，雖然是強調平等與民主的社會，還是需要聽從上級的命令，遵守社會的法律。可是假如權威者表現不好或有錯誤，底下的人可以隨時提出批評，要求改善，甚至要求下臺。美國的尼克森總統就是犯法而被趕下臺的好例子。我在科裡得到主任不合法的對待，我就向院長報告，必要時還可以上法院告他是不講理沒道德的權威者，這是美國社會提供一般人的基本權利，是保護人們的好處。

對家人的關係與看法

隨著文化系統的不同，再加上社會的變遷，對家的觀念與家人的關係也有不同。在此也簡單說明如下。

君主為主，家族為次（日本模式）：隨著長年的幕府政治與社會習慣，日本人被教養而信奉君主是最高的權威者，雖然家庭也很重要，但在權威者更重要的觀念與制度裡，家庭有時還得犧牲。日本有名的傳統故事中，有四十七個武士為了報復自己君主被侮辱的仇恨，還得犧牲自己的家庭，包括個人的生命而去報仇，被讚許是可敬佩的忠貞武士行為。日本的神風特攻隊隊員也是同樣犧牲個人的生命、拋棄家人，而從容就死，是日本對家庭與君主觀念有上下明顯區別的極端且典型表現，也是我小時候被灌輸的觀念。

家為主，親子為軸（中國模式）：相對來說，中國人認為家庭最重要，三綱裡主張先齊家，然後才能治國、平天下。從家庭系統的角度來說，家庭的人際關係是以親子關係為最主軸，是靠父親傳給兒子的家，可是在情感的層次裡，母親跟兒子的關係卻是最密切，而父親跟兒子就沒那麼親近。例如：古代的二十四孝故事，多數都標榜兒子孝順母親的故事，表示親子關係在實際的家庭關係裡，母親很重要。

個人為主，夫妻為軸（美國模式）：在現代的美國社會，個人是最重要，家庭其次，包括婚姻關係。在家庭的人際關係裡，並不是以親子為軸，而是以夫妻為最主要的人際關係。夫妻間要彼此相愛、尊敬，並要時時表現情感的要好，維持夫婦間的感情，否則容易面對離婚的威脅。

綜觀我的一生，對家庭的觀念要隨著不同社會與文化系統的不同，再加上時代的變遷而做緩慢但不時的調整與更改。特別是到了初老階段，更特別感到老夫老妻的關係最重要，如何相互地幫助與體貼，以度過人生的最後階段，是重要的心理與生活上的課題。

道德感與價值觀

　　很清楚地，在我所經歷的日本、中國、美國的社會與文化系統裡，所標榜與強調的道德觀念與社會的價值觀有顯著的差異，我需要隨著社會與時代而接受並調整。

　　日本「忠與孝」的道德觀：我說過，在我小學的禮堂裡，在講臺兩側就分別掛著「忠」與「孝」兩個大字，表示這是當時在日本的文化系統裡最重要的道德觀念，要遵守與發揮，並符合強調縱的關係的日本社會。

　　中國「忠孝、仁愛、信義、和平」的八德觀念：臺灣光復後，我發現中國所標榜的道德觀念除了忠與孝以外，還主張仁愛的精神，要講信義，也要注重和平，是講八德的社會。五常裡提倡仁、義、禮、智、信。特別是讀孔儒的四書，能體會到仁愛是最重要的基本人性的出發點，是最被強調的道德觀，是對人人的共同要求。

　　美國「自由、民主、獨立」的價值觀：很顯然在美國社會，注重建立國家時的基本口號與理想，是強調自由、民主、獨立的社會。注重的並不是人為的權威，而是社會眾人所訂的法律與規矩。法律與公約在必要時可以經過辯論與投票決定是否要更改，但在沒有更改之前，人人都被要求遵守。

　　假如利用精神分析的觀念來說，我在我的一生裡，經由外在環境與社會的道德觀念，透過吸收的過程（即內射作用）而形成我主觀道德觀念的「超我」。而在我的超我裡，包含這些不同時代而吸收的各種道德觀念，影響我的整體道德感與價值觀，彼此間並沒有太大的衝突，能夠和諧地存在著，隨時適當地發揮各個不同的主張與作用。

民族感與認同

年歲與民族感的發展：從孩子們的觀察結果

隨著年歲的增長，一個人對自己的民族的認同會如何發展，並形成人格的部分，是學術上令人感興趣的課題。一般來說，大家認為早在孩童時期，其民族感就會逐漸萌芽，到青少年時期就開始比較清楚與加強，而到成人階段就穩固下來。可是這種民族感的形成與加強，會隨許多因素而有所變化，包括：自己民族跟其他民族是否有相互比較，甚至是衝突的情況，社會對民族感是否有強調的情況等等。換句話說，跟所經歷的現實情況很有關係。

我曾經描述過，我的小女兒在三歲時，在多民族的夏威夷第一次上托兒所，回來後報告托兒所裡的小孩都是「中國人」，只是有的是黃頭髮、藍眼睛，是表現在三歲左右的孩童眼中，隨著所接觸的環境與情況，根據身體外觀而體會與描述的民族感的萌芽。我們八歲大的孩子從臺灣移居到夏威夷後，第一年在學校裡畫的自畫像，誇張性地畫自己的黑頭髮，是當時他在八歲時對自己的民族感的注意與表現。我的三個孩子在上小學的階段，在學校裡所交的朋友都是多民族的，不太劃分是歐裔白人或是黃種族或黑人等。在家裡舉辦他們的生日派對慶祝生日時，他們請來的同學們都有各色各樣民族背景的同學與朋友。可是到了初中或高中，無形中就減少了白人朋友，多數是東方的黃種族朋友，到了大學或畢業後，又開始結交各種民族背景的同學、朋友或同事，表現經過不同階段如何與其他民族背景發生社交性來往及對自己民族意識的變化。

民族感的認同與表現：自己的經驗

我自己的一生裡，跟不同的三種民族有所接觸，依其先後關係，經歷了不同的民族感的經驗與階段，讓我分別敘述。

對日本人的認同：自從臺灣被中國割讓給日本後，被日本管轄五十年

期間裡，日本政府企圖把臺灣人民「日本化」，即要求大家多學日本話，在學校不准講臺灣話，一定要講日本話，也要求大家變成是「國語常用家庭」，連在家裡也講日本話；並且鼓勵大家改名換姓，改用日本式的名字。可是我們同時也知道我們被當成「第二等國民」來對待，例如：小學、中學或高中都分為臺灣人上的學校或日本人上的學校。到了大學，臺灣人只能念醫學院，當醫師，服務人民（即屬於自己的臺灣人），但不能念法律、工程系等等，不能就政府的要職等。到了戰爭期間，臺灣人所領的糧券比日本人所領的分量要少，顯然把臺灣人當成次國民對待，更不用說，臺灣人不能跟日本人通婚。因此，雖然日本政府推行「日本化」，但我們心裡多少都明白，我們畢竟不能變成跟「日本人」一樣的日本人。因此，所建立的是部分性的日本認同。我們隨著政府的灌輸，認為中國人是「豬」，美國人是「鬼」，只有日本人才有神聖的「大和魂」。可是戰爭一結束，我幾年來被養成對日本人的認同，很快就結束，轉變為對中國人的認同。

對中國人的認同：我們小時候雖然腦子裡知道，我們的祖先是中國人，中國是我們原先的國家，但在日據時代，隨著當時的社會與政治環境，父母很少談及鼓勵我們對中國的歸根懷念。可是戰爭一結束（我十歲時），看到父親在改裝祖先神主牌並向我說明，原來我們用日本名字的「曾我」家的祖先牌後面，存放著（中國名字的）「曾」家祖先的牌；而且把我從小使用的名字更改，放棄使用「曾我敏男」的日本名字，恢復我「曾文星」的中國原名，讓我體會到我們是中國人，而不是日本人。這種變化更改很快，並沒有太大的困難去體認自己是「中國人」，只是要花點時間更改過去所認為是敵人、是「豬」的中國人是自己的祖國人；而被形容為「洋鬼」的美國人，原來是跟我們一起打敗日本「狗」的盟友，這樣的更改，在心理上要花一、兩年的時間。

至於對中國人的認同，事後並不那麼簡單與一帆風順地進行。從青少年到青年期這段時間裡，隨著在臺灣發生的「二二八事件」，本省人與外省人發生了衝突，建立了隔閡，接著在中國大陸國共間的內戰發生，再加上蘇聯與美國的冷戰開始，讓我對中國祖國及中國人的看法與認同產生許

多波折，並未對自己的民族建立強而穩定的民族感，只是以暗流的形式存在，間接地影響並培養我對中國人的民族信心。

對美國人的認同：等到我青年成人的早期（三十歲時），第一次來美國進修，跟美國朋友或日本同事接觸後，我對自己（中國人）的民族意識就特別濃厚。在美國的環境裡，處處讓你覺得中國人比較差，感到中國需要強大起來，才有辦法。特別是有時被一些沒教養的美國人或病人說：「中國人滾回去！」就會對自己民族的信心大受損傷，並且很難過。

可是，日後自己的職業發展順利，且發表許多論文，能提早升等為教授，擔任重要的國際職位，建立自己的聲望，都感到因為自己在美國社會才有這樣讓自己發展潛力的機會，逐漸喜愛美國社會，也開始喜歡認自己是美國的華裔身分，並對喜歡講道理、爭取平等、尊敬別人、為了正義而敢講話的美國朋友逐漸有正向的認同現象。

國家認同：國旗與國歌

國家認同跟民族認同有點相似，但不盡相同。國家認同是對國家政治單位的認同，對於國家的認同最具體的是表現在對國旗的看法、對國歌的感情等。因此，就我一生先後所經歷與面對的不同國家的國旗與國歌，來說明我的國家認同如何變遷。

日章旗

我小時候所看的「國旗」就是日本的日章旗，日章旗是白色四方天空裡有紅而圓的太陽，象徵日本是尊敬太陽的國家。我在小學一年級到四年級，一年三百六十五天，天天在學校參加升旗典禮，並唱（日本）國歌，畢恭畢敬地養成了對日章旗尊敬的「習慣」，且養成在日章旗底下殉難戰死是很光榮的「觀念」。可是戰爭一結束，知道歷史的經過後，我對日章旗尊敬的「感情」很快就消失，並感到在日章旗招搖下的日本軍閥曾經欺騙我們老百姓，帶我們經歷痛苦的戰爭，侵略了東南亞，也就不再尊敬了。

至於日本的國歌，我還記得怎麼唱，歌詞內容也含糊記得「*君之代，將持續千年、八千年……猶如海灘小石變成大岩石……*」可是目前我對日本的國歌一點都沒有懷念的感情，而且聽了還有點生疏與害怕的情感反應。生疏是由於其歌詞比較抽象，是用日本詩歌似的古文而寫，不容易懂；而害怕的是讓我聯想起戰爭的攻擊性與殘酷性的事情。

青天白日滿地紅國旗

我第一次看到青天白日滿地紅的國旗，是臺灣光復後，小學四年級（十歲）在學校參加升旗典禮時。青天白日滿地紅的設計是左上方（旗面四分之一）有四方的青天，中間有白色帶十二道光輝的太陽，其餘的（旗面四分之三）是紅色。當時感到有點奇異，覺得青、白與紅三個顏色配得不美，並有生疏之感。日後，小學五、六年級在學校的升旗典禮裡，要天天向國旗敬禮。六年級時，我還以學校代表指揮升旗典禮，並帶頭唱國歌：「*三民主義，吾黨所宗，以建民國，以進大同……*」，可是我那時的腦海裡，很快就發覺我們所唱的「國歌」歌詞，實際上是國父為了國民黨黨員而寫的黨歌，並不是為「國民」而寫的國歌。特別是當時我們戴的學生帽上的帽徽是「青天白日」，是黨徽，因此心裡覺得不太對，覺得我又不是黨員，只是國民，為什麼要唱黨歌，戴有黨徽的帽子。可是，在那時候的社會與政治環境裡，我們當學生的都不敢開口或質問，但心裡上也就缺乏經由國旗與國歌而來的忠心於「國家」的感情。日後，經由初中、高中，每週在講堂裡開全校的週會，我們就看到掛在禮堂臺上的國父遺像與國旗，但仍未產生強烈敬愛自己國家的國旗的感覺。

五星旗

我對五星旗的初體驗是在一九八一年，當我擔任世界衛生組織顧問訪問中國大陸時。當時我到馬尼拉「世界衛生組織亞太地區辦公室」報到後，轉飛到廣州入境，在廣州機場下機後，首先看到飄揚在機場建築物上空的五星旗，忽然覺得我進入了「敵人」的國家、闖入了（臺灣當時所指的）

「共匪」的地區，看到（臺灣當時國民政府所稱的）「汙腥旗」，令我非常緊張。經歷了少年、青年時期，十幾年的光陰，被銘印了所謂共匪的「汙腥旗」，居然出現在我眼前，我的內心裡難免有點害怕。五星旗的設計是滿旗都是紅色，左上方有（一大四小）五顆星，跟蘇聯的國旗很相似。蘇聯的國旗左上方有鐮刀，象徵工人的用具，表現以工人為主的共產黨的意識觀念。由於之後我幾乎每年都到中國大陸參加會議或講學，看到五星旗的機會變多了，對它的害怕的情感反應也就逐漸消減。到了一九八九年，我被邀請參加在北京舉行的中共建國四十週年國慶典禮時，在天安門廣場看到四周插滿了五星旗，也看到一對一對整齊的隊伍在主席臺前經過的壯觀，目睹千萬人民在高興歡呼的場景，我對五星旗的感覺開始有點轉變，不但不那麼反感，反而開始有點尊敬，並對五星旗所代表的中國近年成長與表現逐漸感到驕傲。

　　至於中國的國歌，聽說是中日抗戰期間由田漢作詞，並由當時年輕的聶耳作曲的義勇軍進行曲。曲調很有精神且好聽，但我一直還不知道全部歌詞，直到最近請教他人，才知道它的歌詞是：「起來！不願做奴隸的人們！把我們的血肉，築成我們新的長城！中華民族到了最危險的時候，每個人被迫著發出最後的吼聲！起來！起來！起來……」。最近在北京舉辦奧運，我在電視裡看到中國選手拿了許多金牌，而在頒獎典禮時，就經常聽到中國的國歌，所以對中國的國旗與國歌也就熟悉起來。

星條旗

　　我小時候看到的星條旗，是在書本或壁報上看到的，是象徵日本大帝國的「敵人」國旗。後來，太平洋戰爭結束，我們看到的是（中國）祖國盟幫的國旗。到了大學以後，常看美國的電影，也就常看到星條旗。移居美國後，還帶孩子們到首府華盛頓觀看有名的海軍陸戰隊隊員在硫磺島（Iwo Jima）戰場上勇敢地插上美國國旗的金屬雕像，還全家拍照留念。可是老實說，就算經過口試，也在美國國旗所在的禮堂經歷入美國籍的宣示典禮，但我對美國國旗一直還沒有很特別的情感，只是腦裡認知性地認識

那是「我」的國家的國旗，但還沒有特別忠心或喜愛的感情。我對美國國旗沒那麼熱心，另外有個原因。在越戰期間，看到美國年輕人在燒美國國旗，反對戰爭，也看到許多外國人在燒美國國旗反對美國的國際政策，讓我想到國旗只是一個國家的象徵而已，最重要的不是那面國旗，而是我們如何以國家的立場來做事，對內得到國民的支援，對外得到外國人們的讚許才更重要。

至於美國的國歌歌詞，很慚愧的是，至今我還不知道，也還不知道如何唱美國的國歌。只是看世運時，由於美國選手得到金牌時，會升星條旗並播放美國國歌時，才有點意識到對美國的認同感。當然我很遵守美國的法律、交稅，也關心美國的國事，可算是美國的好國民。

但我要特別說明的，我對國歌或國旗那麼淡然漠視的原因並不是我不愛國家，而是由於我一輩子裡，反覆改變了我的「國家」，看過各種不同的國旗，唱不同的國歌，因此對於國家的觀念與認同變得很淡，間接對政治也少有興趣。

宗教信仰與超自然看法

在我一生中接觸過多種不同的宗教系統，隨著年歲與環境的不同，對我的人格也有不同的影響，留下不同的痕跡與作用，讓我依序說明。

日本的神道

我在小學階段，經由當時學校的環境與制度，在特別的節日，如新年、天皇的生日等，學校老師會把我們帶隊到神社參拜。我記得全班同學到了神社後，大家都以嚴肅且安靜的心情排隊走進神社，經過掃得很乾淨的神社庭院到神殿面前，大家都雙手合十在胸前拍三下，然後低頭鞠躬，表示對神的敬意。在小學生的心裡，神社是需要以嚴肅與尊敬的態度來參拜，可是除此之外，就不知有什麼其他的意義存在。因為老師並未給予認知上的教育，也未告訴我們神社是做什麼的、為什麼要參拜，更不知道神社是

日本神道的祭奉場所。當然在家裡，（中國）父母根本不談什麼是（日本的）神道，也不會帶我們到神社參拜，毫無鼓勵我們信奉神道的意思，因此戰爭一結束，日本政府從臺灣撤退後，我們就不再參拜神社了。事實上，在臺南的神社也被中國政府改修建為紀念臺灣開祖（鄭成功）的地方。無形中，我對神道的淡薄接觸也就如此結束，只留下當時嚴肅敬禮的氣氛的記憶而已，對我的日後沒有留下任何作用。只有在我成人後，到日本遊覽時，看到神社裡穿著純白與紅色和服的神女，腦裡才逐漸體會到神社是侍奉神道的場所。

東方的佛教

雖說中國是信奉佛教的社會，但事實上中國人並未像泰國那樣真誠專一地信奉。中國人的腦子裡並不把佛教、道教或信奉祖先的事情劃分得很清楚，往往是參雜信奉。記得小時候（滿三歲時）我有個小弟弟很小就夭折，父母請來（日本）和尚在家念經，但不久我另一個弟弟（比我小五歲）出生後不到一歲時，不小心摔倒了，父母就請（中國）道士舉行「收驚」的儀式。我家附近有座廟是祭奉媽祖的，再遠一點，就有祭奉關公的廟，我們小孩子有時會跑到廟裡，看大人在廟裡燒香拜拜。在中國人的想法中，任何偉大的人物去世後都可被尊奉、被當成神對待。我們小學後面有座寺，寺裡有穿黃色袈裟、剃頭的和尚與尼姑們，但我從沒進去仔細看個究竟。只有一次，在初中時，學校舉辦旅行，我們被老師帶隊到鄉下山上的一座寺裡過夜，但我不記得什麼，只記得老師說，根據和尚的說法，每天早起時，對著高山深呼吸幾次，對身體會很好。

我從小就沒聽過父母講有關神或宗教的事，只是每到節日，母親就特別準備許多菜擺在家裡祭奉祖先的神壇前，叫我們燒香拜拜，然後晚上就吃那些特別準備的菜。到了清明節，父親就帶我們到祖父母的墳墓掃墓，並帶一些東西去祭拜，也就是說我們有祭奉祖先的習慣。等我們移居美國後，家裡並沒有設什麼祭奉祖先的地方，只是在擺放父母照片的地方，有時會擺些水果祭拜一下，想念去世的父母。有時我們也會到祭奉媽祖的廟

燒香，求媽祖保佑家人的平安，可是日子一久，也就逐漸疏忽不做了。

西方的基督教

由於家裡的環境與背景，我對基督教毫無所知，不像有些朋友全家每星期天都要到教堂去做禮拜。可是我曾經（在第二章）說過，我在初三時，有一次學校讓教會的人來學校宣揚基督教，經由演奏詩歌與講道，就當場要我們信教，而我如何表示反對這樣催促與強迫信教的事情。

可是我到了青年時期卻開始信奉天主教，這可說完全是為了結婚的關係。由於徐靜跟她的父母當時信奉天主教，我想跟徐靜結婚，也得信奉天主教。我之前已經說過，我很認真地找大學教書的一位美國教授兼天主教的神父學習、讀聖經、領洗，成為天主教徒後，我們才結婚。

結婚後，我跟徐靜照規矩每星期天都要到天主教的教堂望彌撒。我們認識的神父是位很慈祥可敬的中國神父，他對徐靜很好。可是當我們到了美國後，這個習慣就沒再持續了。雖然我們到當地的天主教堂，但由於不認識當地的美國神父，而且許多地方跟我們熟悉的習慣不同，我們也就逐漸不再到教堂。但最主要的原因還是我對基督教或天主教的基本看法與信心的問題。我每次用心念聖經時，就會覺得新約聖經裡所說的，都是有關猶太民族的民族史，同時我也覺得基督教是西方的產品、是西方人的宗教，我這個東方人不太容易接受。再者，我發現宗教都離不開人為的事情，都是跟人際有密切的關係，並不是完全很宗教、超自然的。我本來也就不信教，也就這樣逐漸跟我曾信奉的宗教疏遠了。

對「天」的看法

雖然我對既存的宗教不感興趣，並不表示我沒有道德觀念，也不表示我沒有信仰。現在我回想起來，從我年輕時，就有一種觀念與信仰，我相信這個宇宙有個規律、有個系統，而我們人類要遵循善而行為與生活。可是我覺得我這樣的信仰，並不需要形式上的崇拜偶像，也不用向人所創造的宗教教主去祭拜。在某種角度來說，我尊敬並相信抽象的「天」，可能

跟中國人尊敬「天」的想法與習慣是同樣的現象。在道家思想裡代表宇宙的「道」與儒家所說的「天命」的觀念，都沒有超自然的觀念，是抽象的存在，跟西方要崇拜「神」的宗教有不同的層次與性質。

關於宗教，我的一生裡經歷了不同宗教的接觸，但並未留下具體的作用，可能跟我的性格有關；也可能是經歷了不同的宗教的經驗，而沒有長期且一致的結果，無形中就回歸到中國人尊敬抽象的「天」的結果。

自己個性的發揮以及對困難的適應

每個人都有自己的個性，表達自己性格上的特點以及做人處事的特別方式。這種個性的形成，是基於先天或遺傳因素，加上成長期間所遭遇的環境、被養育與訓練的結果，當然也受社會與文化環境的間接影響。現在讓我分析我個人性格上的特點，包括我如何適應困難的方式。

靠拚命與努力來克服困難

這是我個性的一大特點，很可能是遺傳的關係，因為我父親也有這樣的傾向，我的孩子也有這種努力的特點；但也可能是受父母從小就鼓勵與教養的關係。不過毫無疑問地，也是孩童階段接受日本式教育而特別被培養、訓練、鼓勵與發揮出來的性質。我說過，日本人在日常生活中時時都說要「趕拔魯」這句話（日文是「頑張る」，發音為ganbaru，是要努力、苦幹、加油的意思）。上班要「趕拔魯」；準備考試要「趕拔魯」；加班工作當然也要「趕拔魯」；跟人比賽更是要「趕拔魯」，因此這句話就像是生活裡要遵守的座右銘。太平洋戰爭期間，日本人還強調「月、月、火、水、木、金、金」的口號，表示一週七天都是工作天，沒有星期六（土曜日）或星期日（日曜日），要很努力工作的意思。這種苦幹與拚命的精神無形中跟我本來的性格就很配合，形成我的性格特點，只要面對困難的事、要緊的情況，或要處理重要的工作時，我就會發揮這樣的人格特點而拚命、苦幹。

　　我說過，在高中快畢業前的三個月，為了趕著大學考試的準備，我幾乎天天只睡五、六個小時，日夜都加緊用功，才好不容易考上自己志願的醫學院。為了著寫自己一生最重要的（有關文化精神醫學大全）書籍，我花了幾乎三年的時間閱讀將近兩千篇的論文和書籍，又花了兩年的時間書寫將近八百多頁的文稿，也就是每個月寫兩章，共五十章，最後終於出版，還得了學會的「創作學術獎」，這些都是靠我數年的持續苦幹而得來的結果。之後，為了籌備第一次世界文化精神醫學大會，我還花費了將近兩年的時間，自己一人努力跟三百多名國際學者聯繫而籌備，才能舉辦劃時代的大會，為文化精神奠定好的開始。大家都很驚訝並讚揚我的恆心與努力苦幹的精神。

有組織、有計畫的做事情

　　為了有成就，單靠努力還不夠，還得學會如何有計畫、有組織地工作，以達到最有效的結果。我不知道這是我原本的個性，還是多少受日本老師或中國老師的啟示，我從小就喜歡有計畫地做準備、有組織地進行計畫。例如：要靠僅有的三個月努力念書、準備考大學，我就得事先仔細研究要念哪些科目、要花多少時間、要參考哪些書、先後閱讀的順序又如何，這樣我才能以最短的時間學習最多的功課，在短期內能應付大學的考試。同樣地，要撰寫五百多頁的大全書籍，我要先花上若干時間做計畫、要如何找資料、如何計畫章節的內容、如何安排順序、如何準備索引、如何分配時間等，如此一來才能進行將近五年的寫作計畫。

　　我知道我的記憶能力比較差，不容易記人名、地名等，因此我就建立一套方法補救這些缺點。但我也知道我對分析與組織的能力較好，我就盡量發揮、善用我的長處，書寫有好結構、有分析與批判性的書籍。

從困難裡掙扎與爭鬥，鍛鍊自己

　　我一生裡曾遭遇與面對許多困難或嚴重的打擊，例如在大學時罹患當時認為很難治療的肺病，身體方面也經歷多次的各種毛病，都靠自己的多

加注意以及徐靜的鼓勵與支持而度過、改善情況。為了需要，我養成天天走路、鍛鍊身體的習慣，一輩子都不喝酒、不抽菸，維持身體的健康。除了身體方面的問題，我也面對許多心理上的痛苦與打擊，如：為了進修與家人、子女的長久分離，到言語不熟悉的異文化闖天下，或被自己科裡的主任無理地壓抑或占便宜，但針對這些痛苦或困難，我都想辦法堅強地面對與應付，總算把各個困難都一一克服，並經由這些打擊來鍛鍊自己，增加自己應付困難的能力。

以柔克剛的道學思想，或者柔道的要領來適當地面對困難

我在年輕時，脾氣很硬，凡事喜歡硬碰硬；可是到了成人以後，特別是經過中年後，我就學會如何運用道學的觀念，以柔克剛的方式應付困難，不再像日本神風特攻隊那樣拚死命應付困難，學會了要有彈性，可彎可曲的柔道的道理來應對許多問題，結果算是應付得還可以。中國人說：「要能蹲下來，才能跳遠」，也說：「上有政策，下有對策」，特別是對上級的強硬壓制，我學會如何用柔道的方式對待，反而可以解決問題，並把被上級無理壓抑的憤慨與不滿轉而昇華，用來開展自己成就的動機。

積極且具體地處理問題，採取正面性的適應

到了美國社會，我還學會另外一種適應方式，那就是面對問題或困難時，不要畏縮、退卻，要盡量想辦法處理，採用正面、積極的態度克服。這是美國文化上的特點，是他們到新世界開拓時帶來的移民精神。去面對、處理、解決是美國人的日常用語，無形中也被我吸收，納入我的性格的一部分。這對於壯年期的我很有幫助，協助我在各方面的成長，包括學術上的、個人生活或家庭裡所面對的困難等等。

抓住喜歡做的事情——擇善而固執

這也是我的個性之一，不會總是保守固執、墨守成規，只要面對了好機會，我就義不容辭地爭取、抓住難得的機會，也因此在學術上從事了一

些很特殊且有意義的研究，例如：對日本戰爭孤兒的研究、中國獨生子的長年研究，或有關流行性縮陽症的研究，都獲得了許多心得，對學術有所貢獻。在職業上，我就抓住來臨的好機會，擔任科裡住院醫師的訓練主任、擔任世界衛生組織的顧問到中國、接受擔任世界精神醫學會的跨文化精神醫學分會的祕書及後來的會長，也接受被推薦擔任世界文化精神醫學的籌備會長等。

因為機會無法特意製造，但一旦面臨就要乘機抓住，不要放棄。這是我學習與經驗所得到的心得，也是我平時肯負責與努力的表現所帶來的機會，但也是有好運氣的結果。在某種程度來說，是我的性格特點，也是運用美國文化裡注重開創的精神所獲致的結果。

盡量發揮自己的潛力與特點，接受天意

我把自己的性格特點詳加描述後，最後我要提的是我一生裡所持有的人生觀以及哲學態度，也就是：人生的意義是盡量發揮自己的潛在能力與特點，至於是否成功或失敗，並不那麼重要，而由天做決定。這是孔子的人生觀，對我有很大的助益；也可說我傳承了中國儒家的人生哲學。

每次有機會到華盛頓旅行，我就刻意到一家中國餐館吃飯，這家餐館叫「半畝園」。其理由並不只是這家餐館提供比較有特色的小菜，讓人享受華夏飲食，而是欣賞該店的店名。在這家店裡，除了掛著「半畝園」三個大字的字畫外，還掛著書寫的半半歌，其歌詞是：「半生戎馬，半世悠閒。半百歲月若煙，半畝耕耘田園。半間小店路邊，半面半餅俱鮮，淺酌正好半酣。半客半友談笑竟忘年，半醉半飽離座展笑顏……」。我注意到的是，樣樣都以「半」而要求，並不求「全」，表現一種人生態度。可能是我年歲大了，了解人生並不能時時求成全與完美，只能以半個程度而滿足的心理需要。

總結來說，隨著我年歲的增加，加上社會、文化背景的變遷，我的人生觀與哲學態度隨著人格發展的各個階段，一一逐漸演變成適合各個發展階段的需要。有人說，當一個人年輕而正在發展的階段，可善用儒家鼓勵

發揮自我潛力的思維；但到了年老時，就要比較欣賞道學的哲學觀，體會一個人只不過是大自然的一小部分，要順自然而生活，不要有過分的慾望。

性格上缺點的彌補

談到完美，我還得指出：我的性格並不很完美，也有其缺點。讓我簡單描述一下這些缺點，以及如何彌補的情形。

喜歡批評他人，只看他人的缺點

不知是遺傳的關係（我父母、兄弟姊妹，甚至我的孩子們多少也有此傾向）或是後天教養的關係，我從小在腦子裡只偏向注意別人的缺點，並開口喜歡批評人。這在學問上的討論還可以，但對人際關係上來說，是個缺點，不容易交好朋友或同事。還好，到了美國以後，受到美國文化裡要誇獎他人的作風的影響，而改善了許多。再加上徐靜的經常提醒，我學到對學生們要誇獎他們並鼓勵他們的習慣，改善了我當教授的表現。

我推想我有這樣喜歡看不上他人的心理，可能是我小學一直當班長的關係，認為班上同學都不如我而養成的驕傲心理。因此，當時（第一章裡曾敘述過）父親建議老師不讓我當班長一個學期，或許有其道理。可是從精神分析的角度來說，或許我在性蕾期的發展期間，被母親過分照顧，跟母親很親近，以男孩的心理總希望比父親強的情結而來的結果，靠批評別人的缺點來維持自己的信心也說不定。還好，我目前的信心比較穩固，也比較不會批評他人的缺點，而學會了以美國的方式多誇獎自己的配偶、子女、學生、朋友，這是個改善。

自己有主見，少聽他人的意見

除了喜歡批評他人的毛病以外，我還有一個缺點就是：我往往會堅持己見，不太用心聽取並參考他人的意見。假如別人向我提出意見，不論其意見如何，我口頭上很容易立刻就說「不」，容易反駁、反對、不接受。

因此，常無法善用他人的好主意，很是吃虧，而且嚴重影響人際關係，不容易跟他人建立比較平等與親近且相互表達意見的關係。我發現這個習慣不僅發生在我身上，連我父母、兄弟姊妹或子女也多少有這樣的傾向（被徐靜開玩笑地指出是我們曾家的特點）；因此，讓我懷疑是否跟遺傳有關的氣質與心理反應模式。但也讓我考慮到是否因為年幼時，父母的權威很大時，而子女需要對抗權威所產生保護自己的一種心理作用。換句話說，可說是需要建立並維持自我存在與功能而表現的行為反應。

幸而，自從我從事精神醫學的工作，經過心理治療的專業訓練以後，我發覺自己有這樣傾向很不適當，不容易表現輔導者多聽取病人或對方的想法與意見而發揮輔導的功能，因此就特別用心逐漸改善。尤其是生活在注重民主的美國社會，會要求你練習聽取大眾的意見，並隨群體的想法做事。我的內心裡常自我提醒一句中國諺語：「三個臭皮匠，勝過一個諸葛亮。」練習多聽取別人的意見，而慢點開口說「不」，不盲目地急著反駁他人的意見。特別是在學術性討論會時，是很需要聽取他人的見解，因此我也就逐漸改善這樣過分自我主張的缺點。再者，最近幾十年來，因為我常擔任學術會議的主持人，更需要練習讓別人多發言、多表達意見，然後綜合大家的想法，以表現主持者的風度與能力，藉由這樣的職業性場合與經驗，逐漸訓練我養成不能太過分表達自己的意見，而要多聽取他人想法的習慣與態度。當然隨著年歲的增加，自我信心的增強，也就感到不必搶著表達自己的意見，而學會多「聽」他人意見的作風。

善發脾氣

這也是我年輕時另一個性格上的缺點。假如有什麼不如意、被人指點批評或是一緊張，我就會很不耐煩地兜起來，把面孔一板、不講話，彷彿就快發脾氣，若再有人惹我，我就大聲吼、發脾氣。其實並不是有心事而發脾氣，而是被人囉嗦或緊張，就很容易不耐煩。許多同事或朋友都不知道我有這樣的傾向，因為我在朋友面前會控制，只有在家人面前才如此。我父親也有這個脾氣，母親常被父親兜而哭，而我的大姊也是如此，連我

的孩子也是如此，因此我認為這是遺傳得來的性質。可是等我到中年以後，隨著年歲的增加，再加上我的修養，已比從前好多了。我曾經說過，我在中年時，把中文名字旁邊的火字旁拿掉，因此徐靜開玩笑地說我的火氣也消減了，脾氣不再那麼兇。其實我想還是因為隨著年齡與生理上的逐漸變化，把我好發脾氣的傾向減輕了。

我想說的是：我們的性格，不論是功能性（優點）的氣質，或是非功能性（缺點性）的氣質，都很可能跟遺傳因素有關，也跟小時候及日後成長生活中的經驗有關。但是功能性的氣質可以用心發揮，並善用；而非功能性的，得經由費心注意與改變，還是可以多少減輕與改善的。當然，社會與文化的背景也會在有形與無形中督促其保持、發揮、減少或改善。

人生發展階段的演變與適應

毫無疑問地，我的人格發展是隨著年歲的增加而發生階段性的演變。孔子分析其一生的心理發展，而說：「吾十有五而志於學，三十而立，四十而不惑，五十而知天命，六十而耳順，七十而從心所欲，不逾矩。」這是說明其心理與人格發展如何按年歲的增加而演變的好例子。我也可以就自己的年歲增長，配合文化因素而如何演變人格來做個階段性的說明。

孩童期——建立基本性格：當我年歲還小，從出生到少年期，在日本文化接觸的階段，建立了基本上的性格，特別是如何努力與苦幹地工作，有計畫且有組織地從事的好習慣。

青少年期——面對混亂而適應：十歲以後的青少年期間，我所面對的社會剛好是政治、文化與經濟都很混亂，且發生許多變化的時機，讓我學習如何從混亂中尋找自己心理的穩定，適應變化多端的社會。

■ 孩童期（三歲）

　　青年期——有彈性的適應：青少年以後，從青年期到二十至三十歲的期間，曾遭遇到各種困難，包括生病、戀愛、成家與權威者的壓抑等問題，而經由自己的努力一一克服，採用有彈性的應付辦法，解決這些各種不同性質的問題。

　　成人期——爭取機會而發展：在三十至四十歲這段期間，我碰巧面對了許多難得的機會，很勇敢地抓住面臨的機會，像鯉魚似的，往上游跳躍，爭取自己的發展，適應新異的文化，奠定日後的事業成果。

　　壯年期——發揮自己長處：到了四十歲以後，我還是繼續利用自己認真苦幹的特點，再善用機會，發揮自己的特長，盡量從事自己認為有意義的事情，建立自己的事業方向，並繼續擴大自己的視野與工作的領域。

■ 青春期（十五歲）

■ 青年期（十八歲）

■ 成人期（三十歲）

■ 壯年期（四十歲）

中年期——穩定與繼續發揮：五十歲以後，利用我面臨人生的黃金階段，繼續從事有意義的事情，擴張我的事業，並表現學術上的各種成就，也享受家庭的圓滿成長。

初老期——適當的考慮與從事：當我到了六十歲以後的初老階段，我的心理與人格在無形中有了變化，即逐漸體會人生的有限，比較慎重地考慮自己想要做的事情，並且不作長久性的許諾與計畫，只定一兩年後的想法。這種情況到了七十歲以後，更是如此。到了這個年歲階段，對於佛教的教義、對道學的看法，比較感到有興趣與實用。

老年期——結尾的準備：為了人的生命有所限制，我將準備做些結尾性的工作，收拾我的心，準備對後代的交代，並享受剩餘的人生。書寫這本我自己一生的書，也算是對自己的一個總溫習與交代，但同時也希望對自己的後代與世人有點幫助，特別是能協助了解：如何隨社會與文化的變遷而適應與生活。

最後要補充的是，我的一輩子裡，在開始的階段，雖然曾遭遇戰爭，也面對過社會與文化的急速變化與混亂，但很慶幸到了壯年以後，社會比較穩定，並沒有戰爭，能享受太平的社會環境。我在青年期，曾罹患嚴重的疾病，但日後很注重身體的情況，也總算維持了健康，對我的人生很重要。社會的安定與身體的健康是基本條件，才讓我能度過一個滿意的人生，是很慶幸的事情。

■ 中年期（五十歲）

■ 初老期（六十歲）

■ 老年期（七十歲）

一個人生，三種文化——中國、日本、美國文化對人格形成的自我分析

第九章

學理上的總結、討論與建議

在上一章裡，我仔細分析三種不同的文化如何先後影響我一生的人格發展。在本章，我就將所得的全部心得與領會來進行最後的工作，即做學理上的討論與總結。

文化與人格的基本了解

根據過去學者們的看法以及我的個人體驗，對「文化」與「人格」的基本關係有幾個要點，簡單說明如下：

文化的維持性與變化性

首先要澄清的是文化的本質。所謂文化，一方面是保持其傳統性、維持性，一直世代傳遞；但另外一面也隨時代的進程、社會本身的變化，以及跟外在文化的接觸，時時都會做若干的演變，並非靜止不變，而是動態的。例如：日本雖然保持其傳統的大和文化，但從戰前到戰後，就有很顯著的變革。具體來說，不再相信天皇是神的身分。中國的文化核心雖然被維持，但為了經濟的發展、工業的進步，許多地方也都在變化。最顯著的例子是：為了讓人口不過多，就實行一胎化的家庭計畫，要求大家改變過去多生孩子的觀念，也得適應家庭成員間的關係。美國也是如此，為了注重其開國精神，而把過去對黑人的奴隸制度取消，盡量改善不歧視少數民族的想法與作風。

群體共同性與個人差異性

　　要談到「文化與人格」、「民族性」或「國民性格」時，在觀念上我們要了解，每個社會裡接受共同文化的人群也好，一個民族的群體也好，或一個國家的國民也好，多少可以呈現一些大家共同持有的「群體共同性」，而這樣的群體共同性要跟很不相同的文化背景的群體、民族或國民相互比較時，才會顯現出來。雖然不同的群體、民族或國民，都是「人類」，因此都有人類共同的人性表現；可是超出其共同「人性」之外，還會有不同群體、民族或國民的特殊性、共同性的性格。

　　例如：不論是日本人、中國人或美國人，喪失自己的配偶時，心情都會很難過，呈現喪偶的心理反應，這是人性。可是如何表現喪偶的難過、要守喪多久、是否可以再續弦或改嫁，不同的群體、民族、國家就會有不同的想法與要求，甚至是規定，塑定與喪偶有關的特別心理反應與行為。例如：傳統的印度人在丈夫去世後，不論妻子還多年輕，都被社會要求一輩子守寡，不准再嫁，因此，不得跟自己的岳父或丈夫的兄弟以外的男人有所來往。過去有些日本人，假如妻子去世，就理所當然地期待妻子（還沒出嫁）的年輕妹妹嫁給姊夫，以替補去世的妻子。而現代的美國人，儘管年歲很大，在妻子去世後，丈夫可以隨時再跟其他的女性交往、再婚。由這樣的跨群體、民族、國民的比較，我們就可以體會在喪偶行為上有不同的「群體共同性」，被習俗、規矩、習慣或法規所維持或推動與延續。

　　可是很重要的一點就是，一個群體、民族或國民，並非都是千篇一律由同一個模型製造出來的個體，而是每個人都有自己不同的個性，形成群體裡的個人差異。這種個人差異可大可小，其變異程度在不同群體、民族或國民裡也會有所不同。有些比較保守的社會將會比較嚴格地要求大家都要一樣，但有些比較自由的社會卻容許個人的差異。具體的例子是：有些社會要求學生都要穿制服，按學校的規矩表現行為，強調團體的共同行為表現；而有些社會並不要求學生穿制服，可以照自己的想法穿私人的衣服，並且可以比較自由地表現自己喜歡的行為，因此，個人差異就比較大。

文化與人格的雙向性影響

所謂「文化」與「人格」是相互影響的。大家所遵循的社會性生活習慣或價值觀念會影響並塑定各個社會成員的思考與行為，是文化影響人格的情形。可是反過來，多數成員的行為或群體的想法，無形中也會改變社會整體性的行為模式、思考方式、注重的價值觀念；因此，群體的人格會影響並改變文化系統。所以文化與人格是雙向的相互影響，而非單向的作用。

例如：一個社會要求學生還未畢業就不准結交異性朋友，那麼該社會的年輕人就得延緩結交異性的社會經驗，拉長所謂心性發展階段的潛伏期，比較慢進入異性期。可是假如社會的多數年輕人喜歡用手機交談，透過電腦與異性朋友聯繫、溝通，不用外出也可以結交異性朋友，也就改變社會的風俗，緩慢地改變年輕人結交異性朋友這方面的文化特性，縮短所謂的潛伏期，並且改變了男女間來往需要較為保守的傳統文化習俗與性質，變得比較開放。

人格不同層次與成分的成長

我們所談的人格，指的是我們一個人所展現的整體性表現，但仔細分析，我們可以了解我們的人格有不同層次的成分，而各有其特點與性質，在發展過程裡有不同的表現與成長情況，跟文化也有不同的相互關係。讓我們就人格的不同成分做分析與探討。

原本的生理、慾望與情感

我們的人格包含比較原本的生理、本能、慾望，包括深層的心理與情感。這些成分與生物學的因素比較有關，是屬於比較原本的人格部分；從精神分析的角度來說，比較屬於原我的功能。

口味與知覺：小時候習慣的口味很容易被銘印下來，保持習慣的口味，

到了長大成人離開家鄉時，就會想吃小時候喜歡吃的東西。我剛到美國時，就很想念年輕時喜歡吃的米粉、粽子、魚丸湯等；假如生病了，胃口不好，我也會想吃小時候常吃的東西，如：稀飯、魚鬆或醬瓜等。從日本戰爭孤兒的研究裡，我們發現：雖然被中國人撫養長大的日本孤兒，其一生學會講中國話、吃中國菜，但還是偏向喜歡吃甜的東西，習慣日本人的口味；同樣地，也很喜歡天天洗澡、泡熱水浴，享受小時候就習慣的軀體感覺與享受。

情感的銘印：緊接著感覺，小時候所經驗的特別感情也是很容易被銘印下來的。我對小時聽慣的日本（零式）戰鬥機的引擎聲容易感到興奮，而徐靜聽見日本轟炸機的聲音就會害怕，回想起小時候被日本轟炸機轟炸過的回憶，這些都是很好的例子，說明我們對早期的情感經驗容易經由銘印而保留著。可是有些情感卻可以消除，例如：我聽見日本的國歌，不再感到尊敬的感覺，反而覺得不喜歡，可能是受到認知的影響，所以早就取消對日本國歌原有的情緒反應。

深層心理——夢的表現：夢是屬於比較原本的思考，是在睡眠中依照潛意識而表現的精神活動。在夢裡夢到什麼樣的精神材料，是值得去探討與分析的。我之前曾說過（第八章），當一個人深睡而作的夢，照理沒有言語，只有言語發展前的（所謂「前言語」的）精神活動，包括：衝動、感覺與動作；而在淺睡幾乎快清醒時，所作的夢才會有言語。

無論如何，我忘記小時候是否作過使用日文的夢，但當我在青少年時，假如作的夢有言語的話，都是使用中文。只有到了美國，在經常使用英文將近十年以後，最近才注意偶爾會作英文的夢，表現在潛意識層次的夢裡，言語也可以隨日間多使用的言語而逐漸改變。

比較高層次的認知與思考

雖然我們的認知與思考，基本上都要依靠言語來運作，但可以比較脫離生理性的操作，而依靠心理的原則來進行操作。例如：有關抽象性的思考，有些人習慣於維持傳統不變、墨守成規的想法；但有些人卻喜歡盡力

發揮、創造性地變化。許多信仰,包括對人對事的想法、宗教性的信仰,都可以不知不覺受外在因素的影響而逐漸改變。具體舉例來說,我從早期絕對服從權威的看法,就逐漸演變成:權威者跟底下的人要相互尊敬、必須比較民主對待的見解;夫妻是不可分離的,是結婚後的終生契約的觀念,而轉為夫妻要相互注重感情才能維持其婚姻關係的想法。

抽象性的人生觀與世界觀

至於一個人對自己一生的看法、對四周或宇宙的想法,這些都是比較抽象的部分,是經常無法意識到的精神層次,必須特別思考與意識才會浮現出來。可是經由四周環境的影響,再加上自己的生活體驗,這些部分也會逐漸改變,不一定會保持永恆不變。例如傳統的日本人認為,人生就是要盡責任;中國人則認為,人生就是要適應生存;而現代的美國人卻認為,人生是要享受的,有不同基本人生觀的差別。

人格先後不同程序的發展

早期、中期與後期的終生影響

早期的精神分析家曾認為並強調,在我們的心理發展過程中,早期的經驗最重要;許多原本的慾望、情感都在早期就塑定,影響並左右我們日後的一生。假如在早期遭遇挫折或創傷,就會遺留到日後,呈現精神病理,因此學理上很強調早期的經驗。可是從文化的角度來說,早期的經驗固然很重要,但日後的中期,甚至是後期,也都很重要,而且時時會持續接受外在環境的影響而吸收社會的文化,繼續其「涵化作用」(encultura-tion)。換句話說,涵化作用可見於人生先後的各階段,是持續性的影響。俗語說:「活到老,學到老」,就是這個意思,表示我們一輩子都會受到四周環境的影響,接受新異的看法、價值觀與信仰。因此,文化對人格的影響是持續性、終生性的。

先後不同順序所接受的影響

　　問題是在什麼階段接觸什麼樣的文化系統，又產生何種作用與結果。例如：在我一生中，假如我一開始生長在美國社會、接受美國的文化系統後，青少年階段移居到日本生活、接觸日本文化，中年以後才到中國、接受中國文化的薰陶，如此一來，我的人格將會如何成長、表現何種性格，這是很耐人尋味的課題。讓我們試著想像，一個從小就被養成注重個人、強調自由與民主的（美國）人，到了青少年時期被送到日本進修，在日本注重群體、強調縱的關係的文化裡生活，一定會遭遇很大的困難，非常難以適應。又或者小時候在中國長大，習慣事情可以隨便，處處都可以有彈性地應付（中國），假如年老後要到處處都講究有規律的日本生活，或時時都要守規律的美國社會，一定會有不同的適應結果。換句話說，先後接觸何種文化系統、受何種影響，都會形成不同的總結果。

人格動態性的調整與總合

動態性的選擇與調整

　　假如我們把我們的腦子當成電腦或收音機一樣來看待而做比喻的話，我們可以說，一個人的腦子裡儲存著（或收藏著）各種不同文化系統時，可以經由管道與頻率的調整，隨時選用與表現不同管道或頻率的文化系統，而不會相互干擾或混亂。就好像遇到日本人就講日文；到了中國人多的地方，就講國語；見了美國人就講英文，可以隨時選擇語言而溝通，完全沒有問題。

　　可是我們卻可以推測，腦子裡所存留著的各種言語（或經由言語而所表現的各種價值觀念或文化系統）並不是相互隔離而不相關地存在，毫不發生相互作用。我認為彼此之間會在無形中時時相互左右影響，綜合性地形成另一層次的思考方式，呈現經由融合而形成的言語或思想系統。

例如：在小時候被（日本）老師灌輸日本天皇是最高至上的權威者，我們要以很尊敬的心情與態度，用日語大喊「天皇陛下萬歲」的口號，以表示對天皇的尊敬；可是光復以後，（中國）老師教我們改用「中華民國萬歲」的（中文）口號來喊、來慶祝國慶日，無形中，「中華民國萬歲」的口號就抵消了（日文的）「天皇陛下萬歲」的口號，腦裡也不再出現「天皇陛下萬歲」的口號與其所連帶的尊敬觀念與感情。但目前長久生活在美國後，發覺過去所喊的（中文的）「中華民國萬歲」的口號及所連帶的感覺也逐漸消失，但並沒有補上英文的口號，興奮地喊「Long live United States」（美國萬歲的口號）。可見（中文的）「中華民國萬歲」的口號在不要求盲目且過分尊敬國家的社會裡，受個人為主的英文觀念的影響，無形中也就被消除。我的意思是說，被存放於腦裡的不同語言的口號，彼此相互影響，而且也會跨越語言系統而影響，讓其他語言的口號無形中消減或甚至消失。

延續性與變動性

　　很顯然，文化的特點是具有延續性的，是經由世代相傳而保留的習俗、思想、信仰與價值觀念，有其傳統性；但同時還可以時時產生變化、增強或消除，有其變動性，並非完全不變的。問題是其變化是快或緩慢，又產生何種變化。例如：何種特質是被保留、不輕易轉變，而哪些層次是容易改革、發生轉變。我已經（在第八章裡）簡單提過，兩個原則會左右其延續、變質或消退的現象。

　　使用原則──常用則存，少用則隱退：這是很基本的道理，就像常用的肌肉就比較發達，腦子裡常使用的言語、思潮或觀念就會被增強，否則就衰退。就像學會騎腳踏車，一輩子都知道如何騎腳踏車，但長久沒騎，也就騎得不好，無法騎遠路；學會跳舞，幾年沒跳，就容易忘記舞步，跳得不是很熟練；而言語或思考也是一樣的道理，不常用的言語，就會逐漸退步，經常使用就可以用得很熟練；不太去考慮的想法，自然而然就會被遺忘，不會產生作用。

效果原則──有用就發揮，否則就消退：雖然被使用，但沒有特別的作用或效果，也會逐漸少用，最終被忘卻。假如採用後很有效果、會帶來好處，便會繼續使用，增加其存在。例如：過去生孩子，產婦必須坐月子，留在家裡不外出，以免感染而發生產褥熱，是有保護產婦健康的作用，但現今的衛生進步，有抗生素可以使用，不用擔心產褥熱的發生，也就不用特意遵守坐月子的習慣。又例如：學會使用電腦來書寫文稿，發現很方便且效果良好，就會習慣使用電腦來書寫文稿，可是時間一久，如果又用手寫文稿，不但速度慢，還會發現許多字都不知該如何寫，會出現錯字連篇的情況。

喜愛原則──喜歡則多用，否則就放棄：除了是否經常使用、是否有效果外，許多事情是依靠自己是否喜愛而被使用與加強。喜歡看書，不管是否有用，至少可以滿足自己的興趣，也就會養成常常閱讀書籍的習慣。不太喜歡的科目，就算是為了考試而勉強去念，考完後，也就沒興趣繼續念，便會從腦子裡消失。遇到喜歡的音樂，不論對家庭的收入是否有幫助，就會想要聆聽、享受，都是喜愛的因素決定是否讓它繼續存在或消失，是很重要的影響原則。

相配性、加強性，或抵消性

文化有不同的層次與特性，而人格也有其各個不同成分與特點，而文化的某特性跟人格的某特點是否會相配、是否會加強或抵消，是值得推敲的事情。

例如，我的性格中，喜歡做事有規律與組織，而日本文化也主張各種事情要盡量按規矩而行。如此一來，在日本的環境中，我喜歡有規律做事的性格就會跟日本文化相配合，且會被加強；假如我喜歡自由自在、按自己的興趣行動，這樣的行為在講究傳統與保守的文化環境裡，我的性格特點就會跟四周環境的文化背景不配合，不是會被抵消，就是會被勉強壓制，無法表達。我喜歡自由發展、做創作性的工作，就不適合在醫學的環境裡工作，畢竟醫學文化裡不容許隨意創作，要遵循醫學的知識、經驗與規律，

可是在注重個人發展、重視自由發揮的美國社會裡，我喜歡自由發展的特性就會得到鼓勵，能發揮潛能而做事，可說是如魚得水。

總結：對將來的建議

我不但把我一生中如何受三種不同文化的影響而形成我的人格做仔細的說明，還分析我人格當中，如何受這些全然不同文化系統的左右，而形成我個人的整體人格與個性，最後還經由這些實際的個人心理體驗來提供學理上的討論，做學術上的貢獻。

我希望我們可以比較有深度地體會我們如何受社會與文化的影響而建立我們的心理，形成我們的人格，而能面對目前時時在變化中的現代社會，進行適當而健康的文化適應。同時，也考慮如何綜合我們群體的心理、慾望與智慧而改善我們的社會環境，建立適合現代而有用的文化系統。

社會與文化變遷的適應

過去一般人及學者們都認為文化是傳統、固定的，是世代相傳而不容易變化的。可是目前大家面對現代化的局面，都深切地體會到文化是常常在變更，而我們需要隨時去適應。由於傳遞媒介的發達、交通的進步，世界各地的交流增加，再加上科學技術的發展，世界各地的社會都在急速現代化，而我們要面對快速變化中的社會，這是世界性的潮流。從我個人所經歷的一生故事裡，更顯出在我一輩子裡，經歷了日本、中國、美國的不同社會與文化系統，要時時去適應，並且還跟許多其他文化系統接觸，體會世界各地的不同。

當我們面對社會的文化背景快速變化時，很容易引起心理上的混亂與困惑，但也提供機會讓我們檢討並調整我們的心理與觀念，重整我們的人格，去面對新的變化。我們對自己的文化系統要時時檢討：哪些是有好處而要保持的，哪些是不合適而需要改革或去除的，而不是很固執地保守傳統，或不加考慮地拋棄原有的文化系統而只追求新異的東西。換句話說，

社會與文化的變遷是我們更改與創造新社會與文化的機會，但是要有想法、有智慧地更改、適應與創造。

善用機會、發展自己的長處

　　如何發揮自己的長處，好好利用所處的環境條件，並善用面臨的好機會，是每個人都宜注意的事情，是普通的適應上的要領。尤其，在面對社會與文化上的快速變化時，更需要注意。我們面對新的社會與文化系統，必須時時考慮如何適應，也要費心思考什麼是我們面對的環境的特點與短處，如何發揮自己的優點與長處，如何把握面臨的機會，動態性地適應我們的新異環境，創造我們的生涯，否則就容易落伍，甚至被淘汰。如何善用社會與文化上的特點，進而發揮自己的優點與長處，這是技巧也是要領。一個人在一生中，隨著年歲與發展的階段而要時時做適當的適應。除了個人的心理發展外，還要能配合環境的長處，善用來臨的機會，盡量發揮自己的潛在能力，是很重要的人生課題。

附　錄

文化與人格的研究與回顧

在此附錄裡，將就過去學者們如何針對「文化與人格」此題目所做的研究與報告，進行簡單的介紹；特別包括對日本人性格、中國人性格、美國人性格的研究做回顧性的說明。這些比較學術性的回顧可以補助說明在這本書裡所探討與分析的資料與看法。

文化與人格研究的一般回顧

文化與人格的研究：歷史性回溯

早期的田野研究：雖然人類學家早就對不同社會與文化背景的人的行為感興趣而進行研究，但所謂「文化與人格」此課題的正式探討是在一九二○年代才逐漸明顯。受到當時精神分析學說的影響，即：早期的兒童養育會塑定日後的性格，許多文化人類學家開始從事實際田野的研究，探討在不同社會與文化環境下的兒童養育是否會影響日後的人格形成。

例如，波蘭出生的布羅尼斯拉夫・馬利諾夫斯基（Bronislaw Malinow-ski）特別跑到母系家族傳遞系統的社會，即：靠近紐西蘭的特羅布利安島（Trobriand Island）去研究，而報告了在母系傳遞的社會裡，兒童心理發展與歐洲的父系家族傳遞系統有所不同（Malinowski, 1927）。根據精神分析家對伊底帕斯情結的說明：父親對男孩的關係很重要，但是基於親子三角關係情結，男孩特別喜歡母親而無形中跟父親敵對，內心裡害怕父親的懲罰，在夢中潛意識中會希望跟自己敵對的父親死亡。

　　可是，根據馬利諾夫斯基的說明，這是在歐洲父系家族傳遞系統裡所呈現的心理現象。他說明：在母系傳遞系統的家庭裡長大，男孩子跟舅舅的關係比跟自己生父的關係還重要。而且，兄弟跟姊妹的關係比較親近。他報告在這樣母系傳遞系統的社會裡，男孩子所作的夢，往往是夢想（三角關係裡跟自己敵對的）舅舅的死亡（而非自己父親的死亡）；而想跟自己的姊妹發生性的關係（而非想跟自己的母親親近要好）。他說明，在母系傳遞系統的社會裡，其所謂親子三角關係的情結跟父系傳遞系統的社會完全不同。

　　美國的女性人類學家瑪嘉烈特・米德（Margaret Mead），還特別到南太平洋的撒摩亞島（Samoa）從事田野的研究。根據她的觀察，在撒摩亞島的青少年所經歷的成長情況跟美國青少年的成長情形不同，即從兒童到大人階段的成長比較自然而順利，不像美國青少年要經歷激烈的變化階段，且很少遭遇心理上的衝擊，也很少面對自我認識上的混亂問題（Mead, 1928）。

　　另一位開拓者，美國的女性人類學家露絲・貝內笛克特（Ruth Benedict），她觀察三個比較原始性社會，即朱尼（Zuni）、都布（Dobu）、夸克特爾（Kwakiutl），而根據她觀察的結果建立她對文化與人格有關的學說，即「理想人格」（ideal personality）或「同型人格」（configurational personality），認為每個社會都會按某種理想而讓社會成員發展為類似理想的主要人格（Benedict, 1934）。

　　中期的研究發展：到了一九三〇年代，有些學者開始共同合作，有組織且有系統地進行研究，例如：紐約的精神醫學家艾布拉姆・卡笛納（Abram Kardiner），將不同學術背景的學者們集合起來，定期開會討論文化與人格的課題，並且分別探討美國原居民的各種印第安族的人格。在這個階段，學者們也紛紛建立文化與人格有關的見解與學說。除了貝內笛克特在一九三四年提出「理想人格」的看法外，卡笛納在一九四五年提出「基本人格」（basic personality）的觀念，而克拉・杜波依斯（Cora DuBois）則在一九四四年提出「眾趨人格」（model personality）的學說。

　　後期的研究發展：從一九五〇年代以後，關於文化與人格的研究有特別的進展。學者們放棄只對原始性的小民族進行研究的作風，而開始針對大的現代社會而進行民族性的研究。例如在哥倫比亞大學（Columbia University）就職的貝內笛克特或日後在美國自然歷史博物館（American Museum of Natural History）工作的米德，都進行這類有關現代社會的性格研究。

　　從這階段開始，心理學家也踴躍參與研究，提供以統計學的方法來處理所得資料，進行客觀性的研究。例如：懷廷與蔡爾德（Whiting & Child）在一九五三年，就利用多數社會與文化的資料進行統計上的分析，探討早期兒童的養育跟日後成人對醫療行為的表現的相關關係（Whiting & Child, 1953）。後來，懷廷與懷廷（Whiting & Whiting）還有系統地組織研究員，將其分配到特別選擇的六個不同文化的社會裡觀察並蒐集兒童養育與心理發展的行為，於一九七五年出版發表其跨文化比較的結果（Whiting & Whiting, 1975）。

　　隨著第二次世界大戰的開始，由於實際需要，進行國民性格的研究，以便了解敵國或盟國的群體心理與國民性格，貝內笛克特針對日本人的文化與民族性而研究、著寫的書《菊與劍》（*The Chrysanthemum and the Sword*）就是很好的例子（Benedict, 1946）。

　　所謂國民性格（national character）或民族性（ethnic personality），指的是一個國家的國民或一個民族的群體族民的性格，跟其他國家或民族的群體性格所不同的性格特性。可是由於學者們發現不論是一個國家或一個民族，其成員間的性格差異很大，而不同國民或族民間的不同特性並不容易描述，是個很複雜的問題，且往往是很敏感的課題，並不受被描述的群體的歡迎。因此，日後對於文化與人格此課題的研究也就逐漸冷卻，比較乏人問津。

文化與人格的學理：不同學說

　　為了解文化與人格之間的相互關係，學者們紛紛推出他們的想法，並

且提供不同的學說（Barnouw, 1963; LeVine, 1973; Wallace, 1970）如下。

理想人格（**ideal personality**）：此人格學說由美國女性人類學家露絲・貝內笛克特提出，她認為每個社會的成員都有不同的個人性格；但同時都多少有大家所共認的所謂比較理想的人物，而經由社會的引導，其成員也在有形無形中被鼓勵向該理想人格學習而養成人格，所以有其共同性，因此也稱為「同型人格」（Benedict, 1934）。例如：標榜自由、民族、獨立的美國社會裡，就鼓勵養成富有這樣價值觀念與行為的美國人；而注重人情、和諧、關係的中國社會，就喜歡遵守此想法與理想的中國人。這種觀念對於少數的群族比較容易分析與辨認，但對於眾多的國民或族群，由於其複雜與變異性大，就比較不容易認出與說明。

基本人格結構（**basic personality structure**）：這是受精神分析訓練的艾布拉姆・卡笛納所提出的學說，他認為每個社會多少都有共同的兒童養育方法，經由其相同的兒童養育而建立基本的人格。例如：如果一個社會裡，大家都注重嚴格訓練與管教的養育方法來養育兒童，就比較容易養成對事情負責而行為規矩的民族性；而容許依賴、緩慢成長的兒童養育，就容易建立依賴性大且獨立性比較不強的國民性格。可是此學說的缺點是，一個社會裡的兒童養育方法並非一律相同，可以有許多變異；而且一個人的性格也並非完全只受早期的養育方法而決定，還會受日後各種因素及所遭遇的環境而塑立人格。況且沒有資料上的支持，到底一個社會中有多少成員會被養育為共同而基本的人格。

眾趨人格（**model personality**）：人類學家克拉・杜波依斯所提出的學說，認為每個社會的成員有許多不同的性格，可是經由客觀的測驗，以資料的方式，統計上可以描述所謂眾趨的人格。這個想法與心理學家卡德爾（R. B. Cattell）所說的「集體人格」（group personality）是相同的意思。例如：經由性格測驗統計，可以說美國人跟中國人相較，美國人喜歡社交行為，善於表露感情；而相對地，中國人較不善於社交行為，也不習慣表露自己內在的感情。可是這樣經由統計所說明的，不容易描述其人格特性如何而來，也無法說明在一個族群裡有多大的差異，或有不同的次型群體

性格，只能做全體的、統計性的描述。

其實三種學說都大同小異，均承認每個社會裡的成員都有個人的差別，但就群體來說，卻有某種特殊且代表性的人格模式，表現所謂群體的人格。只是如何形成這樣共同的、眾趨的、基本性的人格的途徑與方法有不同的主張。

日本的文化與人格的探討

露絲‧貝內迪克特的研究

談到日本文化與人格的研究，大家都會聯想到露絲‧貝內迪克特於一九四六年出版的書《菊與劍》。貝內迪克特是美國女性文化人類學家，當太平洋戰爭隨著珍珠港的偷襲而於一九四一年爆發後，美國自覺對於當時的敵人毫無所悉，因此趕緊開始對日本文化與民族性的研究。受美國戰時情報局委託的貝內迪克特開始從事此研究工作。由於當時美國與日本已經開戰，無法到日本本地進行研究，貝內迪克特只好利用美國圖書館裡在戰前已經存有的書籍或報紙等資料進行分析，再跟在美國的日裔美國人及被美軍俘虜的日本兵進行會談，將所得的資料進行綜合性的報告。戰後，再根據戰後所得的資料，出版其著作《菊與劍》（Benedict, 1946）。

在《菊與劍》裡，貝內迪克特說明日本的文化與民族性充分表現一個特點，即：兩種極端相對的性質，並行而存在。例如，日本人是彬彬有禮，但也蠻橫高傲；固守傳統卻也能適應激烈的革新；忠厚、服從上級，但也會怨恨與叛逆；很考慮人與人之間的面子，但也注重良心；羨慕西方文化，但也注重自己的傳統等。因此，貝內迪克特就用文雅的菊花與武士用的劍兩種截然不同性質的物品為象徵，定為她的書名。

土居健郎的人格分析

土居健郎是日本東京大學的精神科教授，他在戰後榮獲獎學金到美國

進修精神分析，回國後，從事心理治療方面的臨床與教學工作。有一次他為一位日裔美國女病人看診，該女病人原本一直用英文說明她所關心的事情，即兒子對她不依賴、親近、撒嬌，但該名病人無法用英文說明那種期望的親子之情，而改用日語「甘える」（*ama-eru*）來敘說。「甘」字在日文裡表示「甜」的意思，經由探問後，女病人說明因為英文詞句沒有可表達那種親子間帶有甜味、撒嬌、依賴之情的詞句，只好改用日語來說明。因此，土居教授就頓然發覺「甘える」是日本人才用的詞句，代表日本人心理上的特點。結果土居教授根據此臨床所得的觀察與靈感，於一九六二年著寫他的論文，說明日本人從小就沉溺於被父母溺愛、依賴、親近之親子感情，而一直保持那種人際感情直到長大成人。因此，成人的日常用語裡，除了「甘える」（*ama-eru*）外，還連帶使用一連串相關的各種詞句，如：「甘えてる」（*ama-eteru*）、「甘やかす」（*ama-yakasu*）等（Doi, 1962）。土居教授指出這是日本人的心理特點，也是相互依賴的民族性的特徵。日後，他在一九七三年出版其名著《甘えの構造》（中譯本為《日本式的愛：日本人「依愛」行為的心理分析》）暢述其觀點，成為日本國內的暢銷書（Doi, 1973a）；該書後來也以英文出版《依賴的剖析》（*The Anatomy of Dependence*），曾引起國際學者的注意。

土居教授還發表另一篇論文，說明日本人的另一心理特點是「裡」與「外」的區分（Doi, 1973b）。也就是說，日本人會因為公開場所，而決定如何說話，表現對「外」的行為，而在私人、個人的場合中，又會表現「裡」的行為，是兩種不同的做法，有裡外顯著的差別。而且一個人從小就被訓練如何在客套對外與隨便對內的兩層次裡能夠輕易轉換，表現雙層性的心理與行為。

列布拉－杉木たきえ的研究

在日本出生，成人後在美國進修及執教的日裔美國社會學家，列布拉－杉木たきえ（Takie Sugiyama Lebra），在她的英文著作《日本人的行為模式》（*Japanese Pattern of Behavior*）（Lebra, 1976）裡說明：社會相關

一個人生，三種文化──中國、日本、美國文化對人格形成的自我分析

性（social relativism）是日本人的特性。根據她自己的觀察與文獻的研究，她指出日本人除了「自己」（*Jibun,* Ego）以外，還常要注意「他人」（*Hito*, Alter）；提醒他人會怎麼想，別人會對他如何看待等，很注意自己與他人的關係，脫離不了社會的相關性。她就幾點而說明日本人這種社會相關性特徵，即：群體的歸屬，對他人的同理心，相互依賴，適當的歸屬與角色扮演，相互性地來往與給予。

她說明，日本人要時時意識並關心自己歸屬於何種群體，包括：血緣（*ketsuen*，即有血統或婚姻關係的家人群體）、地緣（*chien*，即住在同一村莊或地區的群體），與社緣（*shaen*，即在公司或社團一起工作的群體）而來的各種群體緣分，而保持適當的人際關係。日本人覺得能為他人而著想（*omoiyari*），富有對他人的同理心，是最高尚的人格要求。日本人容許依賴或依靠，但並不是單向的依賴，而是相互的依靠，而且是要能向對方盡責任與表現才能得到的依靠。這種雙向依靠的情況包括與權威者的上下人際關係。每個日本人從小就被訓練如何按自己的本分、立場與情況而扮演自己適當的歸屬與角色。而且透過恩（*on*）的觀念而注意如何保持相互性的給予與接受各種恩惠、義務，包括義理（*giri*）等，維持社會的次序。

中國的文化與人格的研究

許烺光的論著與學說

在美國久居的華裔文化人類學家許烺光教授（Francis L. K. Hsu），他在一九五三年出版《美國人與中國人》（*American and Chinese*）一書，根據他的觀察與分析，企圖說明美國人與中國人透過文化而表現出心理上的基本差異。許烺光認為基本上中國人是「環境取向」（situation orientation），而美國人則是「個人取向」（individual orientation）。所謂環境取向是指一個人的思考與行為，往往要考慮四周環境與人的關係而有所決定與表現；至於個人取向則是比較根據自身的慾望而做決定（Hsu, 1953）。

李亦園、楊國樞帶領的科際綜合探討

由人類學家李亦園及心理學家楊國樞教授帶領之下，邀請其他學科的學者，包括歷史學、社會學、哲學、民族學、精神醫學，定期開會討論，共同進行研討中國人的民族性的特點，並將其心得於一九七二年出版《中國人的性格》一書（李亦園、楊國樞，1972/1988）。由於每個學者都是從自己的專業立場去探討並做說明，各作自我發揮，未有綜合性的結論，可是也因此能從廣泛性的角度來了解中國人的性格。

這本書裡雖然沒有綜合性的結論，但假如根據人類學家克拉克洪（Kluckhohn）為了跨文化比較民族性而所提供的觀念架構來說（Kluckhohn & Murray, 1948），我們可以簡單且概括地說明學者們對中國人的國民性特點的看法如下：1. 對自我的觀念：在人前不炫耀自己，不過分主張自己的個人意見，力求謙虛，依環境做自我反應，表現出環境取向，不做自我的絕對主張；2. 人與人的關係：透過人情關係做連鎖性相互依賴，尊重權威，依上下角色決定權力所在，並限於在家庭大小的群體中保持良好關係；3. 人與宇宙的關係：認為人是環境的一小部分，且宇宙有一定之道理，人必得學習如何符合、適應環境，而非征服環境；4. 對時間上的態度：懷古、重傳統，不習於變化，力求連續於恆久；5. 對行為的要求：力求妥協，反對極端，主張中庸；不公開表露情感，力求克己（Tseng, Lin, & Yeh, 1995）。

宋維真對中國人測量性格的研究結果

北京中國科學院心理學院的宋維真曾用美國心理學家所編製的《明尼蘇達多項性格測量表》（Minnesota Multiphasic Personality Inventory, MMPI）直接測量中國人。結果她發現，跟美國人相較，中國人的性格有其特點：比較不善與普通人來往，不太社會化，且感情的表現比較含蓄，不樂觀，帶有憂鬱的情調（Song, 1985）。

張妙清對中國人性格量表的製作

　　由於覺得西方編製的性格調查量表不適合跨文化地運用於華人，香港中文大學心理系的張妙清與北京中國科學院心理學院的宋維真等共同進行制定適合華人的性格測驗量表。根據統計上的結果，該量表裡包含一些性格上的項目，如：「和諧性」、「面子」、「人情」、「阿Q精神式自我防禦」等，這些項目是西方制定的量表中所沒有，是符合中國民族性而存在的特別專案，也間接顯示，中國人跟西方人比較起來，有這些心理與性格上的特徵（張妙清、張建新、宋維真，1996）。

彭邁克對中國人的心理剖析

　　長年居住於香港教學的加拿大心理學家彭邁克教授（Michael Harris Bond），以他西方人的眼光與角度，及其多年專業研究的心得而於一九八六年編輯英文書 *The Psychology of the Chinese People*（Bond, 1986）。後來，他自己以中文書寫比較通俗的《難以捉摸的中國人》（彭邁克，1993）。此書主要在探討說明，中國人如何經歷早期的社會化、如何思考與行為、跟西方人相較有何特性等。

　　彭邁克指出，在西方人的眼光裡，中國人的小孩在其嬰兒的早期階段，比較被父母溺愛與照顧；但是到了孩童期，就受父母的多方管教與控制（軀體性的控制而非言語的管教），學習如何跟他人適當接觸與往來。到了少年期就要面對家長與老師們的壓力，如何勤勉學習，爭取將來職業與生涯上的成功。

　　從認知的角度來說，中國人善於對空間及數學有關的知識，但對於言語及表達能力有關的表現就稍有遜色。習慣上被訓練要聽從老師，死背知識而比較缺乏創造性的思考能力。

　　在社會性行為裡，中國人被養成習慣注意他人，而相對地少被鼓勵去表達自己。在社會性關係裡，比較注重與家人的密切關係，跟朋友的關係為其次，而跟不認識的他人就不習於來往；也就是說，隨對象的不同而表

現不同的社會性行為。

美國的文化與人格的分析

馬嘉烈特・米德

馬嘉烈特・米德是美國女性文化人類學家,當美國在一九四○年代,將要參與在歐洲已經開戰的第二次世界大戰時,研討以歐裔白人為主的美國人跟歐洲人做比較,而於一九四二年出版 *And Keep Your Powder Dry*(讓你的火藥保持乾燥;意為枕戈待旦,可以參戰)(Mead, 1942)。米德說明,雖然美國的歐裔白人原是從歐洲移民,但到了北美的新世界後,隨著新環境、歷史與觀念而發展出特別的民族性。她概括地指出這些特點,如:喜歡遷移與變化、注重成功,而對外的攻擊心沒有清楚的畫界與定向;習於根據目前現況衡量成功與失敗,並把成功與成就作為觀念上的嘉獎,且將失敗看成是不夠好的恥辱;對過去與傳統不太注重,保持將來的取向,但對未來卻沒有明確的了解與目標;對其他文化系統不熟悉,也保持矛盾的態度,而喜歡相信自己的優勢。

阿列克斯・英克爾斯的追蹤探討

阿列克斯・英克爾斯(Alex Inkeles)持續研究美國的民族性,於一九九七年出版《國民性格》(*National Character*)一書(Inkeles, 1997),說明美國人的性格數十年來基本上沒有特別的變化,多少還保持半世紀來的國民性。英克爾斯指出:美國人仍強調自我依賴與獨立;習於自願工作,為社區而設想與服務;認為人與人之間要坦白直爽地溝通,而且彼此可以信賴;歡迎新的、創造性的事物;反對權威,主張平等。英克爾斯也指出,近來美國人的趨向是比較可以容忍不同的人,包括不同的民族與文化背景的人;不那麼注重努力工作的美德,也比較缺乏對政府與政治的信心。

參考文獻

中文部分

李亦園、楊國樞（主編）（1972/1988）。中國人的性格。臺北：桂冠圖書公司。

彭邁克（1993）。難以捉摸的中國人。香港：牛津大學出版社。

張妙清、張建新、宋維真（1996）。從心理測驗看華人的性格：（一）量表的運用。載於曾文星（主編），華人的心理與治療。臺北：桂冠圖書公司。

西文部分

Barnouw, V. (1963). *Culture and personality*. Homewood, Ill: Dorsey Press.

Benedict, R. (1934). *Patterns of culture*. Boston: Houghton Mifflin.

Benedict, R. (1946). *The chrysanthemum and the sword*. Boston: Houghton Mifflin.

Bond, M. H. (Ed.). (1986). *The psychology of the Chinese people*. Hong Kong: Oxford University Press.

Doi, T. (1962). Amae—A key concept for understanding Japanese personality structure. In R. J. Smith & R. K. Beardsley (Eds.), *Japanese culture: Its development and characteristics*. Chicago: Aldine.

Doi, T. (1973a). *The anatomy of dependence*. Tokyo: Kodansha International.

Doi, T. (1973b). *Omote* and *ura*: Concepts derived from the Japanese two-folds structure of consciousness. *Journal of Nervous and Mental Disease, 157*, 258-261.

Hsu, L. K. F. (1953). *American and Chinese: Two ways of life*. New York: Henry Schuman.

Inkeles, A. (1997). *National character: A psycho-social perspective*. New Brunswick, NJ: Transaction.

Kluckhohn, C., & Murray, H. A. (1948). Personality formation: The determi-nants. In C. Kluckhohn, H. A., H. A. Murray, & D. M. Scheider (Eds.), *Personality in nature, society, and culture (2nd ed.)*. New York: Alfred A. Knopf.

Lebra, T. S. (1976). *Japanese pattern of behavior*. Honolulu: University Press of Hawaii.

LeVine, R. A. (1973). *Culture, behavior, and personality*. Chicago: Aldine.

Malinowski, B. (1927). *Sex and repression in savage society*. New York: International Library.

Mead, M. (1928). *Coming of age in Samoa*. New York: Morrow.

Mead, M. (1942). *And keep your powder dry: An anthropologist looks at America*. New York: William Morrow and Company.

Song, W. Z. (1985). A preliminary study of the character traits of the Chinese. In W. S. Tseng & D. Y. H. Wu (Eds.), *Chinese culture and mental health*. Orlando: Academic Press.

Tseng, W. S., Lin, T. Y., & Yeh, E. K. (1995). Chinese societies and mental health. In T. Y. Lin, W. S. Tseng, & E. K. Yeh (Eds.), *Chinese societies and mental health*. Hong Kong: Oxford University Press.

Wallace, A. F. C. (1970). *Culture and personality (2nd ed.)*. New York: Random House.

Whiting, B. B., & Whiting, J. W. (1975). *Children of six cultures: A psycho-cultural analysis*. Cambridge, MA: Harvard University Press.

Whiting, J. W. M., & Child, I. L. (1953). *Child training and personality*. New Haven: Yale University Press.

一個人生，三種文化──中國、日本、美國文化對人格形成的自我分析

後　語

感謝的話

對貴人的感謝

回想我這一輩子，我特別要感謝得到許多貴人的幫助、栽培與指導，讓我有機會能發展我的一生。臺灣大學醫學院精神科的林宗義主任栽培我，並安排我出國進修，是我學術生涯與人生的重要開端。美國哈佛大學醫學院精神科主任埃瓦爾特教授讓我跟徐靜能在優秀的美國精神科訓練機構學習與進修，並鼓勵我發揮潛力，是很難得的機會。美國夏威夷東西中心的列布拉教授邀請我跟徐靜能雙雙以研究員身分到東西中心參加亞洲與太平洋文化與心理衛生的學術活動，讓我開始從事文化精神醫學的門路。加拿大瑪基爾大學（McGill University）的墨菲教授以世界精神醫學會的跨文化精神醫學分會會長身分，引導我從事國際性的組織，開拓我世界性的學術關係與活動。中國北京大學精神衛生研究所的沈漁邨榮譽所長協助並提供我在中國大陸長年從事學術上的講學與研究的機會，幫助我對華人有深度的了解，並參與推展適合華人的心理衛生工作。

對長輩、知己朋友的感謝

我這一輩子也很榮幸結交到許多長輩、同輩或年輕的學術上的同事們，能一起工作、從事研究、共同著書等，也要感謝他們。依時間順序列舉我跟這些知己的長輩、同事與朋友們的各種關係與合作。哈佛大學精神科臨床教授布洛瓦教授以及康教授不但督導我對心理治療的學習，還幫助我了解美國的生活與文化，甚有幫助。以從事「哈佛研究」而出名的瓦利恩特

教授當我在美國波士頓的麻州精神衛生中心進修時，以資深住院醫師的身分為我提供督導，提醒我如何跨越文化而把精神分析的知識與學理適當地運用到中國人。我定居夏威夷以後，當時在夏威夷大學醫學院精神科擔任教學的金吉教授勸誘我留任夏威夷大學，並協助我在新異的社會安頓下來。在夏威夷東西中心的華裔文化人類學家吳燕和教授跟我合作，共同召開歷史性跟華人有關的心理衛生的學術會議，並一起出版書籍，開展對華人的合作契機。在日本有名的松澤精神療養院工作的井畑敬介醫師跟我合作，一起進行追蹤性的研究，探討日本戰爭孤兒及中國家屬回歸日本後的適應情況，並把研究資料以日文書發表結果。當我擔任世界精神醫學會的跨文化精神醫學分會會長十年期間，加拿大溫哥華大學醫學院的吉列克教授擔任分會的祕書，跟我密切合作，共同推展國際性的學術活動。在夏威夷大學醫學院精神科共同擔任教學的史特列哲教授跟我長年合作，共同編輯出版數本有關文化精神醫學的書。國際知名的義大利的巴特齊教授將我於二〇〇一年所著的《文化精神醫學大全》英文書翻譯為義大利文，介紹給義大利的同道們，並且於二〇〇五年推薦我擔任世界文化精神醫學學會的籌備會長，建立世界性的學術組織，共同推展文化精神醫學的國際性工作。

在我歷任世界精神醫學會的跨文化精神醫學分會會長及世界文化精神醫學會的首任會長期間，為了文化精神醫學的推廣與研究工作，曾蒙許多國際學者們的長年支持，如：加拿大的普林斯教授（Dr. Raymond Prince）、埃及的艾－伊斯拉門教授（Dr. Fakhr El-Islam）、韓國的金日光教授（Dr. Kwang-Iel Kim）、澳洲的陳榮祥教授（Dr. Eng-Seong Tan）、日本的石井毅教授（Dr. Chikara Ishii）、北西憲二教授（Dr. Kenji Kitanishi）、中村敬教授（Dr. Kei Nakamura）、中國大陸的陶國泰、莫淦明、楊德森、嚴和駿教授們，以及臺灣的葉英堃、陳珠璋、林克明、文榮光教授們等，甚為感激。

當我們年輕在臺灣教學工作時，曾蒙當時中央研究院民族學研究所的李亦園教授及臺灣大學心理系的楊國樞教授的邀請參加有關「中國人的性格」的科際研討會，讓我與徐靜有機會認識了臺灣社會與行為科學的諸位

專家，學習了有關中國的文化及中國人的性格，增廣了我們倆的學識，非常感謝李教授與楊教授的邀請。

在中國進行心理治療的講學與出版工作，還得感謝中國心理衛生協會心理治療與心理諮詢專業委員會的主任委員呂秋雲教授，長年邀請我跟徐靜到北京講學，維持二十多年的同事與朋友的關係。最近還獲得幾位年輕的華夏同道們，包括：趙旭東、叢中、陳一心、朱金富、田峰、林紅、黃章欽諸位教授醫師們的協助，共同發展文化精神醫學與心理治療，並以共同作者身分一起撰寫有關心理治療的叢書。當然，我還得到許多同事與朋友們的支持與合作，雖然無法一一在此列舉，但都很感謝他們。

對出版社的感謝

沒想到我這輩子在不知不覺中，也出版了將近二十本英文書及四十本的中文著作。寫書不但是學術成就的表現，對我自己來說，最重要的還是為了書寫，畢竟能督促我念書、參考書籍、增加知識，還刺激我的思考、磨練我的思想，對我的學術成展很有幫助。可是寫書還得依靠出版社的出版與發行，雖然隨著書的性質，我在中外經由不少出版社而出版著作，但跟一些出版社卻有長久的工作關係，跟社長或編輯主任有特別的交道，也依靠他們的遠見、支援與鼓勵而出版，要特別感謝他們。

在臺北而言，水牛出版社的彭誠晃社長，從最早年我還年輕時，就支持我跟徐靜合著的精神醫學與心理治療各種書的出版，將近有三十多年一起工作的緣分。特別是贊助我們出版十二本的「文靜心理衛生叢書」，幫助一般人注重並提高心理的衛生，甚為感謝。

在北京，北京大學醫學出版社的陸銀道社長，不但十多年來常以簡體版為我們出版許多書，還很有遠見地提議我出版十本「心理治療普及叢書」，以及六本「曾文星教授心理治療叢書」，對華人心理治療工作的推展很有功勞。陸社長還提議出版「曾文星教授論文集」，把我過去在學術雜誌上發表過而跟華人心理衛生有關的英文論文選擇其主要的，以論文集出版。最近還預定出版《一個人生，三種文化》此書的簡體版，讓大陸的

華人有機會閱讀有關文化與人格發展的書籍。該社的莊鴻娟總編輯及許立副總編輯先後修訂我所出版的簡體版書籍，至為感謝。

日本星和書店的石澤雄司社長，早在一九八〇年代就出版我以英文著寫有關文化精神醫學的書，即 *Culture, Mind and Therapy* 的日文翻譯本《文化と心の臨床》，也出版我跟日本學者共同編著的《移居と適應》的日文書，這次社長也欣然答應出版《一個人生，三種文化》此書的日文版（一つの人生、三しゆの文化），讓日本人也有機會閱讀，在此致謝。

在美國有許多出版社曾出版過我的英文書，但最想一提並感謝的是，當時擔任學術出版社編輯的齊默博士，他只跟我見過一次面，也沒看我八百多頁的書稿，只看了幾頁的出版提議計畫，就憑他的職業本能與遠見，答應出版我一生的巨著《文化精神醫學大全》，該書後來還獲得美國文化精神醫學學會的學術創作獎，令我深感榮幸。

最後要特別提及而感謝的是：臺北心理出版社的林敬堯副總經理兼總編輯，一口氣答應以繁體版連續出版我幾本有關心理治療的近作，提供臺灣的同道們對心理治療的操作、解析、督導各方面的參考，同時也答應《一個人生，三種文化》此書繁體版的發行，好讓臺灣的讀者們有機會閱讀，甚為感謝。該社出版的繁體版書籍都得林汝穎執行編輯的細心修訂，也表示謝意。

對父母、子女與終生伴侶的感謝

我的一生，還得依靠我的父母與我的配偶。我很感謝父母養育我，並栽培我，特別是在屢次經歷戰爭，面對混亂的社會、困難的經濟環境裡，辛苦養育了我們。當我跟徐靜出國時，我的父母及岳父母能分別幫助我們照顧我們的孩子，減輕親子長久分離的痛苦與心理影響，讓我們能在國外專心進修，特別要感謝他們的協助與功勞。

我也要感謝我的三個孩子，經由養育他們，得到做父母的經驗與樂趣，特別是看到他們的發展與成就，替他們甚為高興。他們在美國長大，現在都成人立業，幫助我們學習如何在美國生活，如何了解並接受美國文化。

最後要感謝的是妻子：徐靜教授。我們在醫學院念書時認識，結交為朋友，經由戀愛、結婚、成家，一起養育孩子，還在同樣的工作環境一起從事精神醫學的學術與醫療工作，可說是五十多年來的終生伴侶。她常憑她的特點支持我，彌補我的短處，提供好的建議，並時時鼓勵我，是親暱的同學、朋友、配偶、同事，是我一生裡很重要的「另外一半」。特別要感謝她建議並鼓勵我書寫這本書，希望這本書對大家了解文化與人格有所幫助與貢獻。

後語 — 感謝的話

國家圖書館出版品預行編目資料

一個人生，三種文化——中國、日本、美國文化對人格
形成的自我分析／曾文星著. --初版. -- 臺北市：
心理，2010. 09
面；　公分. --（心理治療系列；22120）
參考書目：面
ISBN 978-986-191-382-7（平裝）

1. 人格心理學　2. 精神分析

173.75　　　　　　　　　　　　　99015265

心理治療系列 22120

一個人生，三種文化——
中國、日本、美國文化對人格形成的自我分析

作　　　者：曾文星
執行編輯：林汝穎
總　編　輯：林敬堯
發　行　人：洪有義
出　版　者：心理出版社股份有限公司
地　　　址：台北市大安區和平東路一段 180 號 7 樓
電　　　話：(02) 23671490
傳　　　真：(02) 23671457
郵撥帳號：19293172　心理出版社股份有限公司
網　　　址：http://www.psy.com.tw
電子信箱：psychoco@ms15.hinet.net
駐美代表：Lisa Wu（Tel: 973 546-5845）
排　版　者：辰皓國際出版製作有限公司
印　刷　者：辰皓國際出版製作有限公司
初版一刷：2010 年 9 月
I S B N：978-986-191-382-7
定　　　價：新台幣 350 元